Sabine Friedrich
Alle 7 Jahre

Sabine Friedrich

Alle 7 Jahre

Rhythmische Entwicklungszyklen
im Leben der Frau

Kabel

ISBN 3-8225-0406-8
© Kabel Verlag GmbH, Hamburg 1997
Titelabbildung: Luca Zampedri/Bilderberg
Gesetzt aus der Times (Linotronic 300)
Satz: Gerber Satz GmbH, München
Druck und Bindung: Friedrich Pustet, Regensburg
Printed in Germany

Inhalt

Einleitung:
Die rhythmisch-zyklische Struktur des Lebens

Alles schwingt. Ebbe und Flut, Sonnenauf- und -untergang, Atem und Puls, Tag und Nacht – alles folgt seinem eigenen Rhythmus, sogar die Geschehnisse auf atomarer und subatomarer Ebene. Bei den Lebewesen ist es nicht anders. Bäume, die ganz genau wissen, wann es an der Zeit ist, alte Blätter abzuwerfen, zu ruhen, neue Blätter zu treiben, zu blühen und Frucht zu tragen, richten sich ebenso nach ihren Rhythmen wie Zugvögel und Gartenblumen, Schmetterlingspuppen, Lachsschwärme – und Kleinkinder: »Wenn Jens nicht nachmittags eine Stunde schläft«, sagt seine Mutter, »ist er den Rest des Tages unausstehlich. Und abends kriege ich ihn dann erst recht nicht ins Bett, weil er total überdreht ist.« Kinderkörper versuchen ihre Rhythmen durchzusetzen. Rhythmen und das Gefühl für sie sind uns angeboren. Tatsächlich ist schon die DNS, das Erbgut, durch individuell einzigartige Schwingungsformen charakterisiert. Neugeborene sind bereits in der Lage, den Rhythmus des mütterlichen Herzschlags zu erkennen, und der Embryo hört lange, bevor er sieht – und zwar den Rhythmus des mütterlichen Pulses und Atems.

»Wir kommem als rhythmische Wesen auf die Welt«, so der Münchner Zeitforscher Professor Norbert Schneider, »und jedes Individuum hat sein unverwechselbares Schwingungsmuster.« Rhythmus ist also die menschliche Urerfahrung schlechthin.

Unsere Gesellschaft aber ist entrhythmisiert: eine Nonstop-Gesellschaft, in der als Durchbruch gefeiert wird, wenn es gelingt, die lichtperiodische Sensitivität bei Pflanzen wegzuzüchten oder die angeborenen Zeitprogramme bei Mäusen. Es regiert nicht der Rhythmus, sondern der Takt. Und Takt ist etwas völlig anderes als Rhythmus.

7

Takt, das ist die Akkord-Arbeit in der Fabrik. Takt ist das Metronom, das die Zeit zerteilt, wo Rhythmen sie gleichmäßig gliedern. Takt wiederholt starr das immer Gleiche und gibt die genaue Dauer der Wiederholung vor, während Rhythmus das Ähnliche immer neu variiert und die Dauer der Wiederholung im Ungefähren beläßt: Eben diese Unschärfe des Rhythmus (gegenüber dem starren mechanischen Takt) läßt lebendige Entwicklungsprozesse erst zu.

Was bedeutet es für ein Individuum, aus dem Rhythmus zu geraten? Sie können den Selbstversuch machen. Stören Sie einen Ihrer Körperrhythmen. Schlafen Sie mal eine Woche lang nicht. Fasten Sie fünf Tage und essen Sie dann Gänsebraten. Oder hören Sie einfach mal drei Minuten lang auf zu atmen.

Wer seine eigenen Rhythmen verletzt oder lange genug nicht beachtet, gefährdet seine seelische und körperliche Gesundheit. Wer schwerwiegend aus dem Rhythmus gerät, wird krank.

Herzrhythmusstörungen, Schlafstörungen, Atemrhythmusstörungen (Asthma, Erstickungsanfälle), Tumorwachstum (eine Rhythmusstörung auf der Ebene der Zellteilung), Verdauungsstörungen, Hyperaktivität, Strukturlosigkeit des Lebens (Ziellosigkeit, innere Leere, Verwirrung), Depressionen (bei denen auch der Rhythmus der Produktion von Hormonbotenstoffen gestört wird) – Krankheit ist letztlich überhaupt nichts anderes, als aus dem Rhythmus geraten zu sein.

Umgekehrt beginnen Ärzte und Pharmakologen sich die Erkenntnisse der Chronobiologie, der Wissenschaft von den Biorhythmen, zunehmend zunutze zu machen. Seit etwa fünfzig Jahren entdecken Biologen immer mehr Lebensvorgänge, die in tages-, mondphasen- oder jahresperiodischen Zyklen schwingen. Chronopharmakologen wie Björn Lemmer, Direktor des Instituts für Pharmakologie und Toxikologie der Universität Heidelberg, setzen sich deshalb schon lange dafür ein, die Dosierung von Medikamenten tageszeitabhängig zu gestalten, und Chronotherapeuten wie der Krebsarzt Francis Lévi vom Institut de Cancer bei Paris stimmen bereits die Chemotherapie von Krebspatienten mit deren eigenem Rhythmus ab – mit großem Erfolg. Nicht zufällig ist eben ausgerechnet die Trommel das Instrument der Medizinmänner.

Die Rhythmen, denen lebendige Entwicklungen folgen, lassen sich grafisch am besten in Form einer Spiralfeder bzw. einer Wendel oder Helix darstellen (also in eben der Form, die auch das Modell der DNS, unseres Erbguts, hat), auf der sich Zyklen in rhythmischer Folge auf immer höheren Ebenen wiederholen. Die Wiederkehr der Jahreszeiten sähe grafisch dargestellt ungefähr so aus:

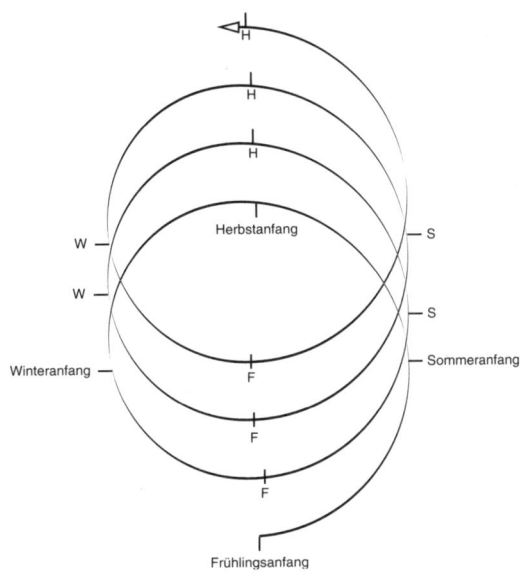

Jahreszeiten auf einer Helix

Die zyklische Zeitvorstellung behielt sehr viel länger Gültigkeit als unsere heute übliche Dreiteilung der Zeit in Vergangenheit – Gegenwart – Zukunft. Zwar hatte schon Parmenides (um 540–480 v. Chr.) eine ähnliche Gliederung wie unsere heutige vorgeschlagen, aber erst zu Beginn der Neuzeit konnte sich diese uns so selbstverständlich erscheinende lineare Zeitvorstellung allmählich durchsetzen. Und erst im 18. Jahrhundert war sie tatsächlich Bestandteil des allgemeinen Bewußtseins geworden.

In der Musikgeschichte ist der Schritt vom alten zyklischen Zeitverstehen zum linearen Zeitverstehen der Neuzeit besonders anschaulich dokumentiert: Seit etwa 1200 ist auf allen Ebenen der Musik ein Dynamismus auf Zukünftiges zu, eine Orientierung auf das Ende hin festzustellen: »Das Nach-vorne-Eilen oder Von-der-Stelle-Müssen, das den linearen Zeitbegriff des Mitteleuropäers zunehmend auszeichnete, findet in der Musik sein Äquivalent im Leitton: ›Leitton‹ ist ein Halbtonschritt mit starker melodischer Spannung, der zu einem anderen Ton hinführt. Seine Qualität ist nicht das In-sich-Ruhen oder das Anerkennen des Eigenwerts. Seine Qualität ist das Weitergehen, das zeitliche Wegstreben (...) Keine andere Musikkultur der Erde – außer der Kunstmusik der europäischen Neuzeit – hat Leittöne ausgebildet. Die Anfänge der Leittonbildung findet man mit Beginn der Renaissance. Die sieben Stufen der antiken Skalen und Kirchentonarten wurden um den zusätzlichen künstlichen Leitton zur Finalis – dem Schlußton – erweitert.« Und zwar auf acht. Von da an gilt in der Musik nicht mehr der einzelne Moment, sondern die Ausrichtung auf den Schlußakkord – und zwar nicht nur in der Struktur des Tonsatzes, sondern in der gesamten Werkkonzeption. Musik beschwört nun andauernd eine – ihrer Natur nach doch niemals zu ereichende – Zukunft. (zitiert nach: Norbert Jürgen Schneider: *Die Kunst des Teilens.* Zeit, Rhythmus, Zahl. – München 1991)

Die alte, zyklische Zeitmessung orientiert sich an natürlichen Rhythmen und hilft, diese zu erkennen. Im Gegensatz dazu ist unsere lineare Zeitvorstellung nicht nur mechanisch und also unökologisch, sondern darüber hinaus auch noch einigermaßen deprimierend: Wer auf einer Linie dem Tode entgegenmarschiert, für den ist alles Verpaßte unwiderbringlich verloren. Alles bewegt sich dem einen Endziel zu, unaufhaltsam, ohne Wiederkehr und zu einem mechanischen Takt wie dem marschierender Soldaten. In der linearen Zeitvorstellung gewinnt das Leben keine Struktur, sondern zerfällt lediglich in starre Abschnitte: »Kindheit –

Jugend – Blüte – Alter« vielleicht, oder »vor meiner Heirat – nach meiner Heirat«, oder »Schulzeit – Studienjahre – Beruf – Rente«. In der zyklischen Zeitmessung dagegen stellt sich der Entwicklungsprozeß des Lebens als ein fließendes Muster von Wiederholungen dar: immer ähnlich, aber nie gleich, immer variiert, aber nie ungegliedert – rhythmisch eben.

Gerade weil rhythmische Zyklen nicht exakt sind, stellen sie sich grafisch als Wendel oder Helix dar. Exakt im Takt aufeinander folgende Zyklen hätten die Gestalt eines Kreises. Gerade die Unschärfe rhythmischer Strukturen führt also zu einem grafischen Gebilde, das letztlich lineares und zyklisches Zeitverstehen kombiniert, den Kreis mit der Geraden verbindet, die Wiederholung des Ähnlichen innerhalb des Voranschreitens der Zeit dokumentiert: zur Helix oder Wendel eben, dem Urbild der Entwicklung des Lebendigen. Die Wendel ist zyklisch, und doch schreitet sie fort. Sie ist das Urbild des Beginnenden, sich Entwickelnden: in den Spiralnebeln des Universums ebenso wie in der spiralförmigen Doppelhelix der DNS.

Alles auf unserer Welt (und also auch jeder Mensch) verfügt über seine eigenen, ganz und gar persönlichen Rhythmen, die sich, im großen wie im kleinen, auf alle Bereiche seiner Existenz auswirken. Glück ist so letztlich nichts anderes als die Fähigkeit, mit den eigenen Rhythmen und denen der Umgebung zu harmonisieren. Dazu muß man sie natürlich zunächst erst einmal erkennen. Ihnen dabei behilflich zu sein, ist das Anliegen dieses Buches. Dabei soll es im folgenden aber nicht um jene Mikrorhythmen gehen, die unseren Tagesablauf im Kleinen bestimmen, sondern um die großen, übergeordneten Lebenszyklen, die unsere körperlich-geistig-seelische Gesamtentwicklung strukturieren.

1. Kapitel:
Der Siebener-Zyklus

Persönliche Rhythmen

Wenn unsere Entwicklung in Zyklen verläuft, bedeutet jeder Zyklus für sich genommen einen bestimmten körperlich-seelisch-geistigen Entwicklungsschritt, den es erfolgreich zu bewältigen gilt. Jeder neue Zyklus stellt uns seine eigene Aufgabe – und bei ihrer Bewältigung erleben wir Höhen und Tiefen, Erfolge und (scheinbare) Rückschläge, Phasen, in denen wir ungehindert voranstürmen, und andere, in denen wir festzusitzen scheinen wie ein Schiff im Eismeer. Sich dieser Tatsache zu stellen, ja mehr noch, zu lernen, in diesem Rhythmus mitzuschwingen, ist eine unserer wichtigsten persönlichen Lebensaufgaben.

Natürlich wissen wir theoretisch längst, daß das alles ganz normal ist. Wir wissen, daß das Leben nicht nur aus Höhenflügen besteht, daß »gute« und »schlechte« Zeiten einander abwechseln und gegenseitig bedingen. Dennoch können wir die Binsenweisheit, daß jedem Sommer ein Winter folgt, oft nicht mit Gelassenheit akzeptieren. Kaum sinkt die Temperatur unseres seelischen Klimas, würden wir am liebsten schleunigst in wärmere Gefilde flüchten. Das ist natürlich vollkommen verständlich. Das Dumme an der Sache ist nur, daß es absolut keinen Flieger gibt, der uns aus einer seelischen Winterphase hinaus in den ewigen Frühling tragen kann. Tatsächlich ist schon der bloße Versuch schädlich. Wer nämlich gegen seine eigenen Rhythmen anzuleben versucht, erreicht damit nichts anderes, als daß er aus dem Rhythmus gerät. Und was passiert dann?

Ganz einfach: Stellen Sie sich einen Fliederstrauch vor, der unbedingt im Winter blühen will. Im günstigsten Fall würden seine Blüten erfrieren. Im schlimmsten ginge er ein.

Natürlich käme so etwas dem Flieder gar nicht erst in den Sinn. Warum auch? Dem Flieder ist sein zyklisches Zeitverständnis fest einprogrammiert. Er kann sich getrost gedulden, ja die Ruhe des Winters womöglich sogar genießen, denn er »weiß« ja, daß der nächste Frühling demnächst ohnehin kommt.

Wir dagegen, mit unserer linearen Vorstellung von Zeit, besitzen diese Sicherheit nicht. Wir können uns oft genug nicht vorstellen, daß es für uns noch einmal Frühling werden könnte. Verzweifelt und ungeduldig versuchen wir, bei Frosttemperaturen zu blühen – und vergeuden damit jede Menge Energie, im günstigsten Fall. Im ungünstigsten frieren wir uns so viele Äste ab, daß wir, wenn dann der Frühling tatsächlich kommt, gar nicht mehr blühen können. Also gibt es dann auch keine Samen im Herbst, und dann kommt schon wieder ein Winter ...

Rhythmusstörungen können zum Verzweifeln sein. Und wenn man nichts gegen sie unternimmt, perpetuieren sie. Alle tiefergreifenden Störungen der eigenen Lebensgeschichte lassen sich als Rhythmusstörung beschreiben bzw. auf eine solche Störung zurückführen.

Warum gerät man aus dem Rhythmus?

– Äußere Ereignisse, etwa der Ausbruch eines Krieges oder ein ganz persönliches traumatisches Erlebnis, können in den natürlichen Fluß unserer persönlichen Entwicklung zerstörend eingreifen.
– Wir versuchen bewußt oder unbewußt, einen unserer Lern- und Lebenszyklen (oder eine der Zyklusphasen) zu vermeiden, abzukürzen, hinauszuzögern oder zu überspringen.

Drogenmißbrauch, Alkoholismus, Mord, Selbstmord sind besonders gewaltsame Versuche, einem bestimmten Lern- und Lebenszyklus auszuweichen, da sie nicht nur den eigenen Rythmus (oft bis zum Lebensende) zerstören, sondern meist auch noch tief in die Rhythmen anderer eingreifen. Aber auch weit weniger offensichtliche Abkürzungs- und Vermeidungsversuche hinterlassen unausweichlich ihre Spuren.

Natürlich ist das bewußte Erkennen der eigenen Entwicklungsdynamik auch dann hilfreich, wenn wir prinzipiell im Einklang mit uns selbst sind. Es macht einfach das Leben leichter, wenn man weiß, womit man in welchen Phasen eines Zyklus zu rechnen hat. Wer sicher sein kann, daß der Frühling kommt, muß nicht heillos unter dem Winter leiden. Er kann sich auf eine Zeit der reduzierten Lebendigkeit einstellen, den Ofen anheizen, die Stille wahrnehmen, die Reduktion verstehen lernen. Wer darauf besteht, Blumen zu pflanzen oder zu pflücken, wenn alles verschneit ist, quält sich unnötig selbst und übersieht die Eisblumen an den Fenstern. Irgendwann setzt ja ohnehin wieder Tauwetter ein, und dann ist es an der Zeit, mit vollem Einsatz an die Arbeit zu gehen.

Wer seine Rhythmen kennt, weiß ungefähr, wann der Frühling kommt, und auch, wann man damit rechnen kann, die Früchte seiner Arbeit zu ernten – ungefähr, denn Rhythmen sind nicht von der mechanischen Exaktheit des Takts. Lebenszyklen variieren das Ähnliche, sie wiederholen nicht das Gleiche (das wäre ja auch furchtbar!). Es ist wie in der Natur: Manche Jahre sind wärmer, andere kühler. Oft genug schneit es im Mai noch einmal, obwohl doch eigentlich längst schon Frühling ist. Und der erste Schnee fällt nur sehr selten genau am 21. 12. Das würde auch ernstlich niemand erwarten. Der kalendarische Winterbeginn ist wettermäßig ja lediglich eine Orientierungshilfe. Der von mir für dieses Buch entwickelte Chart, der Ihnen helfen wird, Ihre eigenen Rhythmen zu erkennen, ist in dieser Beziehung einem Kalender durchaus vergleichbar. Wenn Sie ihn ausgefüllt haben, können Sie aus ihm ersehen, wie sich Ihre bisherigen Zyklen und deren Phasen gestaltet haben, ob es plötzliche Einbrüche oder Rhythmusstörungen gab und wo Sie im Moment stehen. Und selbstverständlich können Sie auch Schlüsse für die Zukunft ziehen. Aber mechanische Exaktheit dürfen Sie bei alldem nicht erwarten. Überlappungen, leichte Verschiebungen, Unregelmäßigkeiten sind nicht nur möglich, sondern sogar erwünscht, denn erst sie machen ein Voranschreiten möglich. Erinnern Sie sich: Nichts Lebendiges funktioniert starr.

Die vollkommene Sieben: Eine Auswahl

In der Bibel
kündigen sieben fette und sieben magere Kühe bzw. Ähren dem Pharao sieben fette und sieben magere Jahre an. Sieben Generationen nach Kain vergibt Gott den Brudermord, sieben Tage bereitet sich die Sintflut vor, und weitere sieben bleibt darnach die Taube Noahs aus. Und natürlich ruht Gott in der Schöpfungsgeschichte am siebten Tag aus und heiligt damit den »Sabbath« = siebten Tag. Die Allwissenheit Gottes wird durch die sieben Augen des Herrn symbolisiert, sieben Stufen führen zum Salomonischen Tempel, sieben Worte spricht Jesus am Kreuz, und in der Apokalypse des Johannes ist die Rede von sieben Gemeinden, sieben Engeln, sieben Leuchtern, Siegeln, Hörnern des siegreichen Lammes, Häuptern des »Tieres«, Plagen, Schalen, Posaunen, Geistern, Sonnen ... Es gibt sieben Bitten im Vaterunser, Gaben des Heiligen Geistes, Sakramente, Seligpreisungen, Todsünden und Tugenden und Säulen der Weisheit. Laut dem römischen Kirchenvater Tertullian ist Gott siebenfacher Geist.

In der Kabbala,
den Schriften der jüdischen Mystiker, vollzieht die Sieben den Übergang vom Körperlichen zum Unkörperlichen. Die siebente Sephira der Kabbala heißt nezah, griech. nike, also Sieg. Gemeint ist der Sieg über die Materie. Sieben erscheint hier also wieder als die Zahl der Geistigkeit, als Seelenzahl. Entsprechend zeigt die siebte Karte des Tarot den Wagen des Osiris, in dem der Sieger über alle Hindernisse hinweg seinem leuchtenden Ziel entgegenfährt. Das jüdische Laubhüttenfest dauert (wie viele große religiöse Feste) sieben Tage, und sieben Arme hat auch der jüdische Leuchter (Menora).

Im Mittelalter
schrieb John von Salisbury (12. Jahrhundert) über die sieben Gruppen von Dingen, deren es jeweils sieben gibt (»de septem septenis«): die sieben Weisen der Gelehr-

samkeit, freien Künste, Gaben des Heiligen Geistes, Grade der Kontemplation und Prinzipien.

Um den Stein der Weisen herzustellen, waren in der Alchemie sieben Arbeiten erforderlich, die manchmal auch (etwa Destillierungen) siebenmal vorgenommen werden mußten.

Im Islam

werden viele Gebete siebenmal wiederholt. Himmel und Erde bestehen aus sieben Schichten. In der Mystik und schiitischen Esoterik gibt es sieben innere Aspekte des Korans, dessen Eröffnungs-Sure (die Fatiha) sieben Verse hat. Sieben Buchstaben kommen in ihr nicht vor, was für die Konstruktion magischer Quadrate und ähnlichem sehr wichtig war. Der Mekka-Pilger muß siebenmal die Kaaba umkreisen, und siebenmal ruft er das Allahu akbar, Gott ist größer.

Bei den Ismailis, den »Siebener-Schiiten«, deren letzter Imam, Ismail, der siebte in der Reihe von Mohammed über Ali war, wird schlechthin alles in Siebenergruppen gesehen. Schließlich (im 11. Jahrhundert) wurde die gesamte Welt in sieben Siebenerstufen eingeteilt, die alle geistigen und materiellen Dinge umfassen.

Die Sufis

kennen sieben essentielle Eigenschaften Gottes und sieben große Propheten, von Adam bis Mohammed. Es gibt sieben Energiezentren im menschlichen Körper (die in etwa den indischen Chakras entsprechen). In Visionen spielt das Erscheinen von Siebenergruppen eine große Rolle.

Im Hinduismus

Indiens hat der Feueraltar Agnis sieben Schichten, es gibt sieben Jahreszeiten, Weltgegenden und Götterwelten. Sieben Chakras leiten die im Körper pulsierende feinstoffliche Energie weiter, und sieben Schritte werden im Hochzeitsritual ausgeführt. Darüber hinaus kommt die

Sieben sowohl in den Heiligen Schriften (besonders den Veden) sowie im täglichen Leben ungeheuer häufig vor.

Im Buddhismus

tut der gerade geborene Buddha sieben Schritte in alle Himmelsrichtungen, um anzudeuten, daß dies seine letzte Geburt ist. Sieben Tage nach seiner Geburt stirbt seine Mutter, sieben Jahre sucht er nach dem Heil, siebenmal umschreitet er den Bodhi-Baum, unter dem er die Erleuchtung erfährt. Das buddhistische Paradies hat sieben Terrassen, und sieben Taten tragen schon im Leben Frucht.

Auch die Maya

kannten den siebenschichtigen Himmel und sahen die Sieben als Zahl der Orientierung im Raum an.

Im Märchen

gibt es Sieben-Meilen-Stiefel, sieben Raben, Geißlein und Schwäne, und Schneewittchen wohnt hinter den sieben Bergen bei den sieben Zwergen. Der siebte Sohn eines siebten Sohnes gilt seit alters her als einer, der mit außergewöhnlichen magischen und psychischen Kräften geboren wird.

Darüber hinaus

hatte die Zikkurat, die altbabylonische Stufenpyramide, sieben Stufen, und der Tempel des sumerischen Königs Gudea wurde »Haus der sieben Teile der Welt« genannt. Sieben Tage hält die (Todes-)Göttin Kalypso Odysseus fest, in Ägypten kannte man sieben Himmelskühe und vierzehn Stätten des Totenreiches, und Osiris' legendäre Regierung währte 28 Jahre.

»Seven-up« ist der Name, den ein findiger Getränkehersteller seiner Limonade gab. Noch heute sind sieben Personen zur Gründung eines juristischen Vereins nötig. Und James Bond, der Spion Ihrer Majestät, ist natürlich Mr. 007.

Die Bedeutung der Sieben für die persönliche Rhythmik

Unsere körperlich-geistig-seelische Entwicklung vollzieht sich also in Stufen, hier **Zyklen** genannt. Jeder dieser Zyklen hat ein beherrschendes großes Thema. Das kann ein leicht faßbares »äußeres« sein (Sie mögen es »Berufsfindung/Karriereaufbau« nennen), ein »inneres«, das mit unserer Seele zu tun hat (vielleicht »innere Ruhe finden / innere Unabhängigkeit«) oder auch ein körperliches (»Pubertät«, »Wechseljahre«). Tatsächlich ist das Thema natürlich immer körperlich-geistig-seelisch, weil es zwischen diesen Bereichen ja gar keine scharfen Trennungen gibt und sie sich alle gegenseitig beeinflussen, aber meist nehmen wir einen der drei Bereiche deutlicher wahr als die anderen.

Jeder dieser Zyklen besteht in sich wiederum aus mehreren Stufen, die wir **Phasen** nennen wollen. Die Art, wie diese Phasen aufeinanerfolgen, ist von Person zu Person verschieden, *bei derselben Person aber immer wieder ähnlich.* Und diese ganz persönliche Phasenabfolge, die den Verlauf jedes Zyklus (unabhängig vom jeweiligen Zyklusthema) immer wieder ähnlich gestaltet, nennen wir den **Rhythmus** eines Menschen.

So verschieden die individuellen Rhythmen auch sein mögen, so haben doch die Rhythmen aller Menschen etwas miteinander gemeinsam: Sie basieren nämlich alle auf der Zahl Sieben.

Jeder Zyklus besteht aus sieben Phasen. Jede Phase umfaßt in etwa ein Lebensjahr. Ein Zyklus erstreckt sich also über sieben Jahre. Nach sieben Jahren kehren wir wieder zum Anfang zurück, allerdings auf einer höheren Ebene: Wir haben auf der Wendel einen weiteren Umlauf geschafft. Die Frage, warum ausgerechnet der Siebenerzyklus für das menschliche Dasein entscheidend ist, ist ungefähr so sinnvoll wie die Frage, warum auf der DNS-Doppelhelix die vier Buchstaben des Genetischen Codes zu 64 Tripletts geordnet sind. Warum gerade vier Buchstaben? Warum Dreiergruppen? Hätte man das nicht auch anders machen können? Vielleicht. Man hat aber nicht.

Die Dinge sind, wie sie sind, und wenn wir Glück haben, können wir sie unter Umständen *entdecken* – so wie in diesem Jahrhundert den genetischen Code, oder, vor vielen Jahrhunderten, die Struktur der menschlichen Entwicklung in Sieben-Jahres-Zyklen. Schon die antiken Gelehrten wußten ja, daß das Leben des Menschen sich in sieben Perioden einteilt, die ihrerseits jeweils sieben Jahre (oder ein vielfaches von sieben) dauern. Sie ordneten jede Periode einem Planeten zu: nämlich die Jahre von dem 1–7 dem Mond, 7–14 dem Merkur, 14–21 der Venus, 21–42 der Sonne, 42–49 dem Mars, 49–56 dem Jupiter und 56–63 dem Saturn. Solon in Griechenland hatte schon zuvor das menschliche Leben entsprechend den Sternensphären in zehn Stufen zu je sieben Jahren eingeteilt, ja die »Lebenserwartung« der gesamten Schöpfung wurde auf sieben Zeitalter angesetzt. Shakespeare griff das Wissen seiner zahlreichen Vorgänger auf und sprach von den »seven ages of man«, im 17. Jahrhundert stellte Sir Thomas Browne fest, daß jedes siebte Jahr eine Veränderung entweder für den Körper oder für die Seele bringe, und auch von Martin Luther ist dokumentiert, daß er den sechsten Geburtstag seines Sohnes Hans besonders zu feiern gedachte, weil Hans mit ihm ins siebte Lebensjahr eintrat: »welches ein Stufenjahr, also ein verwandelndes ist«.

Besonders ausführlich äußerte sich der große hellenistisch-jüdische mystische Philosoph Philo von Alexandrien (der wesentlich die numerologische Bibelexegese des Mittelalters bestimmte und darüber hinaus das gesamte mittelalterliche Spiel mit Zahlen) zu unserem Thema: »Zum Ende des ersten Jahrsiebts kommen an Stelle der Milchzähne die richtigen Zähne, zum Ende des zweiten tritt die Geschlechtsreife ein, im dritten sproßt beim Mann der Bart, das vierte ist die Blütezeit des Lebens, das fünfte der Zeitraum der Verehelichung, das sechste bringt die Reife des Verstandes, das siebte die Veredelung der Seele durch die Vernunft, das achte die Vollendung von Verstand und Vernunft, das neunte die Zähmung der Leidenschaften und infolgedessen Gerechtigkeit und Milde. Im zehnten aber ist es am besten zu sterben, da in dem darüber hinausliegenden Alter der Mensch nur ein gebrechlicher und unnützer Greis ist ...« Da stimmte ihm die Bibel zu. »Des Menschen Leben«, heißt es in den Psalmen, »währet siebzig Jahre«.

Tatsächlich leuchten zumindest die biologischen Daten, die Philo von Alexandrien in seinem Text angibt, unmittelbar ein. Und da sich soziale Rhythmen im allgemeinen an natürlichen orientieren, wird man etwa bei uns meist im siebten Lebensjahr eingeschult, mit vierzehn konfirmiert, und früher wurde man mit 21 volljährig.

Der Überlieferung zufolge (und ohne den Einsatz hochwirksamer und entsprechend rhythmenverändernder Medikamente wie etwa der Antibiotika) verlaufen auch Krankheiten in sieben Phasen, wobei der siebte, vierzehnte und einundzwanzigste Tag am gefährlichsten sind. Der siebte Tag ist der Krisentag für Fieberkranke, an dem sich entscheidet, welchen Verlauf die Krankheit nimmt. Hippokrates (460–377 v.Chr.), in dessen Namen noch heute unsere Mediziner ihren Eid ablegen, schrieb: »Die Siebenzahl beherrscht die Krankheiten und alles, was im Körper von Zerstörung betroffen ist.« Auch die Zellen des menschlichen Körpers sollen sich alle sieben Jahre vollständig erneuern.

Natürlich bewahrt auch der Volksglaube einiges von der Ahnung, daß die Sieben besondere Aussagekraft über den Verlauf menschlicher Angelegenheiten besitzt. Um etwa von einem Zauber erlöst zu werden, sind in der Regel sieben Jahre nötig. Erscheinungen wie die Weiße Frau kehren alle sieben Jahre zurück, und in Bayern sagte man Mädchen im siebten Lebensjahr nach, sie könnten verborgene Schätze sehen. Hänschen klein schließlich blieb »sieben Jahr, trüb und klar« in der Fremde, bevor er zur Mutter zurückkehrte. Und das siebte Ehejahr gilt als das »verflixte«, nämlich als schwieriger Wendepunkt in Beziehungen (häufig genug ist das wirklich verflixte aber auch das dritte oder vierte, also die Mitte des Zyklus, oder die Summe aus sieben und einer dieser beiden Zahlen).

Die Sieben spielte auch seit jeher eine besondere Rolle, wo immer der Weg des geistigen Menschen, der Weg der Seele dargestellt wurde. C. G. Jung erkannte die Sieben als höchste Stufe der Initiation, und tatsächlich fanden weltweit Initiationen im allgemeinen nach sieben Einweihungsstufen statt – bei der sumerischen Himmelkönigin Inanna ebenso wie in der Mithrasreligion, die im ausgehenden Altertum großen Einfluß bis nach Westeuropa ausübte: Den Reinigungs- und Sühneriten des Mithrasmysteriums unterzog man sich an jedem siebten Tag. Auf dem Einweihungsweg mußte der Initiand in die Mysterien durch sieben Tore schreiten, die den Aufstieg der Seele zu Gott durch sieben Planetensphären symbolisierten. An jedem Tor mußte er ein Kleidungsstück ablegen, Sinnbild einer menschlichen Eigenschaft. (Auch Ischtar im babylonischen Mythos entledigt sich an jedem der sieben Unterweltstore eines Kleidungsstückes.)

Analog dazu kennt das Christentum die sieben Stufen des Purgatoriums, und in den Schamanenkulturen vor allem Sibiriens müssen sieben mystische Stufen erklommen werden, oft symbolisiert durch den siebenastigen Baum des Lebens. Auch die sieben Seelenburgen der heiligen Theresa von Avila, die die Seele überwinden muß, und die sieben Wälle der Seelenburg, von denen der Bagdader Mystiker Nuri (um 900) spricht, gehören hierher.

Daß die Seele sieben Zeiteinheiten braucht, um sich vom Toten zu lösen, ist im übrigen die Vorstellung vieler Kulturen (beispielsweise der chinesischen). Und umgekehrt gibt es in der Esoterik den Glauben, daß die Seele 35, also 5 x 7 Jahre braucht, um sich im menschlichen Körper vollkommen zu integrieren. Mit 35 dann ist die Inkarnation abgeschlossen. Der Mensch verfügt nun über genug seelische Energien, seine Spiritualität zu entwickeln und geheime Sehnsüchte seiner Seele zu erfüllen. Ab dem 63. Lebensjahr (7 x 9) ist in dieser Vorstellung die spirituelle Entwicklung des Menschen abgeschlossen. Nun beginnt die Vorbereitung auf den Tod, d. h. auch auf die nächste Inkarnation.

In den Schriften des Pseudo-Hippokrates ist die Sache auf den Punkt gebracht: »Die Zahl Sieben, aufgrund ihrer okkulten Kräfte, neigt dazu, alle Dinge ins Sein zu bringen; sie teilt Leben aus und ist die Quelle allen Wechsels, denn der Mond selbst ändert seine Phasen alle sieben Tage. So beeinflußt diese Zahl alle sublunaren Dinge.«

Es ist einleuchtend, daß die Sieben von jeher in Verbindung mit dem Mond gestanden hat: 7 x 4 = 28 Tage dauern ja schließlich die Phasen jenes Himmelskörpers, an dem man sich orientierte, als man damit begann, die Zeit in Kalendern zu gliedern. Natürlich nicht genau 28 Tage. Ein Mondumlauf dauert etwa 29einhalb Tage, auf die Sonne bezogen, und 27einhalb Tage, auf den Fixsternhimmel bezogen, und dann kommen noch Irregularitäten der Mondbewegungen dazu. Eben deshalb ist ja auch ein Kalender kein geschlossener Kreis. Ein Kalender ist nur eine Annäherung an den Gestirnlauf, nie seine genaue Wiedergabe. Wäre es anders, könnten wir ja auf Schaltjahre verzichten. Zeit ist also periodisch – aber eben immer mit einer minimalen Differenz, und das geometrische Abbild dieses Zustands ist wieder die Spirale oder Wendel.

Der babylonische Kalender, den Hammurabi im 19. Jahrhundert vor Christus einführte, beruhte ebenso auf den Mondphasen wie der Mondkalender der Sumerer. Babylonier und Sumerer kannten sieben Planeten, zu denen sieben Himmelssphären gehörten, und im Siebenstern wurden Planeten und Wochentage einander zugeordnet:

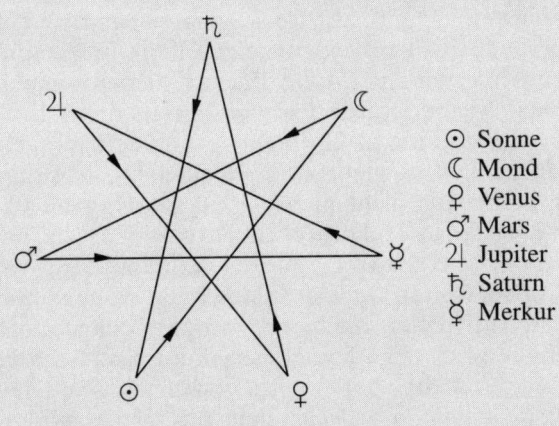

⊙ Sonne
☾ Mond
♀ Venus
♂ Mars
♃ Jupiter
♄ Saturn
☿ Merkur

Siebenstern mit Planeten

Folgt man bei Saturn beginnend den Planetensymbolen im Uhrzeigersinn, erhält man die chaldäische Reihe, die

23

die Planeten nach ihrer mittleren Geschwindigkeit ordnet (beginnend mit dem langsamsten). Folgt man dagegen, wieder von Saturn aus, den Zügen des Sterns, ergibt sich die richtige Reihenfolge der Wochentage (Tagesplaneten). (Die Retrogradität, also die Rückläufigkeit scheinbarer Planetenbahnen, kann die chaldäische Reihe gelegentlich ungültig machen.)

Es ist die Sieben, die die Zeit strukturiert – alle Zeit, also auch unsere Lebenszeit, und das nicht nur wegen der Dauer der Mondphasen oder der Zahl der Planeten. Denn es gehört zu den großen Mysterien im Wesen der Zahlen, daß die Sieben nicht nur als Mondzahl die Zeit in den ersten Kalendern gegliedert hat, sondern davon ganz unabhängig in der Zahlenlehre auch noch die erste Zahl überhaupt ist, die keine körpergestaltende Kraft mehr besitzt: Die eigentliche Körperwelt der Zahlenlehre beginnt mit der Zahl Drei, dem regelmäßigen Tetraeder, der an jeder Ecke die (nötige) Mindestzahl von drei gleichseitigen Dreiecken aufweist (insgesamt vier). Sie setzt sich fort bis zur Zahl Sechs, in der die »körpergestaltende« Kraft zu erlöschen beginnt: »Wenn sich drei regelmäßige Sechsecke um einen Punkt schließen, wird der Vollwinkel bereits erfüllt. Bei der Sieben dann ist die körpergestaltende Kraft erloschen. Bereits die nötige Mindestzahl von drei um einen Punkt versammelten regelmäßigen Siebenecken ist mehr als ein Vollwinkel. Mit der Zahl Sieben, besagt die Zahlenlehre, ist der Übergang von der Körperlichkeit zur Unkörperlichkeit vollzogen, ihr hat sich ein neues Charakteristikum hinzugesellt: die Zeit.« (Zitiert nach: Christa Zettel: Geheimnis der Zahl. Wien 1988)

Die Sieben ist und bleibt eine ausgesprochen störrische Zahl: Im Gegensatz zu Drei-, Vier-, Fünf- und Sechseck, so bewies es der Mathematiker Karl Friedrich Gauß 1801, ist ein regelmäßiges Siebeneck allein mit Zirkel und Lineal nicht mehr konstruierbar.

Teilungen der Eins ergeben immer eine endliche oder einfach periodische Zahl (1:2 = 0,5, 1:3 = 0.333 etc. 1:4 = 0,25, 1:5 = 0,2, 1:6 = 0,166666 etc.), bis wir zur Sieben kommen: 1:7 ergibt eine Irrationale Zahl, nämlich 1:7 = 0,1428571 $\rightarrow \infty$.

Und in der mittelalterlichen Bibelexegese? Auch hier stand die Sieben für die Zeit und ihr Vergehen: Denn mit der Auferstehung am achten Tag beginnt die Ewigkeit.

Der weibliche Lebensrhythmus und seine besondere Affinität zur Sieben

Hebräische, mohammedanische und christliche Festtage stimmen auch heute noch mit dem Mondkalender überein. Ostern etwa fällt immer auf den Sonntag, der dem Frühlingsvollmond folgt, und viele kirchliche Feiertage richten sich dann wieder nach dem Osterfest (so findet Pfingsten sieben Wochen nach Ostern statt).

Im großen und ganzen jedoch wurden die Mondkalender nach und nach überall von der Sonnenzeitrechnung abgelöst. Der ägyptischen Überlieferung zufolge war diese Einführung des Sonnenkalenders dem Gott Thoth zu verdanken, der der (Mond)Göttin Isis beim Brettspiel fünf Tage abgewann. Diese fünf Tage waren nötig, um den ägyptischen Mondkalender in die Sonnenzeitrechnung umzuwandeln, und von nun an regierte die achttägige statt der siebentägigen Periode den ägyptischen Kalender. Die Sonne (der Gott, der Sohn, die Acht) triumphierte also über den Mond (die Göttin, die Mutter, die Sieben – tatsächlich sagen wir heute noch »in acht Tagen«, wenn wir meinen »in einer Woche«, obgleich unsere Woche ja nur sieben Tage hat). Die Sieben erscheint hier also nicht nur in Verbindung mit dem Mond, sondern vor allem als Zahl der Göttin: als weibliche Zahl. Auch im Christentum ist die Sieben (freilich nur unter anderem) mit der einzigen überragenden Frauengestalt verbunden, die diese Religion kennt: mit Maria, deren Lebensschicksal als Mutter Jesu sieben Freuden und sieben Schmerzen bestimmten: Entsprechend wurden in der mittelalterlichen und Renaissancemusik, die ebenso wie der Barock oft mit heiligen Zahlen arbeitete (vgl. J.S. Bachs siebenmal siebenfaches Credo in der h-moll-Messe als berühmtes Beispiel), siebenstimmige Sätze besonders gern bei Kompositionen, etwa Motetten, zu Ehren Marias verwendet.

Andererseits galt die Sieben von alters her auch als Zahl der Hexen und ihrer Magie, und eine unausstehliche Frau wird in Bayern noch heute eine »Böse Sieben« genannt – möglicherweise, weil es sieben Teufel waren, die Jesus der Maria Magdalena austrieb, oder vielleicht auch, weil eine schlechte Aspektierung im siebten Haus (Ehe) seines Horoskopes einem Mann Streit mit der Gattin verheißt.

Die Sieben ist die Zahl der Weltmeere und Weltwunder, der Winde, Wüsten und Sternensphären und der Farben im Regenbogen. Sie gliedert die Zeit, sie bestimmt die Musik (es gibt sieben Tonarten und sieben Töne in der Oktave), alle Periodizität (auch die der chemischen Elemente) und die Gestalt vieler Städte, auch der beiden »Heiligen Städte« Rom und Jerusalem, die beide auf sieben Hügeln erbaut wurden. Sie ist die geheimnisvollste und bedeutsamste aller Zahlen, die »herrliche« Zahl, wie Luther sie nannte, die Zahl der Universalität – und sie ist in besonderem Maße die Zahl der Frauen.

Das Weibliche wurde natürlich wegen der Dauer des Menstruationszyklus von jeher mit dem Mond in Verbindung gebracht und wohl eben deshalb auch mit der Zahl Sieben. Selbst im alten China, wo eigentlich alle ungeraden Zahlen als männlich, die geraden als weiblich galten, machte man bei der Sieben eine Ausnahme. Am siebenten Tag des siebenten Monats wurde ein Fest für alle Mädchen und Frauen gefeiert, und auch ansonsten galt die Siebenzahl als besonders bestimmend für das Leben der Frau: Mit sieben Monaten bekommt ein Mädchen Milchzähne, die es mit sieben Jahren verliert, in zweimal sieben Jahren öffnet sich die »Straße des Yin«, d. h. das Mädchen wird geschlechtsreif, und sie erfährt mit sieben mal sieben Jahren das Klimakterium. Diese Aufzählung erinnert an die des Philo von Alexandrien, und natürlich stimmt auch sie, medizinisch betrachtet, ziemlich genau. Dazu kommt dann allerdings noch, daß eben die Menstruation alle 7 x 4 Tage eintritt und daß die Schwangerschaftsdauer ebenfalls anhand der Sieben berechnet wird, indem man nämlich zum ersten Tag der letzten Menstruation vierzigmal sieben Tage zählt, um den voraussichtlichen Entbindungstermin zu erhalten.

Männer und Frauen werden natürlich gleichermaßen von ihren Rhythmen regiert, und selbstverständlich bestimmt die Sieben auch die Entwicklungszyklen beider Geschlechter. Aber ich wage hier die Behauptung, daß Frauen ihrer eigenen Rhythmik im allgemeinen näherstehen, sie bewußter wahrnehmen und von Störungen offensichtlicher in Mitleidenschaft gezogen werden als Männer. Dies soll keine Bewertung im Sinne eines »besser oder schlechter« darstellen. Es scheint einfach nur so zu sein, daß es Frauen aufgrund ihrer biologischen Verbindung mit dem Siebenerzyklus des Mondes nicht möglich ist, sich den entrhythmisierten, mechanisierten Strukturen unserer Gesellschaft völlig vorbehaltslos zu unterwerfen.

Frauen, die nicht hormonell verhüten und über das Einsetzen der Menstruation Buch führen, können etwa die Wirkungen von Streß oder Kummer auf ihren Hormonhaushalt oft direkt beobachten: Die »Regel« nämlich macht ihrem Namen meist gar keine Ehre mehr, wenn die Seele kräftig aus dem Rhythmus geraten ist, und Störungen des Zyklus wiederum beeinträchtigen im allgemeinen das gesamte Wohlbefinden. Und auch die Empfängnis eines Kindes hängt ja von der monatlichen Wiederkehr fruchtbarer und unfruchtbarer Tage im weiblichen Zyklus ab – Männer unterliegen dergleichen Schwankungen nicht, prinzipiell sind sie in immer gleichem Maße in der Lage dazu, ein Kind zu zeugen.

Daß Frauen im allgemeinen einen direkteren Zugang zu Zyklen des Wachsens und Vergehens haben als Männer, hängt allerdings nicht nur mit den Monatszyklen zusammen, sondern auch mit der weiterhin bestehenden gesellschaftlichen Rollenverteilung. Es sind nun einmal nach wie vor meist die Mütter, die ihr Leben auf die kindliche Rhythmik (etwa die Schlaf- und Stillzyklen eines Babys) ausrichten lernen müssen, die diese Zyklen überwachen und andererseits die kindliche Rhythmik beeinflussen.

Dabei läßt es sich natürlich schwer trennen, was Frauen ihrer Natur nach »entspricht« und was ihnen gesellschaftlich aufgezwungen wird – eine solche Trennung jedoch ist für unsere Zwecke auch gar nicht nötig. Ob nun die Henne zuerst kommt oder das Ei: Fest steht, daß überall auf der Welt Frauen ganz instinktiv denselben spezifischen Schritt-Rhythmus wählen, wenn sie ein Kleinkind zum Schlafen bringen wollen. Überall auf der Welt nehmen Frauen instinktiv ihre Neugeborenen bevorzugt auf den linken Arm (wohl weil dann das Kind den noch aus der Schwangerschaft vertrauten Herzrhythmus der Mutter hört und sich deswegen schneller beruhigt). Und auch die Rhythmik traditioneller Schlaflieder gleicht sich.

Natürlich gehören wir ebenso wie die Männer einer Gesellschaft an, die vom Takt regiert wird, und das färbt ab. Aber wenn es darauf ankommt, finden Frauen sich plötzlich sehr schnell wieder in ein ganz anderes Zeitgefühl hinein – oder lassen vielleicht einfach zu, daß dieses unterschwellig immer vorhandene andere, rhythmische Zeitgefühl wieder zum Tragen kommt. Diese Umstellung von Takt auf Rhythmus hat nicht nur angenehme Seiten. Jede Frau, die vor der Geburt des ersten Kindes außer Haus gearbeitet hat, weiß, was ich meine: Der Unterschied zwischen einem (vom Baby) rhythmisch strukturierten 24-Stunden-Tag und einem »normalen«, vom Takt der Stechuhr regierten Bürotag ist meist recht drastisch. Rhythmus ist die ungefähre Wiederkehr des Gleichen – für die Mutter eines Neugeborenen kann das bedeuten: Die Tage sind einander gleich genug, um bei aller Liebe zum Baby langweilig zu werden, aber die Wiederkehr der Zyklen ist nicht exakt genug, um eine Verabredung einzuhalten oder vor elf Uhr aus dem Morgenmantel herauszukommen. Der Takt, der die Gesellschaft, und der Rhythmus, der das Baby regiert, stehen miteinander auf Kriegsfuß.

Aber vergleichsweise schnell lernen die meisten Mütter das Ausgleichen (was bleibt ihnen anderes übrig?), und zwar am schnellsten und einfachsten, wenn sie sich erst einmal vorbehaltlos auf den Rhythmus des Kindes einstellen. Zunehmend paßt sich dann wiederum das Baby dem Rhythmus der Mutter an, bis die beiden *ihren gemeinsamen Rhythmus gefunden haben,* der nun im Laufe der Jahre immer neu variiert, den sich verändernden Bedingungen angepaßt wird. Die Väter hingegen bleiben meist nolens volens an den vom Takt der Stechuhr regierten Arbeitstag gebunden, und von Zyklen und Rhythmen kriegen sie höchstens mehr oder minder häufige Störungen der Nachtruhe mit.

Natürlich haben Frauen nicht erst dann eine besondere Beziehung zu Rhythmen, zu Zyklen des Wachsens und Vergehens, wenn sie Mütter werden, sondern schon vorher. Wieviele Männer etwa erwerben auf dem Weg ins Büro spontan eine Frühlingsprimel, nur weil die irgendwo im Fenster stand und so hübsch blühte? Welcher Mann nimmt sich abends noch einen Strauß Sommerblumen für den Wohnzimmertisch mit nach Hause oder preßt womöglich ein buntes Herbstblatt? Natürlich gibt es auch männliche Pflanzenliebhaber, aber die bevorzugen im allgemeinen jene Pflanzen, die wenig Pflege brauchen und die sich nicht zyklisch verändern: Typisch männlich ist die Immergleich-Zimmerpalme, womöglich noch als erdlose Hydrokultur.

Ein Mann dagegen, der allen Ernstes nur für sich selbst einen Blumenstrauß erwirbt oder gar selber pflückt, verhält sich dermaßen atypisch (und damit uns ähnlich), daß wir uns geradezu angerührt fühlen können: Wir glauben eine Affinität zu spüren, eine unverhoffte Gemeinsamkeit, ein Mitschwingen mit einem wichtigen und allzuoft unbeachteten Teil unseres Wesens. (Eben dieses Gefühl bewegt wohl auch kinderlose junge Mädchen zum Kauf jenes beliebten Posters, das einen jungen, muskulösen und ansonsten ziemlich maskulinen Mann in die zärtliche Betrachtung eines Babys versunken zeigt.)

Zyklen bedeuten Entstehen und Vergehen, Wachsen und Sterben. Es waren und sind die Frauen, die sich vorrangig nicht nur um die Kinder, sondern auch um die Alten und Sterbenden in der Familie kümmern (wenn es denn überhaupt einer tut). In grauer Vorzeit (und in den meisten nichteuropäischen Ländern noch heute) waren es auch die Frauen, die auf den Feldern die Zyklen des Keimens, Wachsens und Erntens beobachteten und begleiteten. Und für alles, was im Garten blüht und reift, also den Jahreszeiten unterliegt, sind auch bei uns im allgemeinen die Frauen zuständig – die Männer dagegen mähen eher mal den Rasen oder beschneiden die Hecke. Frauen lieben Dinge, die wachsen und sich wandeln. Selbst Frauen, die weder Kinder haben noch einen Gemüsegarten, die am Computer arbeiten und ihr Essen vorzugsweise über den Pizzadienst ordern, stecken im Herbst Tulpenzwiebeln in ihre Balkonkästen, damit es im Frühling blüht, ziehen Kräuter auf der Fensterbank oder freuen sich, wenn sich unten auf der Randbegrünung des Parkplatzes die Vergißmeinnicht von selbst ausgesät haben. Diese Affinität von Frauen zu allem Lebendigen, zu allem, was wächst und vergeht, ist in unserer Gesellschaft ja durchaus auch ritualisiert: Schließlich bringt man den schönen Strauß für die Gastgeberin mit. Der Gastgeber dagegen kriegt Cognac.

Zyklen, Rhythmen, die Strukturierung der Zeit durch Wiederkehr des Ähnlichen sind Frauen ein Grundbedürfnis: Hunderte blöder Witze künden davon, daß es im allgemeinen die Männer sind, die die Wiederkehr des Hochzeitstages vergessen, während die Frauen diese Wiederkehr feiern wollen. Frauen freuen sich meist auch auf die traditionellen, immer wiederkehrenden Feste des Jahres wie Weihnachten oder Ostern, die Männern oft eher egal sind. Sie genießen bewußt und mit allen Sinnen den Wechsel der Jahreszeiten – und sie führen Geburtstagskalender. Kennen Sie einen Mann mit einem Geburtstagskalender? Natürlich nicht. Woher sollte er auch einen haben? Aus dem »Playboy« vielleicht oder dem »Handelsblatt«, Publikationen also, die zwar durchaus von Frauen gelesen, aber nach wie vor in erster Linie für Männer gemacht werden? Wohl kaum. Frauenzeitschriften hingegen liegen Geburtskalender immer mal wieder bei. Sie wirken bezeichnenderweise auflagensteigernd.

Frauen leben also in besonderer Nähe zu ihrer Rhythmik und zu der ihrer Umgebung. Gerade deshalb ist es für sie auch besonders wichtig, nicht aus dem Rhythmus zu kommen. Versuche haben gezeigt, daß etwa Frauen, die über einen längeren Zeitraum ihre Schlafrhythmik stören, ein echtes gesundheitliches Risiko eingehen. Die Begrenzung des Nachtschlafs auf deutlich unter 5 Stunden führt bei ihnen sogar zu einer meßbaren Lebensverkürzung. Für Männer dagegen war eine entsprechend starke gesundheitliche Gefährdung nicht nachzuweisen, so lästig sie die Störung ihres Schlafrhythmus' auch fanden.

Es versteht sich von selbst, daß die Störung psychischer Rhythmen für Frauen mindestens ebenso verheerend ist wie die der körperlichen Rhythmik (oft genug bedingt eines das andere). Ein Fall aus dem Rhythmus versperrt uns nämlich den Zugang zu uns selber. Und das gehört so ziemlich zum Unangenehmsten, was uns persönlich passieren kann.

Wenn eine Frau seelisch aus dem Rhythmus gerät, verliert sie das Gefühl für sich selbst. Sie spürt nicht mehr, wie sich die Dinge natürlich und aus sich selbst heraus zu entwickeln hätten. Der natürliche Zugang zu ihrer eigenen Lebendigkeit, zu den Quellen von Lebensfreude und Energie, ist verschüttet, deshalb verlangen alltägliche Kleinigkeiten mit einem Mal eine ungeheure Kraftanstrengung von ihr. Sie ist unsicher bei Entscheidungen. Sie läßt sich beeinflussen. Sie läßt sich womöglich abwerten. Sie muß irgendwie weitermachen, aber im Versuch, ihr Gleichgewicht wiederzufinden, greift sie ins Leere – oder vielleicht wahllos nach irgend jemanden, dem sie dann gestattet, ihre Grenzen zu überschreiten.

Sie kann nicht mehr arbeiten oder arbeitet zuviel. Sie läßt zu, daß man das Neue in ihr (ihre Ideen und ihre Liebe, ihre Sehnsüchte und ihre Kräfte) im Keime erstickt – erstickt es womöglich selbst, weil ihr zu sich selbst nichts mehr einfällt. Mühevoll versucht sie, Abgestorbenes wiederzubeatmen, und fühlt sich dabei immer erschöpfter. Sie findet keinen Anfang, wo einer gemacht werden müßte, denn sie findet kein Ende: weil sich ohnehin alles anfühlt, als sei es schon zu Ende. Es gibt keine plötzlichen Glücksmomente mehr.

Solange dagegen eine Frau im Einklang mit ihrem Rhythmus ist, weiß sie über ihre Zyklen Bescheid. Sie weiß, wann es Zeit ist für Erneuerung, Wachstum, Blüte, und wann für Welken und Vergehen. Und sie kann beide Seiten der einen Medaille gleichermaßen akzeptieren: Schließlich gibt es nirgendwo Stillstand und Reglosigkeit. Alles ist immer entweder auf dem auf- oder dem absteigenden Bogen des Rhythmus. Wenn also scheinbar gar nichts passiert, wenn über zu lange Zeit alles so zu bleiben scheint, wie es ist, dann klingeln bei Frauen, die im Einklang mit sich sind, alle Alarmglocken. Natürlich gibt es Perioden, in denen die Dinge zur Ruhe kommen, jedes Jahr hat schließlich auch einen Winter. Aber wenn es Winter bleibt über den Frühling hinaus, dann stimmt eben etwas nicht, und eine Frau, die mit ihren Zyklen mitschwingt, spürt das. Zu lange Veränderungslosigkeit bedeutet für sie das Ende des Schwingens, die Zerstörung des zyklischen Geschehens, Leblosigkeit, Stillstand.

Und eigentlich gibt es Stillstand gar nicht. Denn das, was wir als Stillstand bezeichnen, also eine unnatürlich lange Periode, in der Veränderungen nicht wahrgenommen werden, kennzeichnet in Wirklichkeit einen Fall aus dem Rhythmus. Wenn der Winter bis in den Juli dauert, wird bis zum Herbst nichts mehr reif. Was wir Stillstand nennen, ist also gerade keine Bewegungslosigkeit, sondern der freie Fall nach unten, in die Katastrophe.

So gesehen sind die (von den männlichen Partnern im allgemeinen gefürchteten) Beziehungsgespräche nichts anderes als der weibliche Versuch einer Rhythmuskorrektur, und zwar einer auf Beziehungsebene: Meist laufen diese Diskurse ja darauf hinaus, daß die Frau etwas verändern, in Bewegung, also in den richtigen Rhythmus (zurück-) bringen will. Daß dieses Unterfangen so häufig scheitert, liegt unter anderem an einem grundlegenden Interessenkonflikt. Während Frauen, die im Rhythmus sind, auch und gerade in einer Beziehung vor allem ihre Zyklen wahren wollen (also ein Gefühl von warmer Lebendigkeit, das auf Wandlung beruht), erhoffen Männer sich meist gerade das Gegenteil: Sobald sich eine Beziehung erst einmal konsolidiert hat, möchten sie am liebsten, daß von nun an alles so bleibt, wie es ist. Und gegen den Willen ist an sich ja auch gar nichts einzuwenden – außer natürlich, daß er nicht funktioniert. Lebendiges kennt nun einmal keinen Stillstand, wie fast alle Frauen instinktiv wissen.

Zur Veränderung des Zahlenbegriffs

Kalender waren nicht immer vor allem dazu da, in ihnen Zahnarzttermine oder Geschäftsessen festzuhalten. Zuerst waren sie die Möglichkeit, die Zeit zu gliedern – oder genauer, ihre natürliche, gottgegebene Gliederung zu begreifen. Die Orte, an denen der Lauf der Himmelskörper gemessen wurde, waren deshalb häufig zugleich Sakralbauten, und umgekehrt berücksichtigte man bei der Errichtung sakraler Gebäude Erkenntnisse über die Himmelskörper und ihre Bewegungen.

Laut dem antroposophischen Mathematiker Ernst Bindel entwickelte sich sogar das gesamte Zahlensystem aus dem Versuch, die Zeit (die ja immer auch menschliche Lebenszeit ist) zu strukturieren: »In der elementarmenschlichen Zahlenbildung war nicht das additive Verfahren Ausgangspunkt des Zählens, sondern ein Teilen, also Gliedern.«

Zeit basiert immer auf der Kunst des Teilens. Zeit ist nie eine absolute Größe, sondern existiert nur im Verhältnis zu etwas anderem – nämlich zu mehr Zeit: Eine Stunde etwa ist das Vierundzwanzigstel eines Tages, ein Tag das Siebtel einer Woche, eine Woche ein Viertel eines Mondumlaufs, eine Minute dauert 18 Atemzüge. Jede Zeitangabe stellt eine Beziehung dar, dokumentiert also eine Qualität.

Der Unterschied in der additiven und gliedernden Zahlenbetrachtung läßt sich grafisch so darstellen:

Additive Zahlenbetrachtung (wenn eine Einheit zu den anderen dazukommt, wächst die Menge):

1 = –
2 = –|–
3 = –|–|–
4 = –|–|–|–

versus gliedernde Zahlenbetrachtung (nichts kommt dazu oder wird weggenommen. Dargestellt ist immer wieder die eine Ur-Einheit, die sich jeweils verschieden gliedert):

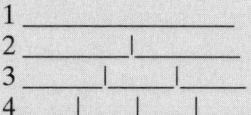

Im gesamten Altertum wurden Zahlen als sinnvolle Gliederung einer Einheit aufgefaßt, die als Mutterschoß aller

Zahlen galt. In der Art, wie sich die Einheit aufteilte, lag Bedeutung. Zahlen wurden also nicht primär zu quantitativen Zwecken, zum Zählen von Geld oder Erbsen erschaffen, sondern mit ihnen wurde eine bestimmte Qualität ausgedrückt.

»Alles ist Zahl«, verkündeten die Pythagoreer: Das heißt, alles hat Form, und alle Form kann durch Zahlen ausgedrückt werden. Pythagoras (6. Jh. v. Chr.), Mathematiker, Astronom, Philosoph und Heiler, betrachtete Zahlen nicht als etwas Materielles, sondern als etwas Geistiges. Er und seine Anhänger vertieften sich in den »göttlichen Tanz« der Zahlen, die Gleichgewicht und Ordnung verkörperten und so zur Harmonie führten. Philosophie galt ihnen als »die erhabenste Musik« – Musik aber hat ja ebenfalls mit Zahlen zu tun. U.a. entdeckte Pythagoras, daß Intervalle der Tonleiter den Verhältnissen der Längen schwingender Saiten entsprachen und durch einfache Zahlenverhältnisse ausgedrückt werden können (2:1 Oktave, 3:2 die Quint, 4:3 die Quart).

Natürlich sind auch Zahl und Alphabet aufs engste verknüpft. Viele frühe Alphabete waren ja Zahlenalphabete, so etwa das etruskische, das arabische, hebräische und früher auch das griechische Alphabet. Hieraus ergaben sich natürlich ungezählte Möglichkeiten, mit Zahlen, Daten und Wörtern zu spielen, da man Wörter ausrechnen und so ihre Bedeutung über den Zahlenwert bestimmen, umgekehrt aber auch Zahlen in bedeutungsvolle Wörter rückverwandeln konnte: Noch heute »ent-ziffern« wir eine Schrift. Und wir »er-zählen«, wenn wir den Ablauf von Ereignissen über eine bestimmte Zeitspanne hinweg berichten – das heißt, Ereignisse gliedern in unserem Verständnis rhythmisch die vergangene Zeit, und wenn wir erzählen, bilden wir diesen Rhythmus mit Worten nach. Und Rhythmus wiederum ist eine Gliederung von Zeit, und zwar mittels der Zahlen. So haftete Zahlen, Kalendern und auch dem Alphabet am Anfang etwas Göttliches an. Die ersten sieben (!) Buchstaben (a, o, u, i, e, f, h) des ersten griechischen Alphabets wurden der Überlieferung zufolge bezeichnenderweise von den

Schicksalsgöttinnen erfunden, den Moiren (und, in etwas neuerer Überlieferung, danach dem Merkur bzw. Hermes im Tanz der Kraniche offenbart, also wiederum vermittels eines rhythmischen Geschehens).

Besonders die Vokale galten in vielen Sprachen als heilig, denn die frühen Gebrauchsalphabete (z. B. das Phönizische, das erste lineare Alphabet überhaupt) bestanden im allgemeinen nur aus Konsonantenzeichen, während die Vokale kultisch-magischen Zwecken vorbehalten waren. Demetrius berichtet im 1. Jahrhundert nach Chr.: »In Ägypten singen die Priester Hymnen, indem sie die sieben Vokale hintereinander aussprechen. Deren Klang macht einen tiefen musikalischen Eindruck, als wenn Flöte und Leier verwendet würden.«

Zahl, Zeitmessung und Buchstabe wurden als untereinander verbunden erlebt, und zugleich verbanden sie den menschlich-irdischen Raum mit dem Sakralen. Im frühen Kalender-Alphabet der Kelten im irischen Raum, das Buchstaben, Monate und Bäume miteinander gleichsetzt, zeigt sich diese Verquickung besonders deutlich: Der siebte Monat galt als heilig, er war gleichbedeutend sowohl mit dem Buchstaben D als auch der heiligen Eiche (Druide bedeutet soviel wie Eichenseher).

Die Veränderung in der Einstellung zur Zahl kam mit Aristoteles: Noch Platon, trotz seiner kritischen Beurteilung der Pythagoreer, sah in den Zahlen Schlüssel zum Mysterium der Natur und verknüpfte Zahl und Idee zum arithmos eidetikos, der Ideenzahl. Aristoteles aber veränderte bewußt den Zahlenbegriff und legte die Grundlage für unsere Zahlenbetrachtung. Schon zur Zeit der römischen Cäsaren verband sich dann die Zahl vor allem mit dem Geldwesen. Das lateinische *numerus* (Zahl) hängt mit *numen* (eng) zusammen, das das Göttliche, Geheimnisvolle, eben Numinöse bezeichnet. Nun gesellte sich ein drittes Wort dazu: *nummus*, die Münze. Zahlen waren fortan nicht mehr Symbol für bestimmte Eigenschaften, sondern vor allem Ideen-Zeichen zur Bezeichnung einer Mengeneinheit. Sie bezeichneten nun Quantität statt Qualität.

Die Brücke zwischen dem geheimen Zahlenwissen des Altertums und der Neuzeit schlugen vor allem die Gnostiker und Neuplatoniker, deren Gedankengut trotz gnadenloser Verfolgung in den islamischen und christlichen Kulturkreis einsickerte. Das Mittelalter (das an die Harmonia Mundi, die mathematische Weltharmonie, mithin an die magisch-mystische Bedeutung von Zahlen glaubte) erschloß sich in der Folge außerdem vieles vom Wissen über die wahre Natur der Zahlen über die Pythagoreer und jene Schriften, die dem Hermes Trismegistos zugeschrieben wurden.

Drei und Vier als Bestandteile der Sieben

Bevor wir nun mit der Erstellung des Charts beginnen können, müssen wir uns noch einmal den Zahlen und ihrer Theorie zuwenden: Die Zahlen sind es schließlich, mit denen sich Rhythmus ausdrücken läßt.

Die Frage nach dem wahren Wesen von Zahlen spielt in unserem Alltagsdenken ja kaum noch eine Rolle. Einen Moment lang können ihre tieferen Bedeutungen zwar noch einmal aufscheinen – wenn wir träumen, Märchen lesen, in einem wichtigen Augenblick plötzlich unserer »Glückszahl« begegnen oder einfach nur gefühlvoll mit Peter Maffay mitsingen (»Über sieben Brücken mußt du gehn, sieben dunkle Jahre überstehn«) – aber im allgemeinen sind Zahlen für uns schlicht etwas, womit man seinen Taschenrechner füttert.

Um unseren Siebener-Zyklus wirklich zu verstehen, müssen wir uns deshalb erst in Erinnerung rufen, daß Zahlen nicht nur die Größe einer beliebigen Menge angeben, sondern vor allem in sich etwas bedeuten, nicht nur eine quantitative (»wieviel?«), sondern vor allem auch eine qualitative (»wie? von welcher Art?«) Bedeutung haben. Die Sieben setzt sich zusammen aus der Drei und der Vier. Natürlich sind auch 1 + 6 oder 2 + 5 = 7, aber das ist Taschenrechner-Denken. Die *Qualität* der Sieben als der universellen Zahl ergibt sich aus der Summe der Qualitäten der Drei und der Vier. Das wußten schon die Steinzeitmenschen, über die Willi Hartner (in einer grundlegenden Studie über Zahlen

36

und Zahlsysteme) schreibt: »Der mathematische Geist ist Urbesitz der Menschheit, er offenbart sich überall, wo Menschen leben, oder wo noch materielle Belege für einstmaliges Leben sind. (...) Der steinzeitliche Künstler ›zählt‹ nicht und weiß nichts von mathematischen Beziehungen, sondern gehorcht ausschließlich seinem ihm innewohnenden mathematischen Trieb.«

Und eine der frühesten Früchte dieses »mathematischen Triebes« ist eben die Aufteilung der Sieben in eine Dreier- und eine Vierergruppe, wie sie sich schon in steinzeitlichen Höhlenmalereien findet. Tatsächlich ist es möglich, daß die besondere Stellung der Sieben überhaupt davon herrührt, daß sie die Summe eben der Drei und der Vier ist. Drei und Vier nämlich gelten als *das* große Gegensatzpaar, aus dem alles hervorgeht, wobei die Drei mit dem Göttlichen, Geistigen, Hellen, die Vier dagegen mit dem Weltlichen, Materiellen, Dunklen gleichgesetzt wird: Von alters her unterteilte man etwa die sieben Planeten in die drei Lichter (Sonne, Mond und Venus) und die vier dunklen Planeten (Merkur, Mars, Saturn, Jupiter).

Im Mittelalter entsprach die Drei den Seelenkräften des Menschen (Gefühl, Seele, Geist), die Vier dem Leib. Entsprechend teilte man die sieben Sakramente in die höhere geistige Dreiheit (Taufe, Konfirmation, Eucharistie) und die praktische Vierheit (Reue, Ordensgelübde, Ehe, letzte Ölung) ein, die sieben Tugenden in drei theologische (der Seele zugehörige) und vier Kardinaltugenden (dem Leib zugehörige). Sogar die sieben freien Künste gliederte man zum Trivium (Grammatik, Dialektik, Rhetorik) und Quadrivium (Arithmetik, Geometrie, Musik, Astronomie). Und die sieben Bitten im Vaterunser bestehen aus einer zu Gott gewandten Dreiheit und einer auf den Menschen bezogenen Vierheit (dieselbe Struktur weist auch das islamische Eingangsgebet, die Fatiha, auf, die erste Sure des Korans).

Ausgehend von seinen Studien mittelalterlicher Alchemie als einer Frühform psychoanalytischen Wissens erkannte C. G. Jung, dem im Spätwerk die Zahl als der grundlegende Archetyp klarwurde, die Spannung von Drei und Vier als Quintessenz des europäischen Denkens: Die Alchemisten kannten vier Elemente (entsprechend den vier Temperamenten des Menschen), welche mittels dreier Verfahren zu vereinen waren.

Die Tatsache, daß auch das Erbgut, das in jeder Inkarnation Träger der biologischen Eigenschaften eines Lebewesens ist, sich einer Kombination aus Viererstruktur plus Dreierverfahren bedient (der genetische Code verwendet vier Buchstaben, die Basen, die zu Tripletts, also Dreiergruppen, kombiniert werden), war den Alchemisten des Mittelalters natürlich noch nicht bekannt. Es hätte sie aber bestimmt nicht gewundert.

Chartres ist ein berühmtes Beispiel dafür, wie das Wissen über das Wesen der Zahlen bis in die Neuzeit tradiert wurde: Der Hügel der Kathedrale war schon in Urzeiten heilig, denn es gab hier ein Dolmenheiligtum und eine »Druidengrotte«, und das Bauwerk selbst gilt als einer der berühmtesten Beweise für die architektonische Meisterleistung der mittelalterlichen Steinmetze (aus deren Zunft sich dann die Freimaurerlogen entwickelt haben, in deren Ritualen Zahlen ja ebenfalls eine große Rolle spielen).

Die beherrschende Zahl der geheimnisvollen Kathedrale ist, mal wieder, die Sieben: Über den gesamten Grundriß der Kathedrale läßt sich der Siebenstern rekonstruieren, und auch das Chorhaupt wird aus sieben gotischen Bögen gebildet. Die Gestalt der Fensterrosen scheint auf die Rosenkreutzer hinzuweisen, deren grundlegende Zahl ebenfalls die Sieben war: Ihre Hauptschrift, »Chymische Hochzeit Christiani Rosencreutz« (1616), ist strikt nach der Siebenzahl aufgebaut. Chartres galt, wie ihr Domherr Bulteau schrieb, als »klassische Inkarnationsstätte des Westens«: Die Siebenzahl ist das Symbol der Inkarnation, also der »Verkörperung von etwas Geistigem«. In ihr vollzieht sich der »Abstieg der göttlichen Dreiheit in die Vierheit des Stofflichen«.

Daß die Sieben die Verschmelzung von Geist und Körper bedeutet, erklärt zum einen recht gut, warum gerade diese Zahl unseren Lebensweg so stark beeinflußt. Zum anderen aber kommt dadurch den Zahlen Drei und Vier auch innerhalb des Siebener-Zyklus oft eine besondere Bedeutung zu. Bei manchen Menschen läuft ein Dreier- oder Vierer-

Rhythmus über alle Siebener-Rhythmen hinweg mit. Intensive Lernphasen zum Beispiel (Lektüre eines wegweisenden Buches, Vorbereitung auf eine wichtige Prüfung, Beschäftigung mit einem bis dahin völlig übergangenen Fachgebiet etc.) finden häufig in einem Dreier-Rhythmus statt. Drei und Vier gelten aber auch, ebenso wie die »verflixte sieben«, als schwierige Wendepunkte in Beziehungen.

Natürlich endet nicht jede Liebe genau zwischen dem dritten und vierten Jahrestag der Begegnung (oder nach $7 + 3 = 10$ oder $7 + 4 = 11$ Jahren). Aber der erste Zauber der Verliebtheit scheint dermaßen regelmäßig nach etwa vier Jahren zu erlöschen, daß inzwischen auch die Wissenschaft eine Theorie dazu entwickelt hat: Wenn man voraussetzt, daß die Frau im ersten Stadium der Verliebtheit schwanger wird, kitten zärtliche Gefühle die Eltern genau so lange aneinander, bis Kind und Mutter eine erste bescheidene Unabhängigkeit voneinander erlangt haben. Ein Kind im dritten Lebensjahr kann nicht nur laufen und selbständig essen, sondern im allgemeinen auch sprechen und seine Ausscheidungen kontrollieren. Auf psychischer Ebene entwickelt es in dieser Phase Durchsetzungsfähigkeit und ein erstes Konzept seiner selbst (»Trotzphase«). Verliebtheit, die vor allem dafür sorgen soll, daß sich der Vater während der ersten Jahre um Mutter und Kind kümmert, ist dann also biologisch gesehen nicht mehr nötig, ja nicht einmal unbedingt wünschenswert: Nicht Monogamie, sondern möglichst vielfältige Genkombinationen sind ja erstes biologisches Anliegen. In Deutschland trägt man dem Ende der Kleinkindzeit im dritten Lebensjahr auch gesellschaftspolitisch Rechnung: Der Erziehungsurlaub dauert bis zu drei Jahre, und die Vollendung des dritten Lebensjahrs ist im allgemeinen Voraussetzung dafür, in den Kindergarten aufgenommen zu werden.

Natürlich bestimmen nicht allein der Siebener-Rhythmus und die ihm zugehörigen Rhythmen der Drei und der Vier unser Leben, sondern auch Atem- und Pulsrhythmen, die Rhythmen der Tages- und Jahreszeiten und der Gestirne und außerdem eine ganze Reihe persönlicher Rhythmen, die vielleicht Einfluß auf Sie haben und die von der Fünf, der Neun, der Zwei oder einer anderen Zahl regiert werden mögen.

Aber der Siebener-Rhythmus ist der bestimmende. Er ist es, der die großen psycho-physischen Entwicklungen des menschlichen Lebens regelt, und aus dem Chart, der auf ihm beruht, können Sie deshalb auch die anderen jahresübergreifenden Rhythmen Ihres Lebens mit ablesen. Alles schwingt. Alles folgt Rhythmen. Nichts ist stabil, alles pulsiert. Es gibt keine festumrissenen Gegenstände und um sie herum Leere, sondern nur den einen Energiestrom. Wo Sie dieses Buch sehen, Ihre Hände sehen, die das Buch halten, ist in der Wirklichkeit nichts als vibrierende Energie. Wo Sie Leere sehen, ist ebenfalls Energie, etwas weniger dicht. Und dort drüben – wo ich jetzt gerade sitze, während Sie lesen – verdichtet sich der Energiestrom erneut. Es gibt kein Feuer, sondern nur einen Prozeß des Brennens. Es gibt keinen Baum, sondern nur die willkürlich und künstlich festgehaltene Momentaufnahme einer ständigen Wandlung, eines Prozesses von Wachsen, Treiben, Vergehen, nicht einen Moment im Stillstand. Es gibt keine Person »ich«, festgefügt und unabänderlich, sondern nur einen rhythmischen Prozeß, den »ich« als Ich erlebe, einen Tanz der Zellen und Gehirnströme, des Sterbens und sich Erneuerns, der verrückterweise einen Vornamen hat und Verdauungsprobleme und eine Familie und einen Beruf, den er wichtig nimmt... und der schwingt. Der seinem Rhythmus folgt, unbewußt, immerzu.

2. Kapitel:
Erstellung des Charts

Ein erster Überblick

Vielleicht haben Sie sich jetzt schon einmal überlegt, was Ihnen um Ihren 7., 14., 21. Geburtstag herum passiert ist, und sind zu dem Ergebnis gekommen, daß eigentlich alle Geschehnisse Ihres Lebens, die Sie spontan als große Lebensveränderungen einstufen würden, zu einem anderen Zeitpunkt stattgefunden haben. Das macht natürlich überhaupt nichts. Es geht ja nicht darum, ein starres Schema aufzustellen und dann dem Leben zu beweisen, daß das Schema stimmt, sondern um Rhythmus. Und Rhythmus ist etwas Fließendes und durchaus Persönliches. Tatsächlich ist es sogar eher die Ausnahme, daß alle Ereignisse, die man spontan als wichtig einstufen würde, immer in einem durch sieben teilbaren Jahr (also in Phase I des jeweiligen Zyklus) stattfinden. Um die persönliche Dynamik klar zu erkennen, muß zuerst der Chart ausgefüllt werden. Dann sehen Sie vielleicht, daß sich entscheidende innere Umbrüche bei Ihnen gewöhnlich in der III. Phase vollziehen und in der V. als äußere Ereignisse manifestieren. Und vielleicht ist gerade die I. Phase diejenige, in der sich Entwicklungen »unterirdisch« anbahnen, so daß sie Ihnen erst in Phase IV plötzlich deutlich zu werden beginnen.

Sich mit seinem Rhythmus zu beschäftigen, ist eigentlich nichts anderes, als Bilanz zu ziehen. Das tun Frauen ja an sich sowieso regelmäßig, und zwar meist, indem sie sich Fragen stellen: Was ist mir bis jetzt passiert? Wie bin ich an diesen Punkt meines Lebens gelangt? Wo genau stehe ich überhaupt, und was muß ich als nächstes tun? Was kommt als nächstes dran? Genau diese Fragen sind es, die auch im Sieben-Jahres-Chart bearbeitet werden.

Die Erstellung und Auswertung des Charts ist also eine sehr individuelle Angelegenheit. Deswegen läßt sie sich auch schlecht im luftleeren Raum theoretischer Erklärung nachvollziehen. Im folgenden arbeite ich mit einem durchgehenden Beispiel, nämlich dem Chart von Petra G., 38, Journalistin, geboren am 30. 3. 1958. Wo nötig, werde ich auch auf andere Charts zurückgreifen; das Beispiel Petras aber wird uns durch das gesamte Buch begleiten.

Bevor Sie mit dem Ausfüllen Ihres Charts beginnen, empfielt es sich, die folgenden Kapitel erst einmal durchzusehen, um sich mit der Materie innerlich vertraut zu machen.

Zyklus und Phase

Da die Begriffe Zyklus und Phase so wesentlich sind, sollen sie hier zuerst noch einmal erläutert werden:

– Eine Phase umspannt ein Jahr, allerdings kein Kalenderjahr, sondern ein persönliches Jahr von Geburtstag zu Geburtstag. Ich numeriere die Phasen im Folgenden römisch: Phase I, II, III, IV, V, VI, VII.

– Ein Zyklus besteht aus sieben Phasen, dauert somit also sieben Jahre, wiederum vom eigenen Geburtstag an gerechnet. Zyklen numeriere ich im folgenden arabisch: Zyklus 1, 2, 3, 4, 5, 6, 7, 8, 9, 10 etc.

2, IV wäre somit zum Beispiel die vierte Phase des zweiten Zyklus (für Petra also das Jahr vom 30.3.68 – 30.3.69):

Petra (geboren 30. 3. 1958):

	Phase I	Phase II	Phase III	Phase IV	Phase V	Phase VI	Phase VII
Zyklus 1 (0–7 Jahre)	30.3.58 – 30.3.59	30.3.59 – 30.3.60	30.3.60 – 30.3.61	30.3.61 – 30.3.62	30.3.62 – 30.3.63	30.3.63 – 30.3.64	30.3.64 – 30.3.65
Zyklus 2 (7–14 Jahre)	30.3.65 – 30.3.66	30.3.66 – 30.3.67	30.3.67 – 30.3.68	30.3.68 – 30.3.69	30.3.69 – 30.3.70	30.3.70 – 30.3.71	30.3.71 – 30.3.72
Zyklus 3 (14–21 Jahre)	30.3.72 – 30.3.73	30.3.73 – 30.3.74	30.3.74 – 30.3.75	30.3.75 – 30.3.76	30.3.76 – 30.3.77	30.3.77 – 30.3.78	30.3.78 – 30.3.79

Zyklus 1 dauert vom Tag der Geburt bis zum 7. Geburtstag: bei Petra also vom 30.3.58 – 30.3.65.

Zyklus 2 dauert vom 7. bis zum 14. Geburtstag
(30. 3. 65 – 30. 3. 72),
Zyklus 3 dauert vom 14. bis zum 21. Geburtstag
(30. 3. 72 – 30. 3. 79) etc.

Phase I umschließt in Zyklus 1 das 1. Lebensjahr
(30. 3. 58 – 30. 3. 59),
in Zyklus 2 das 8. Lebensjahr (30. 3. 65 – 30. 3. 66),
in Zyklus 3 das 15. Lebensjahr (30. 3. 72 – 30. 3. 73) etc.
Phase II umschließt in Zyklus 1 das 2. Lebensjahr
(30. 3. 59 – 30. 3. 60),
in Zyklus 2 das 9. Lebensjahr (30. 3. 66 – 30. 3. 67),
in Zyklus 3 das 16. Lebensjahr (30. 3. 73 – 30. 3. 74) etc.

Vorbereitung des Charts

Sie sollten sich mindestens fünf, besser mehr Kopien vom Chartschema (Beilage »Blankochart«) erstellen. Es ist ratsam, die Kopien zu vergrößern: Mindestens auf Din-A-3, besser noch größer.

Wenn Sie nun das Schema betrachten, sehen Sie, daß das Ausfüllen in der Richtung verläuft, in der wir auch schreiben: Jeder Zyklus ist eine Zeile, die in sieben Phasen aufgeteilt ist.

– In der linken äußersten Spalte werden nun zuerst die Jahreszahlen eingetragen, die ein Zyklus umfaßt. Bei Petra sieht das folgendermaßen aus (s. Abb. A, Seite 44–45):

Sie sehen, daß zur besseren Orientierung im Chart hier auch bereits angegeben ist, welche Lebensalter jeder der Zyklen umspannt.

– Nun wird in der dafür vorgesehenen Zeile am Kopf der Seite das Geburtsdatum eingetragen. Für Petra ist das der 30. 3. (s. Abb. B, Seite 46–47):

Zwei Geburtstage umspannen jeweils eine Phase. Sie sehen, daß in der Zeile darüber zur besseren Orientierung das Alter angegeben ist, in dem man die jeweilige Phase durch-

PHASE		I				II				III		
Alter		0 7 14 21 28 35 42 49 56 63 70 77 84 91 98				1 8 15 22 29 36 43 50 57 64 71 78 85 92 99				2 9 16 23 30 37 44 5 72 79 86 93 100		
Geburtsdatum (Tag, Monat)	Geb.-datum	Geburtsdatum + 3 Mon. 6 Mon. 9 Mon.			Geb.-datum	Geburtsdatum + 3 Mon. 6 Mon. 9 Mon.			Geb.-datum	Geburtsdatum + 3 Mon. 6 Mon. 9 M	
ZYKLUS 1 0 – 7 Jahre 19 _58_ – 19 _65_												
ZYKLUS 2 7 – 14 Jahre 19 _65_ – 19 _72_												
ZYKLUS 3 14 – 21 Jahre 19 _72_ – 19 _79_												
ZYKLUS 4 21 – 28 Jahre 19 _79_ – 19 _86_												
ZYKLUS 5 28 – 35 Jahre 19 _86_ – 19 _93_												
ZYKLUS 6 35 – 42 Jahre 19 _93_ – 20 _00_												
ZYKLUS 7 42 – 49 Jahre .... –												
ZYKLUS 8 49 – 56 Jahre .... –												
ZYKLUS 9 56 – 63 Jahre .... –												
ZYKLUS 10 63 – 70 Jahre .... –												
ZYKLUS 11 70 – 77 Jahre .... –												
ZYKLUS 12 77 – 84 Jahre .... –												
ZYKLUS 13 84 – 91 Jahre .... –												
ZYKLUS 14 91 – 98 Jahre .... –												

IV			V				VII			

IV
24 31 38 45 52 59 66
87 94 101

V
4 11 18 25 32 39 46 53 60 67
74 81 88 95 102

VI
5 12 19 26 33 40 47 54 61 68
75 82 89 96 103

VII
6 13 20 27 34 41 48 55 62 69
76 83 90 97 104

Geburtsdatum +		Geb.-datum	Geburtsdatum +			Geb.-datum	Geburtsdatum +			Geb.-datum	Geburtsdatum +		
6 Mon.	9 Mon.		3 Mon.	6 Mon.	9 Mon.		3 Mon.	6 Mon.	9 Mon.		3 Mon.	6 Mon.	9 Mon.

Abb. A

PHASE	I						II						III				
Alter	0 7 14 21 28 35 42 49 56 63 70 77 84 91 98						1 8 15 22 29 36 43 50 57 64 71 78 85 92 99						2 9 16 23 30 37 44 5 72 79 86 93 100				
Geburtsdatum (Tag, Monat)	30. 3.	Geburtsdatum + 3 Mon. 6 Mon. 9 Mon.			30. 3.		Geburtsdatum + 3 Mon. 6 Mon. 9 Mon.			30. 3.			Geburtsdatum 3 Mon. 6 Mon. 9 N				
ZYKLUS 1 0 – 7 Jahre 19 58 – 19 65																	
ZYKLUS 2 7 – 14 Jahre 19 65 – 19 72																	
ZYKLUS 3 14 – 21 Jahre 19 72 – 19 79																	
ZYKLUS 4 21 – 28 Jahre 19 79 – 19 86																	
ZYKLUS 5 28 – 35 Jahre 19 86 – 19 93																	
ZYKLUS 6 35 – 42 Jahre 19 93 – 20 00																	
ZYKLUS 7 42 – 49 Jahre ..... –																	
ZYKLUS 8 49 – 56 Jahre ..... –																	
ZYKLUS 9 56 – 63 Jahre ..... –																	
ZYKLUS 10 63 – 70 Jahre ..... –																	
ZYKLUS 11 70 – 77 Jahre ..... –																	
ZYKLUS 12 77 – 84 Jahre ..... –																	
ZYKLUS 13 84 – 91 Jahre ..... –																	
ZYKLUS 14 91 – 98 Jahre ..... –																	

IV				V					VI					VII			
24 31 38 45 52 59 66 87 94 101				4 11 18 25 32 39 46 53 60 67 74 81 88 95 102					5 12 19 26 33 40 47 54 61 68 75 82 89 96 103					6 13 20 27 34 41 48 55 62 69 76 83 90 97 104			
Geburtsdatum + on. 6 Mon. 9 Mon.			30. 3.	Geburtsdatum + 3 Mon. 6 Mon. 9 Mon.				30. 3.	Geburtsdatum + 3 Mon. 6 Mon. 9 Mon.				30. 3.	Geburtsdatum + 3 Mon. 6 Mon. 9 Mon.		
														Abb. B		

Abb. B

PHASE		I				II				III			
Alter		0 7 14 21 28 35 42 49 56 63 70 77 84 91 98				1 8 15 22 29 36 43 50 57 64 71 78 85 92 99				2 9 16 23 30 37 44 5 72 79 86 93 100			
Geburtsdatum (Tag, Monat)	30. 3.	Geburtsdatum + 3 Mon. 6 Mon. 9 Mon.			30. 3.	Geburtsdatum + 3 Mon. 6 Mon. 9 Mon.			30. 3.	Geburtsdatum + 3 Mon. 6 Mon. 9 M		
		30.6.	30.9.	30.12.		30.6.	30.9.	30.12.		30.6.	30.9.	30.
ZYKLUS 1 0 – 7 Jahre 19.58. – 19.65.												
ZYKLUS 2 7 – 14 Jahre 19.65. – 19.72.												
ZYKLUS 3 14 – 21 Jahre 19.72. – 19.79.												
ZYKLUS 4 21 – 28 Jahre 19.79. – 19.86.												
ZYKLUS 5 28 – 35 Jahre 19.86. – 19.93.												
ZYKLUS 6 35 – 42 Jahre 19.93. – 20.00.												
ZYKLUS 7 42 – 49 Jahre .... –												
ZYKLUS 8 49 – 56 Jahre .... –												
ZYKLUS 9 56 – 63 Jahre .... –												
ZYKLUS 10 63 – 70 Jahre .... –												
ZYKLUS 11 70 – 77 Jahre .... –												
ZYKLUS 12 77 – 84 Jahre .... –												
ZYKLUS 13 84 – 91 Jahre .... –												
ZYKLUS 14 91 – 98 Jahre .... –												

IV				V				VI				VII		
7 24 31 38 45 52 59 66				4 11 18 25 32 39 46 53 60 67				5 12 19 26 33 40 47 54 61 68				6 13 20 27 34 41 48 55 62 69		
80 87 94 101				74 81 88 95 102				75 82 89 96 103				76 83 90 97 104		
Geburtsdatum +			30.	Geburtsdatum +			30.	Geburtsdatum +			30.	Geburtsdatum +		
Mon. 6 Mon. 9 Mon.			3.	3 Mon. 6 Mon. 9 Mon.			3.	3 Mon. 6 Mon. 9 Mon.			3.	3 Mon. 6 Mon. 9 Mon.		
0.6.	30.9.	30.12.			30.6.	30.9.	30.12.		30.6.	30.9.	30.12.		30.6.	30.9.	30.12.
												Abb. C		

läuft: während Phase II ist man beispielsweise 1, 8, 15, 22, 29, 36, 43, 50 etc. Jahre alt, je nachdem, in welchem Zyklus man sich befindet.

– Ebenfalls der Orientierung im Chart dient es, wenn Sie nun die übrigen Kästchen in der Zeile »Geburtsdatum« ausfüllen: Sie rechnen zu Ihrem Geburtsdatum jeweils drei Monate dazu. Anschließend tragen Sie für jede Phase den Zeitpunkt des Jahreswechsels ein. Dies erleichtert das Ausfüllen, da wir im allgemeinen in Jahreszahlen denken und nicht in Geburtsjahren.
Für Petra sieht das ganze nun so aus (s. Abb. C, Seite 48–49):

Sie sehen, daß jeder Zyklus mit dem Geburtstag endet, mit dem der nächste Zyklus beginnt: Am Ende des 1. Zyklus sowie zu Beginn des 2. ist man beispielsweise genau 7. Wenn Sie die Zyklen nun in Streifen schneiden und so miteinander verbinden würden, daß die gleichen Geburtstage aufeinanderlägen, erhielten Sie eine Wendel:

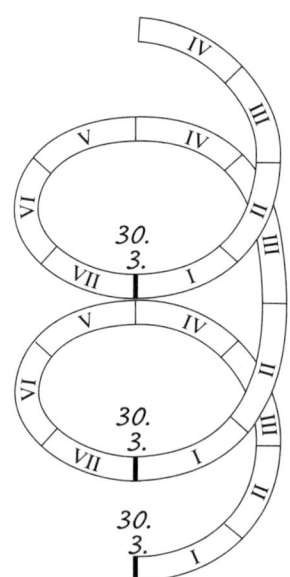

Geburtstags-Wendel

50

Die Linie ist Sinnbild des unumkehrbaren Voranschreitens der Zeit. Der Kreis zeigt die Wiederkehr des immer Gleichen. Die Wendel dagegen ist das Urbild eines rhythmisierten Zeitverständnisses, sie zeigt die zyklische Wiederkehr des Ähnlichen. Und sie ist von alters her das Symbol des Lebens selbst: Die zweidimensionale Darstellung der Wendel als Spirale galt überall auf der Welt als heilig, als Symbol des Werdens und Vergehens, der »Ent-Wicklung« ebenso wie der Zusammenballung von Kräften. Im Schoßdreieck einer jungsteinzeitlichen Muttergöttin-Statuette hat man das Symbol der Spirale ebenso gefunden wie an vorgeschichtlichen Megalith-Grabbauten, und früheste rituelle Tanzplätze wie die Steinkreise in Irland, Schottland und der Bretagne wurden gern spiralförmig angelegt. (Auch in Deutschland suchten Frauen Extase und Erleuchtung in »Trudenringen« und »Hexenkreisen«.) Wahrscheinlich stand die Spirale darüber hinaus in Bezug zu den Bewegungen der Gestirne, die unsere Lebenszeit gliedern: Bei Bauwerken, die in frühester Vorzeit zu kalendarischen Zwecken errichtet wurden, fallen die Sonnenstrahlen häufig dergestalt durch Steinspalte, daß sie genau an den Tagen der Sonnenwende ein Spiralen-Ritzbild berühren oder durchschneiden. Und heute wissen wir, daß sich auch die Moleküle der DNS, unseres Erbgutes, zu einer Doppelwendel anordnen.

Ihre persönliche Wendeltreppe steht also nun für Sie bereit. Sie müssen sie nur noch erklimmen.

Ausfüllen des Charts

Bevor Sie damit beginnen, den Chart auszufüllen, benötigen Sie eine Liste aller persönlichen Lebensereignisse, natürlich mit Angabe des Jahres und möglichst auch des Monats, in den sie fielen. Diese Auflistung wird Sie sicher einige Zeit in Atem halten. Wahrscheinlich müssen Sie auch die Erinnerung anderer anzapfen. Nur die Eckdaten – Schulabschlüsse, der erste Job, eine tolle Reise, die Hochzeit und die Geburten der Kinder vielleicht – genügen nämlich nicht. Sie brauchen Details, so viele Details wie möglich: innere Umbrüche und Krisen, wichtige Gespräche und Leseerlebnisse, Glorioses, Glücksmomente und kleinere persönliche Katastrophen ... Alles, auch scheinbar Nebensächliches, sollte aufgeschrieben und natürlich datiert werden.

Geben Sie nicht auf, wenn Sie Ihre Liste nach einer ersten Erstellung einigermaßen dünn finden! Mit Sicherheit ist Ihnen weit mehr passiert, als Sie spontan abrufen können. Lassen Sie sich Zeit, durchaus mehrere Tage, ja auch Wochen. Warten Sie, was alles in Ihnen emporsteigt, wenn Sie einmal angefangen haben zu suchen. Und schreiben Sie alles auf, was Ihnen einfällt, auch wenn Sie es für unwichtig halten!

Wenn Sie nicht mehr wissen, zu welchem Zeitpunkt ein Ereignis stattgefunden hat, versuchen Sie es herauszufinden. Fragen Sie Freunde, Eltern, Lehrer. Sehen Sie Fotoalben durch. Versuchen Sie es mit Eselsbrücken: Damals, als Theo mich verließ, ging die Entführung der »Landshut« durch die Schlagzeilen. Oder: Joseph habe ich kennengelernt, als ich gerade aus dem Taviani-Film »Chaos« kam, der zu den Münchner Filmwochen gezeigt wurde. Dergleichen läßt sich dann ohne allzu große Mühen recherchieren.

Gehen Sie wie ein Ausgräber vor: Greifen Sie zu Schaufel und Spitzhacke, sobald Sie auch nur den geringsten Hinweis darauf haben, daß Sie fündig werden könnten. Leisten Sie archäologische Kleinarbeit: hier eine bemalte Tonscherbe. Dort Brocken einer zerstörten Mauer. Sie rekonstruieren. Sie kitten. Ihr Hilfsmittel ist der Chart, und was Sie zusammensetzen, ist ein Bild Ihrer eigenen Vergangenheit: So, wie diese Vergangenheit Ihre Gegenwart gestaltet hat und auch Ihre Zukunft gestalten wird.

Noch ein praktischer Hinweis: Wenn Sie damit beginnen, Ihre Listen zu erstellen, ist es unter Umständen leichter, nach Themengebieten vorzugehen als nach der Chronologie. Themenbezogene Listen haben auch den Vorteil, daß Sie dann leichter Untercharts erstellen können. Womit Sie anfangen, wie Sie die Sache angehen, bleibt aber natürlich Ihnen überlassen. Jeder hangelt sich auf seine Weise in den Dschungel der Vergangenheit zurück, und ohnehin sind die ersten Listen meist eine eher vorläufige und ergänzungsbedürftige Angelegenheit.

Petra, unser Beispiel, hat einfacherweise mit den meist ja am besten dokumentierten Ereignissen begonnen, also mit:

1. Schul-, Ausbildungs- und Berufsdaten.
Geboren 30. 3. 58
Kindergarten – Oktober 61 bis Einschulung

Einschulung – Sept. 64
Gymnasium – Sept. 68
Abitur – Juni 77

Studienbeginn (Philosophie, Kunstgeschichte, Englisch) – Mai 78
Zwischenprüfung – Februar 81
Beginn Abschlußarbeit – Mai 83
Examen – Juni 84

1. Job (Öffentlichkeitsarbeit im Museum) – April 85
Ende 1. Job (rausgeschmissen) – Februar 87

Beginn Umschulung Computerprogrammiererin – Febr. 88
Ende Umschulung – Febr. 89

2. Job: als Computerprogrammiererin – Mai 89
Ende (selbst gekündigt) – Herbst 90

Fachjournalistin, frei (und Eisverkäuferin) – Febr. 91 bis April 91

Redakteurin bei Computermagazin –April 91
Beginn des Mutterschutzes und des anschließenden Erziehungsurlaubs, also Ende der Festanstellung – Nov. 93

Wieder angefangen, frei zu arbeiten – Nov. 95
Erste mühevolle Versuche, auch andere Themen zu bearbeiten (Kunst, Philosophie, etc.) – ab Sommer 96
Jetzt (Sommer 97) gut etabliert als Journalistin.

2. Umzüge und Wohnungswechsel
Mit Eltern und Brüdern aus der Wohnung ins eigene Haus umgezogen – Aug. 60
Mit Christine Münchner WG gegründet – Mai 78
Erste Wohnung allein – Juli 84
Zusammengezogen mit Hannes (späterer Ehemann) – Dez. 91
Umzug ins Haus auf dem Land – Jan. 95
Eigene Wohnung – Mai 96

3. Beziehungsdaten – dazu gehören natürlich die »wichtigen« Liebesbeziehungen, aber eigentlich auch alle Flirts, Affären, der erste Kuß, die erste Schwärmerei und selbstverständlich die »erste Nacht«. Petras Liste sah so aus:

Peter:
Sept. 71 - Oktober 72

1. Sex:
August 74 mit Ingo, im Urlaub mit Christine

Michael:
30.3.76 – Mai 79
Und nochmal Sept. 83 - Nov. 84

Hannes:
5. Okt. 76 kennengelernt. Bis zum Abitur Juni 77 ziemlich wilde Affäre.
Juli 91 wiedergetroffen, Dez. 91 mit ihm zusammengezogen, August 92 geheiratet.
Sommer 95 »innere Kündigung«, Mai 96 Trennung, Mai 97 Scheidung.

Wolfgang:
April 81 – April 83

Sascha:
Sept. 85 - Aug. 89

4. Enge Beziehungen zu Freunden und Freundinnen, Familienmitgliedern, Mentoren etc.
Christine: Sommer 62 im Urlaub kennengelernt.
Sommer 74: Erster Urlaub ohne Eltern, mit Christine
Mai 78 WG mit ihr, Studium, bis Juni 84
Okt. 85 Christine heiratet
Juni 86 Ch. geht nach England
Juni/Juli 90 bei Christine in England
Juni 97 wieder bei Christine in England

Peter: Nach der eigentlichen Beziehung gut befreundet bis Beginn Studium. Total Ende war 1980, zu Beginn der »wilden Jahre«.

5. Kinder
Von Anfang April 93 bis Januar 94 schwanger. Im Januar Geburt der Tochter.

6. Sonstiges privates Umfeld – Gehörten Sie irgendwelchen Cliquen an? Besaßen Sie wechselnde Freundeskreise? Gab es Zeiten, in denen Sie freiwillig oder unfreiwillig einsam waren? Wechselten die Schichten, in denen Sie sich bewegten? Wann?

Erste »richtige« Clique 70 im Sommer.

76: völlig »neue Leute«, und zwar gleich zweigleisig: Michaels Kreis einerseits, Hannes' andererseits.

So um 1980 die wilde Kneipenzeit mit Christine

7. Krankheiten
Zweimal im Krankenhaus:
Dez. 81 – Jan. 82 mit einer schweren Unterleibsentzündung
Februar – März 83 Unfall

In der Volksschule immer Halsentzündungen.
Genau wie mit Sascha später: 86–89

8. Besondere seelische Erfahrungen und Umschwünge – also vielleicht Therapien, Kirchenein- und austritte, esoterische Interessen, spirituelle Erfahrungen etc.

Kirchenaustritt Sommer 86 (unwichtig, eigentlich)
Esoterische Phase während Arbeitslosigkeit 1987

9. Sonstige Details – was fällt Ihnen noch ein? Alles zählt!
Natürlich wird am Ende nicht alles gleich wichtig, ja vieles völlig redundant sein, aber was das ist, wissen Sie ja jetzt noch gar nicht. Also los:
Hatten Sie mal Gewichtsprobleme? Eßstörungen?
Haben Sie Drogen genommen?
Gab es eine Zeit, in der Sie begeistert Sport getrieben haben?
Waren Sie politisch aktiv? Haben Sie sich in Organisationen gleich welcher Art engagiert?

Wie steht es mit Reisen? Mit Hobbys? Sprachenlernen?
Gab es Bücher, die Sie lange Zeit nicht losließen, Filme, die Sie stark beschäftigten, eine bestimmte Platte, die Ihr Lebensgefühl veränderte?
Haben Sie Ihr Outfit, Ihr Image mal völlig umgestellt?
Besaßen Sie Haustiere?
Was fällt Ihnen sonst noch ein, und wann war das alles?

Für Petra ergibt sich:
  Reiten: Herbst 69 – Sommer 72
  Malen: Nach Weihnachten 73 / Anfang 74. Ab dann eigentlich immer.
  Schreiben: Tagebuch angefangen Sommer 75. Mehr oder minder extensiv bis heute.
  Reisen: Sommer 74: der verrückte Urlaub mit Christine an der Nordsee
  Juli 77 – März 78: mit Michael in Australien
  Juli 84: allein in den USA
  ansonsten normale Europa-Urlaube
  z.Zt. (Sommer 97) Engagement im Kinderschutzbund (Malkurse)

Der erste Schritt ist geschafft. Nun müssen die Daten in den Chart übertragen werden, natürlich stichwortartig. Wie sie dabei vorgehen, ist prinzipiell Ihre Sache – Sie werden im Laufe der Zeit sicher Ihr eigenes grafisches System entwickeln. Am besten ist es allerdings, wenn Sie zumindest beim ersten Durchgang mit Bleistift arbeiten. Man rutscht nämlich, vor allem am Anfang, schnell einmal in eine falsche Spalte oder täuscht sich in einem Datum. Bei der Interpretation verwende ich persönlich dann gern mehrere Farben, um bessere Übersicht zu gewinnen, aber auch hier bevorzuge ich Buntstifte, die man wieder wegradieren kann. Petras erster Chart sieht so aus (s. Seite 58–59):

Verbinden Sie nun in einem zweiten Schritt die Daten miteinander. Natürlich nicht alle – nur die, die zusammengehören. Lassen Sie »senkrechte« Verbindungen, also die Ereignisse innerhalb ein und derselben Phase, erst einmal außer acht. Konzentrieren Sie sich in diesem ersten Schritt lieber nur auf die »waagrechten« Verbindungen, etwa: Wenn Sie eine Prüfung abgelegt haben, wann haben Sie sich dann zu ihr angemeldet / mit den Vorbereitungen begonnen?

Wenn Sie einen Job gekündigt haben: Wann haben Sie beschlossen zu kündigen, wann die Kündigung eingereicht, wann wurde sie tatsächlich wirksam? Wenn Sie eine Beziehung beendet haben: Wann hatten Sie dem Partner die »innere Kündigung« ausgesprochen?

Vielleicht füllen sich dadurch so einige Lücken schon von ganz allein. Vielleicht fällt Ihnen auch plötzlich überhaupt noch einiges ein: zu den Zwischenzeiten, zu den Schwarzen Löchern zwischen zwei Ereignissen?

Dies ist Petras erweiterter Chart (s. Seite 60–61):

Der erste Schritt ist geschafft: Sie haben Ihren Chart erstellt. Bevor es nun an die Interpretation geht, möchte ich Ihnen einen ungefähren Überblick über das bieten, was Sie in den folgenden Kapiteln erwartet: Lassen Sie sich beim ersten Lesen nicht von vielleicht ungewohnten Begriffen irritieren – im jeweiligen Kapitel wird noch ausführlich auf sie eingegangen werden.

Im nächsten Kapitel geht es darum, den jeweiligen Charakter der Phasen in Ihrem Chart zu erkennen. Dabei sollten Sie sich nicht zu sehr festlegen: Die erste Interpretation der Phasenbedeutungen ist zwangsläufig meist eine vorläufige.

Im 4. Kapitel kommt die Phasen-Detailarbeit: Sie erstellen thematische Uncharts (also Charts zu einzelnen Lebensbereichen wie etwa »Arbeit« oder »Beziehungen«), suchen nach eventuell vorhandenen weiteren Rhythmen, die Ihren Sieben-Jahres-Chart durchziehen, und betrachten die prägenden Ereignisse Ihres Lebens im Licht der Phasenbedeutungen. Die hierbei gewonnenen Erkenntnisse tragen dann wiederum dazu bei, den Charakter der Phasen im Hauptchart klarer zu sehen.

Im 5. Kapitel wird der Einfluß anderer Charts auf den eigenen untersucht. Hier betrachten wir vor allem auch die beiden Kindheitszyklen: Die Rhythmen von Eltern und Kindern greifen in den ersten Lebensjahren stark ineinander.

PHASE	I				II				III			
Alter	0 7 14 21 28 35 42 49 56 63 70 77 84 91 98				1 8 15 22 29 36 43 50 57 64 71 78 85 92 99				2 9 16 23 30 37 44 51 72 79 86 93 100			
Geburtsdatum (Tag, Monat)	30. 3.	Geburtsdatum + 3 Mon. 6 Mon. 9 Mon.			30. 3.	Geburtsdatum + 3 Mon. 6 Mon. 9 Mon.			30. 3.	Geburtsdatum + 3 Mon. 6 Mon. 9 Mon.		
		30.6.	30.9.	30.12.		30.6.	30.9.	30.12.		30.6.	30.9.	30.12.
ZYKLUS 1 0 – 7 Jahre 19.58. – 19.65.										Umzug ins eigene Haus		
ZYKLUS 2 7 – 14 Jahre 19.65. – 19.72.				immer viel krank, meist Halsentzündungen								
ZYKLUS 3 14 – 21 Jahre 19.72. – 19.79.		Reiten X aufgehört	Ende Peter X (aber noch Freundschaft)					Angefangen zu malen		1. Urlaub ohne Eltern mit Christine. 1. x		
ZYKLUS 4 21 – 28 Jahre 19.79. – 19.86.	Ende der 1. Beziehung X mit Michael		Ende d. Freundschaft X mit Peter	Wilde Zeit mit Christine				Zwischenprüfungen X	Wolfgang X Anfang		Krank hau	
ZYKLUS 5 28 – 35 Jahre 19.86. – 19.93.	Christine X —➤ England	X Kirchenaustritt viel krank (Halsentzünd.)	Rausschmiß aus Museum X		Esoterik-Trip, + arbeitslos			Umschul. X auf Computer			um	
ZYKLUS 6 35 – 42 Jahre 19.93. – 20.00.	Schwanger X	Mutterschutz X (Ende Job)	Geburt X					Umzug aufs Land m. Hannes	„innere Kündigung" der Ehe		wiede angefang frei zu arb	
ZYKLUS 7 42 – 49 Jahre .... –												
ZYKLUS 8 49 – 56 Jahre .... –												
ZYKLUS 9 56 – 63 Jahre .... –												
ZYKLUS 10 63 – 70 Jahre .... –												
ZYKLUS 11 70 – 77 Jahre .... –												
ZYKLUS 12 77 – 84 Jahre .... –												
ZYKLUS 13 84 – 91 Jahre .... –												
ZYKLUS 14 91 – 98 Jahre .... –												

IV			V				VII		
17 24 31 38 45 52 59 66 80 87 94 101			4 11 18 25 32 39 46 53 60 67 74 81 88 95 102				5 12 19 26 33 40 47 54 61 68 75 82 89 96 103		

Header continues:

IV		V		VI		VII	
17 24 31 38 45 52 59 66	30.	4 11 18 25 32 39 46 53 60 67	30.	5 12 19 26 33 40 47 54 61 68	30.	6 13 20 27 34 41 48 55 62 69	
80 87 94 101	3.	74 81 88 95 102	3.	75 82 89 96 103	3.	76 83 90 97 104	
Geburtsdatum + Mon. 6 Mon. 9 Mon.		Geburtsdatum + 3 Mon. 6 Mon. 9 Mon.		Geburtsdatum + 3 Mon. 6 Mon. 9 Mon.		Geburtsdatum + 3 Mon. 6 Mon. 9 Mon.	
0.6. | 30.9. | 30.12.		30.6. | 30.9. | 30.12.		30.6. | 30.9. | 30.12.		30.6. | 30.9. | 30.12.	

Chart content (entries by column/row):

IV
- Kinder- X garten
- Gymnasium X
- buchschreiben X fangen
- s große Elend
- Com- X ro- Ende Sascha iererin
- ...ung. ...g in ...e ...ng · als Journalistin · Versuche, neue · Themen zu erschließen

V
- Christine X kennen gelernt
- Reiten X angefangen
- Beginn X Beziehung Michael / Hannes X Affaire / GANZ NEUE LEUTE!
- Unfall X Beginn Abschlußarbeit / ⊢—⊣ X Ende Wolfgang / X 2. mal Bez. m. Michael
- bei Christine X in England / Computer-job gekündigt / freie Fach-journal / Computer- X
- Scheidung / X Engagement Kinderschutzbund Erfolg im Beruf / X Kind im Kindergarten / bei Christine in England

VI
- 1. „richtige" X Clique gefunden
- X Abitur in / X 1. Ende Australien / Hannes mit Michael
- Examen X ⊢—⊣ USA / X 1. Wohnung allein / Michael X 2. Ende
- Redakteur X Hannes wieder- bei Comp.- getroffen Zeitschrift X
- zusammengezogen X mit Hannes

VII
- Einschulung X
- Peter, 1. Freund X
- X WG mit Christine / X Anfang Studium / X Anfang vom Ende d. Freund- schaft mit Peter
- 1. Job (Museum) / Sascha X / X Hochzeit Christine
- Hochzeit X

Petras 1. Chart

PHASE		I				II				III		
Alter		0 7 14 21 28 35 42 49 56 63 70 77 84 91 98				1 8 15 22 29 36 43 50 57 64 71 78 85 92 99				2 9 16 23 30 37 44 51 72 79 86 93 100		
Geburtsdatum (Tag, Monat)	30. 3.	Geburtsdatum + 3 Mon. 6 Mon. 9 Mon.			30. 3.	Geburtsdatum + 3 Mon. 6 Mon. 9 Mon.			30. 3.	Geburtsdatum + 3 Mon. 6 Mon. 9 Mon		
			30.6.	30.9.	30.12.		30.6.	30.9.	30.12.		30.6.	30.9.	30.12.
ZYKLUS 1 0 – 7 Jahre 19.58. – 19.65.											*Umzug ins eigene Haus*	
ZYKLUS 2 7 – 14 Jahre 19.65. – 19.72.		~~~ *immer viel krank, meist Halsentzündungen* ~~~										
ZYKLUS 3 14 – 21 Jahre 19.72. – 19.79.		*Reiten* X *aufgehört*	*Ende Peter* X *(aber noch Freundschaft)*				*Angefangen zu malen* →			*1. Urlaub ohne Eltern mit Christine. 1.x* ⊢——⊣	
ZYKLUS 4 21 – 28 Jahre 19.79. – 19.86.		*Ende der 1. Beziehung* X *mit Michael*		*Ende d. Freundschaft* X *mit Peter* — *Wilde Zeit mit Christine*			*Zwischen- prüfungen* —X	*Wolfgang* X *Anfang*		*Krank* ⊢—— *hau*	
ZYKLUS 5 28 – 35 Jahre 19.86. – 19.93.	*Christine* X ——▷ *England*	X *Kirchenaustritt* ~~*viel krank (Halsentzünd.)*~~	*Raus- schmiß aus Museum* X	*Esoterik-Trip, + arbeitslos* ——— ▷	*Umschul.* —X *auf Computer*				*Um*	
ZYKLUS 6 35 – 42 Jahre 19.93. – 20.00.	*Schwanger* X ———		*Mutter- schutz* —X *(Ende Job)*	*Geburt* —X		*Umzug aufs Land m. Hannes*	*"innere Kündigung" der Ehe*	*wiede angefang frei zu ar*			
ZYKLUS 7 42 – 49 Jahre ...... –												
ZYKLUS 8 49 – 56 Jahre ...... –												
ZYKLUS 9 56 – 63 Jahre ...... –												
ZYKLUS 10 63 – 70 Jahre ...... –												
ZYKLUS 11 70 – 77 Jahre ...... –												
ZYKLUS 12 77 – 84 Jahre ...... –												
ZYKLUS 13 84 – 91 Jahre ...... –												
ZYKLUS 14 91 – 98 Jahre ...... –												

IV				V				VI				VII			
17 24 31 38 45 52 59 66				4 11 18 25 32 39 46 53 60 67				5 12 19 26 33 40 47 54 61 68				6 13 20 27 34 41 48 55 62 69			
80 87 94 101				74 81 88 95 102				75 82 89 96 103				76 83 90 97 104			
Geburtsdatum +			30.	Geburtsdatum +			30.	Geburtsdatum +			30.	Geburtsdatum +		
Mon. 6 Mon. 9 Mon.			3.	3 Mon. 6 Mon. 9 Mon.			3.	3 Mon. 6 Mon. 9 Mon.			3.	3 Mon. 6 Mon. 9 Mon.		
0.6.	30.9.	30.12.		30.6.	30.9.	30.12.		30.6.	30.9.	30.12.		30.6.	30.9.	30.12.

Kinder-
X
garten

Christine
X
kennen gelernt

Einschulung
X

~Gymnasium
X——▷

Reiten
X——▷
angefangen

1. „richtige"
X Clique gefunden

Peter, 1. Freund
X————

~buchschreiben
——▷
~fangen

Beginn
X Beziehung
Michael

Hannes
X Affaire

GANZ NEUE LEUTE!

X Abitur   in
X 1. Ende Australien
Hannes   mit Michael

X WG mit Christine ——▷
X Anfang Studium ——▷
X Anfang vom Ende d. Freund-
schaft mit Peter

~ große Elend ——▷|—

Unfall X Beginn Abschlußarbeit
┤X Ende
/Wolfgang

┌X 2. mal Bez.
m. Michael

Examen   Michael
X├—┤ USA   X—
X 1. Wohnung 2| Ende
allein

1. Job   Sascha
(Museum)   X ——▷
——▷   X Hochzeit
Christine

~om- X
~ro- Ende Sascha
~ererin

bei Christine Computer-
X in   job
England gekündigt
——X—┘

freie
Fach-
journal

Redakteur X Hannes
bei Comp.- wieder-
Zeitschrift getroffen
X

zusammengezogen   Hochzeit
X   mit Hannes X ——▷

~ng.
~in   als Journalistin
~e —— Versuche, neue ——
~ng   Themen zu erschließen

X Engagement Kinderschutzbund
Scheidung   Erfolg im Beruf
X   X Kind im Kindergarten
bei Christine in England

		Petras 2. Chart

Im 6. Kapitel geht es um die Aufgabenstellung der Zyklen. Welche Zyklenaufgaben gibt es? Welche wurden bisher in Angriff genommen, und wie wurden sie bewältigt?

Das 7. Kapitel beschäftigt sich mit dem Erkennen von Rhythmusbrüchen und ihrer »Reparatur«.

Im 8. Kapitel schließlich untersuchen Sie Ihre gegenwärtige Position, Ihre momentane Lebenssituation. Und Sie erfahren, wie Sie sich die Kenntnis Ihrer eigenen Rhythmik für die Zukunft zunutze machen können.

Lassen Sie sich nicht davon abschrecken, wenn manches auf den folgenden Seiten vielleicht auf den ersten Blick kompliziert und ziemlich anstrengend aussieht! Wenn man ein stark intuitives Verfahren systematisch darstellen will, muß man notgedrungen Themengebiet für Themengebiet abhandeln. Die Arbeit an Ihrem eigenen Chart dagegen wird mit Sicherheit wesentlich unberechenbarer verlaufen, wesentlich »chaotischer« und sprunghafter, als ich es im folgenden anhand von Petras Chart vorführe. Halten Sie sich außerdem vor Augen, daß Ihnen Petras Leben fremd ist, Sie sich also bei der Lektüre ständig in ein fremdes Datengeflecht einfühlen müssen. Ihr eigenes Leben hingegen kennen Sie.

3. Kapitel:
Der Charakter der Phasen

Erinnerungsarbeit und die Bewertung von Ereignissen in den Phasen

Bis jetzt war die ganze Sache reine Kopfarbeit. Um Ihre Daten zusammenzuklauben, mußten Sie sich konzentrieren, nachdenken, erinnern, eventuell in Tagebüchern, Zeugnissen, alten Briefen wühlen, Ihre Eltern und Freunde befragen. Jetzt aber stehen die ersten Listen, der Chart ist ausgefüllt. Die Interpretation erfolgt nun unter Hinzunahme des »Bauches«: des rückfühlenden Verständnisses.

Erinnerung ist immer eine Suche nach der verlorenen Zeit, und diese Suche kann viele Auslöser haben. Ein bestimmtes Lied im Radio, ein vergessenes Foto, der Geruch eines bestimmten Rasierwassers oder einer Landstraße nach einem Gewitterregen – all das kann eine Flut plötzlicher Erinnerungen auslösen, die manchmal das Bild, das Sie sich von einem bestimmten Lebensabschnitt gemacht haben, völlig umkrempeln. Proust gelang der innere Weg zurück mittels der in Lindenblütentee getauchten (und zugegebenermaßen inzwischen halb zu Tode zitierten) Madeleines; Sie selbst aber können dergleichen Auslöser eben auch einsetzen, wenn es Ihnen schwerfällt, sich an sich selbst in einer bestimmten Phase zu erinnern.

Entscheidend für die Bewertung eines Ereignisses ist nicht das nackte Ereignis selbst, sozusagen sein objektiver Wert, sondern der persönliche Kontext, in dem es stattgefunden hat. Ein Beispiel:

Sie haben damals mit diesem Job angefangen, und Sie waren erst mal glücklich darüber, einen Job gefunden zu haben.

– Aber wie haben Sie sich gefühlt, als es dann mit der Arbeit losging? Begeistert, euphorisch? Desillusioniert? Gedrückt?

– Wie war Ihnen zumute, wenn Sie endlich Urlaub hatten? Wie befreit?
– Waren Sie womöglich in der Zeit häufig krank?
– Und wie sind Sie überhaupt an den Job gekommen? Was ging ihm voraus? War Ihre Bewerbung ein Blitzentschluß, eine einmalige Gelegenheit, hat man Sie womöglich abgeworben? Oder hatten Sie alles von langer Hand vorbereitet, zielstrebig geplant, und standen nun endlich zufrieden vor dem Resultat?

Sie sehen: Die Bewertung des Ereignisses »Job gefunden« hängt entscheidend vom persönlichen Kontext ab. Die vorläufige Bewertung, sollte man sagen, denn Sie werden sie ändern, erweitern und wieder ändern. Erinnerungen können plötzlich kippen, changieren. Rhythmus ist etwas Fließendes, und auch die Interpretation des Charts, der Sie von nun an wahrscheinlich durch Ihr ganzes Leben begleiten wird, wird sich immer im Fluß befinden. Die Vergangenheit ist nicht statisch, auch wenn wir meinen, das einmal Vergangene stünde für immer fest. Aber die Vergangenheit ist ja Ihr Leben, und alles Lebendige befindet sich stetig im Wandel. Ihre Erkenntnisse, Ihre Einsichten wandeln sich. Und Ihr Leben: Wenn Sie Ihren Chart einmal erstellt haben, werden Sie höchstwahrscheinlich jedesmal anfangen zu rechnen, wenn sich eine Veränderung in Ihrem Leben anbahnt – und so werden Sie oft noch nach Jahren neue Einsichten über Ihre Rhythmik und die Bedeutung der Phasen gewinnen. Das ganze Verfahren hat eben durchaus etwas Spielerisches und sicher gerade deshalb Inspirierendes.

Wenn Sie sich nun also an die Vergangenheit erinnern, erinnern Sie sich
– ohne Sentimentalität: Noch die für sich genommen traumatisierendsten Ereignisse können in der Erinnerung sentimental verzerrt werden. Ein besonders unappetitliches Beispiel sind romantisch verbrämte Kriegserinnerungen.
– ohne das Vergangene mehr oder minder gewaltsam zu verbiegen: Schmerzhafte Erfahrungen können weiter zurückliegende glückliche Ereignisse vollkommen überschatten. Eine Scheidung etwa löst oft soviel Wut und Abscheu aus, daß im Rückblick jeder glückliche Moment

einer Ehe negiert wird. Dies aber verändert die eigentliche Bedeutung von Einzelereignissen.

Ob Sie nun Teile der Vergangenheit nostalgisch verbrämen oder gewaltsam verteufeln: In beiden Fällen erhalten Sie keine brauchbaren Daten. Natürlich lassen sich dergleichen Verzerrungen nicht völlig vermeiden, vor allem nicht zu Beginn der Arbeit mit dem Chart. Das ist auch einer der Gründe, warum die Interpretation des Charts changiert, sich ändert: weil mit wachsendem Abstand von einem Ereignis vieles anders und dann noch später wiederum anders gesehen wird. Und nebenbei macht der Chart selbst häufig sentimentale oder ins Negative verzerrte Interpretationen der Vergangenheit als solche erkennbar und relativiert sie zugleich.

Ein Beispiel: Sie denken voll Zorn und Schmerz, Sie hätten Ihren Partner schon viel früher verlassen sollen, weil er doch »ohnehin nie was getaugt hat«. Schauen Sie in den Chart. Wenn Sie wirklich zu lange geblieben sind, gibt es in den betreffenden Phasen mit höchster Sicherheit die Anzeichen einer Rhythmusstörung (zu Rhythmusstörungen und ihrer Reparatur vgl. 7. Kapitel, »Brüche im Rhythmus«). Wenn Sie keine Rhythmusstörung finden und die Beziehung darüber hinaus auch noch in einer für sinnvolle Abschlüsse prädestinierten Phase beendet wurde, sind Sie auch nicht zu lange geblieben und können damit aufhören, Ihre Erinnerungen zu verzerren. Statt dessen können Sie nüchtern die wirkliche Dynamik der Beziehung anhand des Charts untersuchen.

Die eigentliche Interpretation des Charts folgt zunächst einmal zwei Linien: einer horizontalen, bei der man Zyklus für Zyklus betrachtet, und einer vertikalen, bei der es um die Bedeutung der einzelnen Phasen geht. Die Zyklusaufgabe und ihre Bewältigung ergibt sich aus den Phasen, deshalb beginnen wir mit der vertikalen Interpretation: Es gilt herauszufinden, unter welchem Aspekt jede der sieben Phasen steht, und zwar in jedem Zyklus erneut.

1. Sie beginnen also damit, nach dem gemeinsamen Nenner für die Ereignisse jeder Phase zu suchen. Dies tun Sie »mit dem Bauch«, rückfühlend, indem Sie sich so genau wie mög-

lich daran zu erinnern suchen, *wie Sie die entsprechenden Ereignisse damals empfunden haben.*

Oft sind ja die ersten Erkenntnisse beim Studium der persönlichen Charts intuitiv und direkt einleuchtend und bestätigen das Erwartete. Bei näherem Hinsehen aber ordnen sich viele vergangene und gegenwärtige Erfahrungen in ihrer Bedeutung neu: Eine Kündigung wird plötzlich als Wegbereiter des Kommenden begriffen, eine Periode schmerzhafter Einsamkeit als Zeit nützlicher Besinnung, eine Krankheit als Rhythmuskorrektur in letzter Minute. Verbindungen scheinbar unzusammenhängender Ereignisse beginnen aufzuleuchten. Man beginnt die Dynamik zu erkennen, mit der sich die eigene Entwicklung vollzieht.

2. Bei diesem zweiten Schritt also (und manchmal erfolgt dieser »zweite Schritt« sogar spontan während der allerersten Beschäftigung mit dem Chart) beginnt eine Umwertung: *von Ihrer heutigen Warte aus würden Sie ein Ereignis anders bewerten, als Sie dies damals getan haben* (»Damals war ich ja verzweifelt, als ich den Job verlor, aber im Rückblick muß ich sagen, es war das Beste, was mir passieren konnte. Wäre ich damals nicht gefeuert worden, hätte ich mich nie auf die Weiterbildung eingelassen, und dann hätte ich auch nie und nimmer meine heutige Position erreicht.«)

In einem solchen Fall zählt natürlich vor allem Ihre heutige Bewertung des Ereignisses. *Bei der Interpretation des Charts gilt überhaupt immer die jüngste Erkenntnis als die vorrangige.*

Markieren Sie Ihre Bewertung ruhig in Ihrem Chart. Arbeiten Sie mit mehreren Farben, streichen Sie an, schmieren Sie im Chart herum. Es ist dabei sinnvoller, für emotional Ähnliches eine Farbe zu verwenden, als für rational Zusammengehöriges: also nicht alles, was Liebe ist, rot, alles , was Job ist, blau, sondern lieber: plötzliche Umbrüche rot, lange triste Zeiten gelb, Jubelphasen (eine erotische Eroberung, ein bestandenes Examen) blau etc. Nehmen Sie Buntstifte, dann können Sie gelegentlich radieren. Oder kopieren Sie sich Ihren Chart vorher noch ein paarmal, dann können Sie völlig frei herumexperimentieren, Ihre Meinung ändern, Bewertungen ausprobieren.

Und bleiben Sie bei Ihren Gefühlen! Eine bestandene Prüfung etwa muß nicht immer ein Jubelereignis gewesen sein. Statt in Hochgefühlen zu schwelgen, waren Sie vielleicht einfach erschöpft oder mit Ihren Gedanken schon bei der Qual der anstehenden Jobsuche.

Fangen Sie Ihre Interpretation dort an, wo Ihnen spontan etwas auffällt. Sie müssen keinesfalls chronologisch vorgehen, im Gegenteil: Wenn Ihre Kindheit einigermaßen durchschnittlich verlief, sollten Sie gar nicht mit dem 1. oder 2. Zyklus beginnen. Die Untersuchung der Vergangenheit mit dem Chart ist ja schließlich kein Selbstzweck. Sie soll vielmehr zur Erkenntnis der Rhythmen führen, die Ihr Leben jetzt, hier und heute, bestimmen, und in denen Sie auch in Zukunft schwingen werden. Diese Rhythmen aber können Sie wahrscheinlich viel leichter an späteren Zyklen ablesen. Zum einen verfügen Sie höchstwahrscheinlich gerade für die Zeit der Kindheit über nur wenige direkte und wenn, dann meist schwer datierbare Erinnerungen. Zum anderen sind die ersten beiden Zyklen innerhalb des Charts per se wenig aussagekräftig: Man lernt atmen, gucken, essen, laufen, reden, erwirbt erste soziale Fähigkeiten, wird eingeschult, bleibt sitzen oder nicht, streitet auf dem Schulhof ... und alle diese Ereignisse liegen für die meisten Angehörigen ein und derselben Kultur mehr oder minder in derselben Phase. Die individuelle Ausprägung wird erst erkennbar, wenn die Zyklenaufgaben ebenfalls individueller gestaltbar sind, in unserer Kultur also frühestens in Zyklus 3.

Das bedeutet natürlich nicht, daß »Sprechen lernen« oder »Laufen lernen« für alle Menschen dieselbe Wertigkeit hätte. Ein berühmter Redner könnte zum Beispiel feststellen, daß alle wesentlichen berufsbezogenen Ereignisse in seinem Leben in genau die Phase fallen, in der er auch sprechen gelernt hat (normalerweise Phase III). Damit gewönne dann nachträglich die für alle gleiche Phasenaufgabe aus 1, III »Sprechen lernen«, ein einmaliges Gewicht: Sie wäre der erste Schritt einer späteren brillanten Karriere. Ebenso könnte ein Marathonläufer seine Goldmedaille gerade in der Phase erringen, in der er einst als Kind auch laufen gelernt hat, also in der ersten oder zweiten Phase. Ableiten könnte man diese überragende Bedeutung einer einzelnen

Phase innerhalb des ersten Zyklus aber nur rückwirkend, aus dem Erfolg des Erwachsenen rückschließend. Deshalb ist es beim ersten Versuch, Ihr individuelles Rhythmusgefüge zu erkennen, nicht sinnvoll, mit den ersten beiden Zyklen anzufangen.

Anders liegen die Dinge natürlich, wenn bestimmte Vorfälle in Ihrer Kindheit besonders hervorstechen. Vielleicht sind Sie als Kind ein Opfer von Gewalt geworden. Vielleicht wurden Sie in einer bestimmten Phase ernstlich geschlagen, vielleicht sexuell mißbraucht oder gravierend vernachlässigt. Vielleicht haben Sie einen Krieg miterlebt und sich in einem Luftschutzkeller halb zu Tode gefürchtet, frühzeitig einen Elternteil verloren oder einen Heimaufenthalt hinter sich. Sollte dies der Fall sein, muß dies natürlich von Anfang an voll mit einbezogen und vor allem unter dem Aspekt frühester Rhythmusstörungen betrachtet werden.

Unter glücklicheren Umständen aber beginnen Sie die Interpretation irgenwo ab Zyklus 3, und zwar mit einer Phase, die Ihnen ziemlich klar zu sein scheint. Die Ihnen bekannten Ereignisse der ersten beiden Zyklen haben Sie ja in den Chart eingetragen, und wo es sich ergibt, werden Sie sie auch jetzt bereits in der Interpretation würdigen. Im einzelnen jedoch werden wir uns den Kindheitszyklen später gesondert widmen: wenn es nämlich im Kapitel über das »Ineinandergreifen von Charts« um Eltern und Kinder geht.

Sie schauen sich also Ihren Chart an und ordnen den Erlebnissen aus dem Bauch heraus Gefühle zu, Wertigkeiten. Dann suchen Sie nach einem Überbegriff für die in ein und derselben Phase liegenden Ereignisse. Beinahe in jedem Chart gibt es eine Phase, die einen sofortigen Aha-Effekt produziert – etwas wie den verblüfften Ausruf: Schau mal, das und das und das liegt tatsächlich untereinander! Meist ist dies eine Phase aus der zweiten Hälfte des Charts, also Phase IV, V, VI oder VII. (Sollten Sie in Ihrem Chart nicht auf eine solche Phase stoßen, könnte dies tatsächlich bereits ein Zeichen für eine echte Rhythmusstörung sein).

Im allgemeinen ist das Gemeinsame der in dieser Phase stattfindenden Ereignisse so offensichtlich, daß es auch einem Außenstehenden beim Betrachten Ihres Charts sofort ins Auge springen würde. Der Name dieser Phase liegt deshalb fast immer sofort auf der Hand: Phase des inneren Aufbruchs, Phase der Verwirklichung von Zielen, Phase der Prüfungen ... Schreiben Sie diesen ersten gefundenen Begriff auf, aber halten Sie ihn nicht zu fest (wie Sie überhaupt bei der ersten Interpretation an keiner Erkenntnis zu sehr kleben sollten, um Ihre Sicht auf den wahren Phasencharakter nicht einzuschränken). Häufig dauert es eine Weile, bis man sprachliche Überbegriffe für alle weiteren Phasen gefunden hat, selbst wenn ihr jeweiliger besonderer Charakter gefühlsmäßig schon klar erfaßt ist.

Suchen Sie dabei ruhig nach eher bildhaften Begriffen! Werden Sie poetisch statt abstrakt. Vielleicht ist dies die Phase des Ausjätens, jenes die Phase der Stolpersteine oder des Novemberwetters. Oder finden Sie ein Symbol: Phase des Schneckenhauses, des Wetterleuchtens, der Zwischeneiszeit. Wichtig ist nur, daß der gefundene Begriff Ihnen selbst auf Anhieb vermitteln kann, welchen Charakter die Phase hat.

Vielleicht meinen Sie auch den Überbegriff für eine Phase endlich gefunden zu haben, und dann stoßen Sie bei näherer Betrachtung auf ein oder zwei Ereignisse, die einfach nicht zu den anderen zu »passen« scheinen – zum Beispiel: Der Beginn des neuen Jobs, auf den Sie sich so freuen, liegt komischerweise in der Phase »Rückschläge«. Daür gibt es im wesentlichen drei mögliche Erklärungen:

– Sie schätzen das *Ereignis*, das nicht passen will, falsch ein: Der neue Job ist gar nicht die Supersache, als die Sie ihn gerne sehen möchten, sondern tatsächlich ein Rückschlag.

– Sie schätzen den Charakter der *Phase* falsch ein: Der neue Job ist kein Rückschlag, und wenn Sie genau hinsehen (vielleicht brauchen Sie ein paar Monate, *bis* Sie es sehen), sind es die anderen Ereignisse dieser Phase auch nicht gewesen.

– Es liegt oder lag eine *Rhythmusstörung* vor, und die Ereignisse der Phase harmonieren deswegen nicht.

Überlegen Sie einen Moment lang, ob eine dieser drei Möglichkeiten eine Erkenntnis bewirkt. Wenn nicht, legen Sie die Frage erst einmal auf Eis. Etwas paßt nicht – nun gut, dann paßt es eben erstmal nicht. Es ist ja wie gesagt nicht Sinn des Charts, dem Leben zu beweisen, daß das Schema stimmt, sondern durch Erkenntnis der individuellen Rhythmen die Sicht aufs eigene Leben zu modifizieren. Geben Sie also der Phase Ihr – sowieso im Moment noch vorläufiges – Stichwort, notieren Sie sich den scheinbaren Fremdkörper, und dann machen Sie einfach weiter. Vieles wird sich in den nächsten Kapiteln klären.

Wenn Sie Ihren Chart zu diesem Zeitpunkt der Interpretation betrachten, fällt Ihnen wahrscheinlich auf, daß sich an manchen Stellen die Ereignisse dicht an dicht zusammenballen, während woanders gar nichts steht. »Nichts«, als Zeiten, in denen Ihrer Erinnerung nach einfach nichts passiert, nichts gewesen sein soll, gibt es natürlich im Leben überhaupt nicht. Was es gibt, das sind ereignisarme Zeiten – in denen aber trotzdem doch immer irgendeine innere Befindlichkeit auszumachen ist. Gehen Sie also die Löcher noch einmal durch und überlegen Sie, womit Sie die »leeren Zeiten« gefüllt – bzw. wie Sie sich in ihnen gefühlt haben. Ein paar Beispiele: Es gibt

- »glückliche, ereignislose Zeit, in der ich regelmäßig mit Max zum Tennisspielen und mit Moritz zum Segeln fuhr und mir ansonsten weiter keine großen Gedanken um irgendwas machte«
- »mausetote Monate, gräßlich eigentlich, wenn ich es bedenke. Es war, als stünde man abends in der Hauptverkehrszeit an der Kasse im Supermarkt an, aber das gleich ein paar Wochen lang immerzu: Nichts passiert, es ist alles nur eine nervige Warterei, dabei ist man müde und gleichzeitig innerlich unruhig«
- »da war das Kind klein, und ich habe mich um sie gekümmert, das war eigentlich alles. Ich denke, ich hab es genossen, ich war ja froh, nicht mehr arbeiten zu müssen, nicht mehr immer auf mein Aussehen achten zu müssen. Obwohl es machmal bestimmt auch langweilig war. Aber ich war damals eben das Muttertier, selbstlos in jeder Bedeutung: total für sie da, und ohne etwas, was mich selbst betraf, das ich für mich selbst jetzt erinnern könnte«
- »Zeit der Zurückgezogenheit, Konzentration auf die Arbeit, total. Ich glaube heute, das war ein Fehler, nur immer

zu arbeiten, irgendwie auch eine Flucht vor etwas, aber damals habe ich das wohl gar nicht so empfunden«
– »total wilde Zeit, Drogen und Alkohol und Feste und was man in den Siebzigern so machte, aber eigentlich erinnere ich mich an nichts. Ich meine, eigentlich hatte es alles keine richtige Bedeutung, im Nachhinein«
– »wirklich nichts. Eine klinische Depression, die nachfolgend behandelt wurde«
– etc.

Wenn Sie die Löcher gefüllt haben, sehen Sie nach, ob die ereignisarmen Zeiten oder »Zeiten der Löcher« alle untereinander, alo immer in derselben Phase stehen. Ist dies der Fall, so ist alles in Ordnung, und Sie haben den Charakter der Phase bereits weitgehend ermittelt: Phase des inneren und äußeren Rückzugs. Jetzt brauchen Sie nur noch herauszufinden, wie sich bei Ihnen ein solcher Rückzug gestaltet. Würden Sie die »Phase der Löcher« als eine Zeit der Regeneration bezeichnen, als Winterschlaf? Oder als Phase der Melancholie? Der Verwirrung? Wie auch immer, solange die Löcher ungefähr untereinander stehen, ist wie gesagt alles im Rhythmus; so gut wie alle Charts weisen eine ereignisarme Phase auf. Wenn ereignislose Zeiten dagegen scheinbar willkürlich über den Chart verstreut sind, also nicht alle in derselben Phase liegen, muß untersucht werden, woran das liegt.

Es kann dafür drei Erklärungen geben:
– Sie erinnern sich nicht an alles, was Ihnen passiert ist, oder datieren Ereignisse falsch. Dies ist eine so offensichtliche Fehlerquelle bei Chart-Interpretationen, daß man sie oft glattweg übersieht.
– Ein Rhythmus läuft durch Ihren Chart, der von einer anderen Zahl, oft der 3 oder 4, bestimmt wird und dabei Rückzugsphasen produziert.

Dies ist für bestimmte Themen häufig der Fall und kommt im Kapitel »Undercharts« noch einmal zur Sprache. Überlegen Sie jetzt nur einmal: Waren die Zeiten, zu denen Ihnen nichts einfällt, vielleicht Zeiten des Lernens oder Lesens, die in einem bestimmten Rhythmus zueinander stehen? Oder lassen sich die Löcher durch einen 3er- oder 4er-Rhythmus in Sachen Liebe erklären? Viele Beziehungen halten ziemlich genau 3-4 Jahre, und nach einer Beziehung kann man seelisch dann durchaus in ein »Loch« fallen.

– Es liegt eine Rhythmusstörung vor. Wenn das Wort »nichts« in Phasen auftaucht, wo es einfach nichts zu suchen hat, weil hier ansonsten immer eine ganze Menge zu erwarten war, sollte man äußerst hellhörig werden.

Verbeißen Sie sich jetzt nicht zu tief in die Problematik. Lesen Sie erst einmal weiter. Vielleicht klärt sich für Sie manches in den folgenden Kapiteln – oder an Petras Beispiel, das wir nun näher betrachten wollen:

Beispiel Petra: Bedeutung der Phasen

Petra sprang bei der Betrachtung ihres Charts auf Anhieb die **Phase VI** ins Auge, und zwar wegen der Entsprechung beruflicher Ereignisse in den Zyklen 3–5:

Z3 Abitur

Z4 Abschlußprüfung der Universität

Z5 erster fester Job als Redakteurin (also in dem beruflichen Bereich, in dem sie immer schon arbeiten wollte).

Deutlich ist der Charakter der Phase als Abschluß im beruflichen Bereich: in 3 schließt sie die Schule ab, in 4 das Studium, in 5 die gesamte Zeit der Ausbildung und des Suchens nach dem richtigen Beruf.

Nimmt man nun noch die weiteren Ereignisse dieser Phase hinzu, also

Z2 Erste »richtige « Clique

Z3 Aufbruch nach Australien, Ende der ersten Affäre mit dem späteren Ehemann Hannes

Z4 Erste Wohnung für sie allein, erste größere Reise allein, nämlich in die USA, endgültiges Ende der Beziehung mit Michael

Z5 Wiederbegegnung mit Hannes, gemeinsame Wohnung mit ihm,

so zeigt sich, daß es in VI nicht nur im Beruflichen, sondern in jedem Bereich ihres Lebens zu Änderungen mit weitreichenden Konsequenzen kommt. Dabei bewertet Petra auch die Ereignisse im Privaten vorwiegend eher als **Abschlüsse** denn als als Neuanfänge:

– Mit der ersten richtigen Zugehörigkeit zu einer Clique Gleichaltriger fand der lange Weg aus der Einsamkeit von Petras Kindheit heraus ein erstmaliges Ende.

– Der Aufbruch nach Australien bezweckte einerseits die Abnabelung vom Zuhause (»Ich wollte Luft und Raum zwischen meine Eltern und mich legen, zwischen mich und meine Kindheit«), zum anderen sollte die Flucht auf den weitmöglichst entfernten Erdteil auch die stürmische erste Affäre mit (dem späteren Ehemann) Hannes beenden helfen.

– Die USA-Reise und der Umzug in eine neue, eigene Wohnung sollten ebenfalls Endpunkte bilden: »Christine und ich hatten unsere Wohngemeinschaft mit dem Ende des Studiums aufgegeben, weil Christine mit ihrem Freund zusammenziehen wollte. Unter diesem Aspekt besaß auch der Umzug in meine erste eigene Wohnung für mich weniger den Charakter eines Neuanfangs. Es war ein Endpunkt, eben das Ende der WG-Zeit. Ja, und in die Staaten bin ich dann gefahren, weil ich mir dachte, das wäre ein guter Abschluß fürs Studium. Noch einmal weg, bevor ich das Arbeiten anfange.«

– Der erste feste Job als Redakteurin einer Computerzeitschrift war für Petra im Rückblick »eine Verschnaufpause, eine erste Plattform, die ich errungen hatte«. Hier findet bei ihr bereits eine erste instinktive Neubewertung statt: »Gut, vom damaligen Standpunkt her war es sicher vor allem ein Beginn, eben der Beginn der Karriere. Aber heute, im Rückblick, hatte diese Anstellung eben doch vor allem den Charakter eines Abschlusses: Es war die Erreichung eines ersten Etappenziels auf dem Weg zur freien Journalistin, die über eine Vielfalt von Themengebieten schreibt, nicht nur über Computer, was ich auf Dauer zu langweilig und eng finde. Und es war das Ende all meines beruflichen Wischiwaschi, dieser ganzen Jahre, in denen ich nicht richtig wußte, wohin ich eigentlich wollte.«

– Daß in dieser Phase VI auch zwei Beziehungen enden (nämlich die erste leidenschaftliche Affäre mit Hannes und die Beziehung mit Michael), paßt natürlich ebenfalls zum Oberbegriff Abschlüsse. Lediglich ein einzelner Punkt fällt in Petras Augen aus dem Rahmen: In 5 nimmt sie ihre Beziehung zu Hannes ein weiteres Mal auf und zieht auch mit ihm zusammen. Dies, so scheint es ihr, ist doch sicher kein Abschluß, sondern ein Neubeginn. Wir vertagen diese Frage erst einmal auf später und wenden uns ihr bei den Undercharts im nächsten Kapitel noch einmal zu.

Von VI geht Petra bei ihrer ersten Interpretation erst einmal weiter zu

VII Z1 Einschulung

Z2 Peter, der erste »feste« Freund

Z3 Beginn des Studiums, Beginn der WG mit Christine, und, besonders hübsch, nicht etwa das Ende, sondern der »Anfang vom Ende« der Freundschaft mit Peter, mit dem sie zu diesem Zeitpunkt längst nicht mehr eine Liebes-, sondern eine kameradschaftliche Beziehung unterhält.

Z4 Der erste Job überhaupt, Beginn der Beziehung mit Sascha, Christines Hochzeit

Z5 ihre eigene Hochzeit

Hier findet sich also eine Reihe wesentlicher neuer **Anfänge**.

Wir können dies erst einmal so stehen lassen und uns nun den Phasen in ihrer chronologischen Reihenfolge zuwenden:

Phase I. Der ähnliche Charakter der Ereignisse, die in diese Phase fallen, springt sofort ins Auge: Hier geht es wiederum darum, daß Dinge beendet werden.

Während aber in Phase VI die großen Lern- und Entwicklungskurven (Schule, Studium etc.) in einem befriedigenden Abschluß kulminieren (Abitur, Examen, Beginn der Redakteurstätigkeit etc.), handelt es sich in Phase I weitestgehend um das Beenden überalterter Beziehungen und Lebensinhalte:

Z3 Mit dem Reiten aufgehört, Ende der Beziehung mit dem ersten Freund Peter, mit dem sie von nun an jedoch gegenseitige gute Freundschaft verbindet.

Z4 Ende der ersten Beziehung mit Michael. Entzweiung und folgender Abbruch aller Beziehungen zu Peter.

Z5 Christine, die lebenslang engste Freundin, zieht nach England. Petra tritt aus der Kirche aus. Petras erstes festes Arbeitsverhältnis (Öffentlichkeitsarbeit im Museum) endet mit Rauswurf.

Z6 Petra wird schwanger. Ihr zweites festes Arbeitsverhältnis als Redakteurin endet, da die Geburt ihrer Tochter ansteht. Die Tochter wird geboren.

Petra selbst ist zuerst der Begriff »natürlicher Tod« für diese Phase eingefallen – im Gegensatz zu den sinnvollen und erfolgreichen Entwicklungsabschlüssen in VI, die zugleich Lebenshöhepunkte sind (und, wie wir noch sehen werden, den dramatischen, abrupten Wechseln in V) geht in I einfach all das zuende, was in ihrem Leben nicht mehr wichtig ist: In Z3 und Z4 ist sie selbst es, die die Trennungen von einer Person / einem Hobby wünscht und herbeiführt. In Z5 wird das Beenden von anderen besorgt: ihre beste Freundin zieht weg, und ihr Job wird ihr gekündigt.

Damals litt Petra unter der Kündigung sehr, obwohl sie in ihrem damaligen Job nicht besonders glücklich war. Schon bald hat allerdings eine Umwertung stattgefunden: »Ich hätte mich sonst womöglich nie umorientiert. Oder viel später, vielleicht zu spät. Das war schon in Ordnung, daß die mich damals rausgeworfen haben.«

Aus ihrer heutigen Sicht beurteilt sie also die Kündigung ebenfalls als »natürlichen Tod«. Allerdings bleibt es eine Tatsache, daß es ihr im 5. Zyklus nicht mit der sonstigen Leichtigkeit gelingt, in Phase I von sich aus Situationen loszulassen. Wir werden das im Auge behalten und später bei der Analyse der Untercharts eine Erklärung dafür finden.

– In Zyklus 6 stirbt ihr zweites festes Arbeitsverhältnis absolut phasengerecht eines »natürlichen Todes«: Ihre neue Rolle als Mutter eines Wunschkindes ersetzt die alte als Redakteurin. Allerdings wird sie später wieder anfangen zu arbeiten.

Und auch mit dem Reiten hört sie (in I, 3) zwar auf, erwägt aber zur Zeit, wieder damit zu beginnen. Die Liebesbeziehung mit Peter (I, 3) beendet sie, läßt sie dann allerdings in eine Freundschaft übergehen, und die Beziehung mit Michael, die in I, 4 endet, wird Jahre später noch einmal aufgenommen.

Auch die Freundschaft zu Christine endet nicht mit dem Wegzug der Freundin nach England (I, 5). Man kann also sogar noch eine genauere Aussage über Phase I treffen: Die Dinge, die hier ein Ende finden, sterben im allgemeinen nicht völlig ab. Deshalb modifiziert Petra nun den Überbegriff für Phase I: Nicht »natürlicher Tod«, sondern **Ausjäten** scheint ihr der für diese Phase angebrachte Name: In I wird entfernt, was im eigenen Leben keinen Raum mehr hat, aber das bedeutet nicht, daß es zu drastischen Lebensveränderungen kommt. Um im Bild zu bleiben: Es wird Unkraut gejätet, nicht gleich das ganze Beet umgepflügt.

Dies erklärt auch zum Teil, warum in I, 6 die Geburt ihrer Tochter liegt, die man spontan vielleicht nicht gerade als ein Ausjäten, hingegen sehr wohl als große Lebensveränderung begreifen wird: Die Schwangerschaft führte dazu, daß ihr Arbeitsverhältnis endete, und sie stellte die Beziehung zu ihrem Ehemann Hannes auf den Prüfstand.

Vor allem aber im Bereich ihrer eigenen tiefen Gefühle hat Petra während ihrer Schwangerschaft damit begonnen, ihre direkte Umwelt und ihre Gefühle für sie nach Brauchbarem und Unbrauchbarem, Wichtigem und Unwichtigem, Unterstützendem und Schwächendem zu untersuchen.

Schwangerschaft und Geburt führten also tatsächlich zu jenem Ausjäten, das so charakteristisch für diese Phase ist. Allerdings ist dies nicht der einzige, vielleicht nicht einmal der wesentliche Grund dafür, daß Petras Tochter in der ersten Phase geboren wurde: Die Geburten von Kindern nämlich scheinen einem eigenen, besonderen Rhythmus zu folgen – auf den wir zu sprechen kommen werden, wenn es um das Ineinandergreifen von Kind- und Elterncharts geht.

Phase II. In Phase II scheint beim ersten Hinsehen nicht viel zu passieren: Die wenigen datierbaren Ereignisse, an die sich Petra erinnert, drängen sich alle am Ende der Phase zusammen, der davorliegende und Hauptteil der Phase jedoch ist ereignisarm.

Diese ereignislose Phase II hat bei Petra den Charakter eines Winterschlafs. Nichts bewegt sich. Das wird von ihr allerdings meist erst im nachhinein so empfunden: Tatsächlich gab es, besonders in Z4 und Z5, eine ganze Menge Trubel: In Z4 zog sie mit Freundin Christine nächtelang durch Münchner Kneipen und Diskotheken, in Z5 dann allein von einem esoterischen Workshop zum nächsten. Aber diese »Trubelzeiten« haben keinerlei bleibende Spuren hinterlassen. Wenn Petra an sie zurückdenkt, fällt ihr nichts Einschneidendes ein. Im Rückblick ist es ihr, als sei sie in II regelmäßig wie im Nebel durchs Leben gegangen – oder als hätte etwas tief in ihr gebrütet, ohne daß ihr selbst das bewußt geworden wäre. Und am Ende der Phase dann beginnt es im Ei zu pochen. Hier Petra im Originalton:

»Z3 Viel mit Peter in irgendwelchen Kneipen und auf Jugendtreffs, nicht sehr zufrieden mit allem. Am Ende der Phase angefangen zu malen.

Z4 Wilde Kneipenzeit mit Christine. Lustig, aber auch irgendwie unbefriedigend, nicht genug. Am Ende der große Anlauf zum ernstlichen Studieren, mit Beginn der Zwischenprüfung. (Versickerte dann aber erstmal wieder alles)

Z5 Arbeitslos. Meine esoterische Phase. Hat ja auch irgendwie was gebracht, aber natürlich nicht, was ich vor allem brauchte: einen neuen Job nämlich. Ende der Phase Beginn der Umschulung zum Computerprogrammierer.

Z6 Das erste Lebensjahr meiner Tochter. Sehr schön, aber auch anstrengend und manchmal erstaunlich langweilig. Ewig Streit mit Hannes, natürlich. Am Ende der Umzug in das »Haus auf dem Lande«, wie ich es immer nannte, damit das Kind eben nicht mitten in München aufwächst. Das hat einiges verbessert, aber nichts an der Situation mit Hannes.«

Brüten ist das Wort, das für Petra den Charakter von II am besten beschreibt – in seiner Doppelbedeutung von dumpfen, noch fruchtlosem Nachsinnen einerseits und Ausbrüten eines Neuen, Kommenden andererseits. Am Ende der Phase kündigt sich dann die Veränderung an. Jedesmal passiert das ganz plötzlich, nämlich dergestalt, daß Petra plötzlich einen »Einfall« hat, was man jetzt bessermachen könnte. Diese Einfälle haben dann weitreichende Folgen: oft weitreichender, als Petra es sich hätte träumen lassen.

Dazu noch eine Bemerkung: Wenn am Ende einer Phase immer etwas Ähnliches passiert, das einerseits einen ganz anderen Charakter hat als der vorangegangene Teil der Phase, in der es stattfindet, andererseits aber einen ähnlichen Charakter wie die Ereignisse der folgenden Phase, dann kann es sein, daß es sich hier um eine Interferenz handelt und man diese Ereignisse einfach der nächsten Phase zuschlagen sollte.

Aber seien Sie vorsichtig mit dieser Interpretation! Sie ist sehr selten genau und erschöpfend. Bei intensiverer Betrachtung zeigt es sich meist, daß die in Frage kommenden Ereignisse sehr wohl eine eigenständige, von der folgenden Phase unterschiedene Farbgebung haben.

Bei Petra ist klar, daß dem so ist. Die Endereignisse von II sind »Anklopfer«, Ankündiger, Wecker, deren tatsächliche Bedeutung zu diesem Zeitpunkt noch nicht abzuschätzen ist.

In III wird dann tatsächlich aufgewacht und die Zyklenaufgabe endlich angegangen:

Phase III. Der Charakter dieser Phase ist der des Erwachens. Im Rückblick ist Petra klar, daß sie das jedesmal sehr stark empfunden hat: als ein Hellerwerden, eine Art Verwunderung über die merkwürdig stumpfe seelisch-geistige Befindlichkeit der letzten Zeit, eine durchaus angenehme Unruhe und Neugierde, das Gefühl einer immanenten Kurskorrektur, eines bald anstehenden ersten Schritts. (Dies geht so weit, daß sie hier zum ersten Mal auch eine direkte Kindheitserinnerung einbringt: In Z1 den Umzug der Familie aus beengten Wohnverhältnissen ins eigene Haus.) Dinge, die sich gegen Ende II dunkel angekündigt haben, treten ans Licht und werden plötzlich klar erkennbar. Sie begreift, »worum es eigentlich geht«. **Entpuppung** ist der Begriff, der ihr selbst dafür einfällt.

Z1 Umzug mit den Eltern und dem älteren Bruder ins eigene Haus.

Z3 Der erste Urlaub ohne Eltern, mit Christine. Der erste Sex.

Z4 Beginn der sehr leidenschaftlichen (und später äußerst schmerzlichen) Beziehung mit Wolfgang. Erster Krankenhausaufenthalt.

Z5 Die Computerumschulung findet in dieser Phase statt und wird erfolgreich abgeschlossen. Es macht Petra Spaß. Sie schöpft Hoffnung.

Z6 Der Versuch, es sich im »Haus auf dem Lande« angenehm einzurichten. Viel Großstadt-Streß fällt weg, eine Zeit des Nachdenkens, des bewußten Planens der Zukunft. Ein »Auftauchen«, innerlich, aus der Zeit des Nur-Mutter-Seins, vor allem aber aus der Zeit der Kämpfe mit Hannes, dem sie die »innere Kündigung« ausspricht. Sie empfindet es als befreiend, daß sie nicht mehr wie früher unter seinen Launen leidet. Sie erwägt die Trennung. Sie genießt auch ihr Kind jetzt viel mehr. Sie beginnt wieder ein bißchen frei zu schreiben.

Entpuppung, ein inneres Hellerwerden, ein erstes Anbahnen einer Veränderung stimmt überall, nur nicht in Z4. Petra bemerkt dies natürlich, versucht aber, die Beziehung mit Wolfgang dahin zu deuten, daß in dieser Zeit eine Umbesinnung, Entpuppung im zwischenmenschlichen Bereich stattgefunden habe. Sie *deutet* also das Ereignis *falsch*, und ihr ist auch mit ihrer Interpretation nicht richtig wohl. Zu Recht. Tatsächlich nämlich bahnt sich hier in Z4 eine Rhythmusstörung an, wie wir im Kapitel »Untercharts« sehen werden.

Phase IV. Diese Phase ist in Petras Chart ein typischer Fall dafür, daß der Charakter einer Phase falsch eingeschätzt werden kann, vor allem, wenn in dieser Phase irgendwo eine Rhythmusstörung eingetreten ist. Bevor Petra die Rhythmusstörung erkannte (bei der Beschäftigung mit den Untercharts, siehe nächstes Kapitel), interpretiert sie diese Phase als endlos lange, triste, ja sogar verweifelte Zeit und gibt ihr den Namen **Krise.**

Z1 Eintritt in den Kindergarten, in dem sie sich einsam fühlte und den sie haßte

Z2 Eintritt ins Gymnasium

Z3 Beginn des Tagebuchschreibens, aus Einsamkeit und Zorn über die Welt, in der sie damals lebte

Z4 Die gräßliche Beziehung mit Wolfgang, im Übergang zu V ein Autounfall mit mehreren Brüchen und folgendem erneuten Krankenhausaufenthalt

Z5 Beginn des langweiligen und anstrengenden Jobs als Computerprogrammiererin, Beendigung ihrer Beziehung mit Sascha aus reinem Überdruß.

Bei ihrer ersten Interpretation ging sie instinktiv von Z4 aus: denn der Kummer, den sie in der Zeit der Beziehung mit Wolfgang erlebte, hatte sich ihr besonders eingeprägt und färbte ihre Interpretation aller anderen Ereignisse in IV. Alles, sogar das Tagebuchschreiben, erschien im unfreundlichen Licht der »Krise«. Und tatsächlich ist Phase IV in Petras Leben nicht gerade besonders lustbetont. Aber dennoch ist »Krise« etwas kurz gegriffen. Wir werden sehen, wie sich ihre Interpretation des Phasencharakters bei den Untercharts ändert.

Phase V ist die Phase der **Befreiungs**schläge. Petra erlebt diese Phase geradezu explosiv: Auf der Suche nach Bildern dazu dachte sie an »einen Taucher, der mit letzter Not durch die Wasseroberfläche ans Licht schießt, luftschnappend, oder an einen Typ auf dem Zehnmeterbrett, der da starr und angespannt steht und steht und sich dann plötzlich in die Luft schnellt, voller Vertrauen, daß es gutgeht«.

Z3 Sie erschließt sich völlig neue Zirkel: Zum einen beginnt an der Grenze IV/V die Beziehung mit Michael und dessen intellektuellen Freunden, zum anderen trifft sie Hannes, mit dem sie eine wilde Affäre hat und sich die Nächte um die Ohren schlägt. Es ist ein Ausbruch aus der Enge ihres bisherigen Lebens.

Z4 Nach der diesmaligen Entlassung aus dem Krankenhaus beendet sie die Beziehung mit Wolfgang und stürzt sich auf ihr Studium, das ihr zum ersten Mal sogar richtigen Spaß macht. Vorübergehend kehrt sie zu Michael zurück.

Z5 Nach einem längeren klärenden Aufenthalt in England bei Christine faßt sie Mut und kündigt ihren verhaßten Job als Computerprogrammiererin. Sie versucht sich als Fachjournalistin – und jobbt nebenbei in einer Eisdiele, wenn das Geld nicht reicht.

Z6 Sie ist weitgehend etabliert als freie Journalistin. Die Scheidung von Hannes läßt sie aufatmen. Ihre Tochter geht (gern!) in den Kindergarten. Petra malt wieder, einmal in der Woche sogar im Rahmen des Kinderschutzbundes mit Kindern: etwas, das sie schon immer machen wollte. Und sie verbringt einen »Erholungsurlaub« bei Christine (der so erholsam dann gar nicht wird – vgl. 6. Kapitel »Das Ineinandergreifen mehrerer Charts«).

Befreiung ist das richtige Stichwort. Die Umbrüche dieser Phase sind zwar selbstverständlich das Ergebnis der vorangegangenen Phasen, werden aber oft als etwas ganz und gar Unerwartetes, als etwas nicht mit dem Alten Zusammenhängendes empfunden. Es ist, als stolpere Petra durch eine Tür und fände sich plötzlich in einem neuen Raum. Der Auftrag des Zyklus' liegt offen vor ihr und wird fraglos in Angriff genommen. Nun geht alles wie von allein.

V ist vor allem auch ein *innerer* Abschied vom Bisherigen: in Z3 von ihrer Heimatstadt (die sie in VI dann tatsächlich verläßt), in Z4 von der Studentenszene, in der sie sich seit 4, I bewegt hat (und der sie in VI mit der Abschlußprüfung endgültig den Rücken kehren wird), in Z5 von der Vorbereitungszeit auf ihren eigentlichen Beruf (den sie im Übergang V/VI ergreift), und in Z6 von ihrer Zeit als »Hausfrau und Mutter«.

Bis jetzt also sehen die Phasendeutungen für Petra so aus:

I	**Ausjäten**
II	**Brüten**
III	**Entpuppung**
IV	**Krise**
V	**Befreiung**
VI	**Abschlüsse**
VII	**Neuanfänge**

Wenn Sie jetzt mit der Suche nach Ihrem eigenen Phasencharakteren beginnen, lassen Sie sich Zeit. Zeit heißt: mehrere Tage. Wochen. Jahre. Selbst wenn Sie zehn Jahre lang mit Ihrem Chart leben, finden Sie doch immer noch etwas Neues heraus. Wenn man dies möglichst gleich tun möchte, bedient man sich der Methode, den Chart nach Einzelaspekten zu zerlegen.

4. Kapitel
Untercharts und weitere Rhythmen

Die Interpretation der Untercharts

Im letzten Kapitel haben Sie anhand der Ereignisse Ihres bisherigen Lebens den Charakter der Phasen in Ihrem Chart bestimmt. Nun, da Sie in etwa wissen, was die Phasen bedeuten, drehen Sie die ganze Sache um: Wie erscheint Ihr Leben, wenn Sie es im Licht der jeweiligen Phasencharaktere, der Ihnen eigenen Rhythmik betrachten? Wie haben sich Ihre Liebesbeziehungen unter den Einflüssen der jeweiligen Phasen entwickelt? Wie Ihr beruflicher Werdegang? Wie gestalten sich Ihre Freundschaften? Welchem Rhythmus unterliegt Ihr Seelenzustand, Ihr inneres Wachstum, welchen Wandlungen Ihre Gesundheit?

Natürlich können Sie diese Fragen prinzipiell auch anhand Ihres Hauptcharts untersuchen. Das kann allerdings ganz schön verwirrend werden, vor allem, wenn Sie in Ihren Hauptchart inzwischen schon eine Menge Daten eingetragen haben. Ergebnisse springen nicht gerade ins Auge, wenn alles mit Informationen vollgekritzelt ist, die im Moment nichts zur Sache tun. Einfacher und inspirierender ist es deshalb, mit thematischen Untercharts zu arbeiten. Untercharts erlauben Ihnen, einen Themenkreis mit einem Blick zu überschauen, ohne von anderen Daten abgelenkt zu werden. Außerdem schreien die bei Untercharts immer entstehenden »weißen Löcher« geradezu nach Eintragungen und regen so die Erinnerung an: Wahrscheinlich werden Sie noch einmal detaillierte Nachträge machen können, wenn Sie erst einmal angefangen haben.

Einen Unterchart können Sie natürlich für jeden Aspekt Ihres Lebens erstellen, den Sie gern näher untersuchen würden. Wahrscheinlich werden Sie erst einmal die offensichtlichen Themen aufgreifen: Beziehungen, Freundschaften, Berufliches etc. Die Daten für diese Untercharts entnehmen

Sie praktischerweise Ihren im Kapitel 2 erstellten Listen. Das Ausfüllen des Charts geschieht dann ebenfalls wieder genauso wie in Kapitel 2 beschrieben, wobei »Doppelnennungen« natürlich in Ordnung sind: Wenn es Ihnen zum Beispiel gelungen ist, eine Liebesbeziehung in eine Freundschaft zu verwandeln oder umgekehrt, dann wird der/die Betreffende auch in zwei Untercharts auftauchen müssen (und zwar jedesmal mit allen Daten, die sich auf ihn/sie beziehen).

Bei der folgenden Interpretation der einzelnen Untercharts
– untersuchen Sie zunächst die Einzelereignisse, und zwar wiederum unter dem Aspekt des Charakters der jeweiligen Phase, in der sie liegen.
– Ihre Ergebnisse setzen Sie nun wieder in Beziehung zum Gesamtchart: Sie halten fest, ob Sie etwas Neues über die jeweilige Phase erfahren haben, in der das entsprechende Ereignis lag.

Beispiel: Käthe F., 36
– Phase IV ist bei Käthe die Phase der großen *Umschwünge*. In dieser Phase hat Käthe ihren späteren Ehemann kennengelernt.
– Welche Bedeutung gewinnt dieses Ereignis im Licht des Charakters der Phase IV? Welchen *Umschwung* hat das Kennenlernen ihres Ehemanns damals für Käthe bewirkt? Hat sie der Beziehung eine Erkenntnis zu verdanken? Hat sie ihren Wohnort gewechselt? Ihre Parteizugehörigkeit? Ihre Lebenseinstellung? War er für sie der Märchenprinz, der sie ein für alle mal erlösen, ihr Leben in die richtigen Bahnen lenken würde?
– Wie erscheint unter diesem Aspekt die Beziehung heute?
– Wie hat sich die Beziehung durch die anderen Phasen hindurch gestaltet?
– Kann Käthe aus alldem etwas über den Charakter der Phase IV lernen, über die Chancen und Gefahren, die für sie mit dieser Phase verbunden sind?
– Muß Käthe unter Umständen den Charakter der Phase IV weitgreifender verstehen als bisher oder sogar neu

bewerten? Wenn dem so ist, wirkt sich dies natürlich auch auf den Hauptchart aus.

Nun untersuchen Sie die *Zusammenhänge* aller in einem Unterchart aufgeführten Ereignisse, und zwar
- nach durchlaufenden Rhythmen (Beziehungen dauern bei Ihnen vielleicht immer 3 - 4 Jahre, Jobs immer dreieinhalb oder sieben – mit einer Ausnahme, aber da wurden Sie nach 7 Jahren befördert, etc.)
- nach gemeinsamen Strukturen (in Phase III fahre ich immer mit einem Mann in einen Traumurlaub und streite mich dann die ganze Zeit mit ihm).
- Mit den Ergebnissen aus den Untercharts modifizieren Sie nun wiederum den Hauptchart. Und mit dem neuge-wonnenen Wissen, das sich aus dieser Modifizierung ergibt, gehen Sie abermals zurück zu den Untercharts.

Und das alles tun Sie nicht etwa Schritt für Schritt, sondern zusammenhängend und gleichzeitig. Und ganz automatisch! Es ist kinderleicht. Sie werden sehen. Es ist überhaupt nicht kompliziert, wenn Sie erstmal die Untercharts aufgemalt haben.

Beispiel Petra: Liebesbeziehungen im Licht der Phasencharaktere

Beziehungsdaten:
Peter:
Sept. 71 – Oktober 72

1. Sex:
August 74 mit Ingo, im Urlaub mit Christine

Michael:
30. 3. 76 – Mai 79.
Und nochmal Sept. 83 - Nov. 84

Hannes:
5. Okt. 76 kennengelernt. Bis zum Abitur Juni 77 ziemlich wilde Affäre.

Juli 91 wiedergetroffen, Dez. 91 mit ihm zusammengezogen, August 92 geheiratet.

Sommer 95 »innere Kündigung«, Mai 96 Trennung, Mai 97 Scheidung.

Wolfgang
April 81 – April 83

Sascha:
Sept. 85 – Aug. 89

Petras Unterchart zum Thema »Liebesbeziehungen« sieht also so aus (s. Seite 88–89):

I Ausjäten: Das Ende der Beziehung mit Peter, das Ende der Beziehung mit Michael. Beides entspricht der Phase: Was in I verschwindet, ist in der Form, in der es da war, überflüssig geworden. Und tatsächlich trennt sich Petra von beiden Männern im Guten. Sie ist nicht sonderlich traurig über das Ende der Beziehungen, und die betreffenden Männer »flippen nicht aus«, obgleich sie ihrerseits durchaus unter Liebeskummer leiden. Im Gegenteil, sie bleiben Petra beide verbunden.

Jäten in Phase I bedeutet also für Beziehungen, daß sich in dieser Phase überprüfen läßt, wieviel eine Beziehung Petra tatsächlich noch bedeutet.

Sascha (Z5) und Hannes (Z6) »überlebten« diese Phase zwar, aber Petras Verhältnis zu beiden änderte sich: »Sascha war ein ziemlicher Macho«, so Petra, »aber das wurde mir in der Phase I eigentlich erst klar. Ich durfte ja nie was zu ihm sagen, ihm mal widersprechen oder so. Vielleicht habe ich deswegen in der Zeit eine Halsentzündung nach der anderen gehabt. Und Hannes, naja – als ich schwanger wurde, trat der schon in den Hintergrund. Alles trat in den Hintergrund, was mich nicht unterstützte. Naja, und Hannes und ich ... wir haben damals unsere Schlafzimmer getrennt. Weil ich nachts so schlecht schlief und dann immer Licht anmachte, um zu lesen, aber in Wirklichkeit wohl, weil wir sowieso immer nur gestritten haben.«

II Brüten: Beziehungen sind in dieser Phase denkbar unwichtig. In Z3 und 4 finden gar keine statt, in 5 hat Petra andere Probleme: Sie ist arbeitslos. Sie verbringt ihre Tage mit der Suche nach einem Job und ihre Wochenenden in esoterischen Workshops, auf die Sascha nicht mitgeht. Die beiden entfremden sich zusehends. In 6, nach der Geburt der Tochter, beginnen die Krisen mit Hannes, der Petra in ihrer neuen Rolle nicht unterstützt und die Veränderung, die ihre neue Rolle als Mutter für sie bedeutet, nicht nachvollziehen kann.

In II zieht sich Petra angemessenerweise in sich selbst zurück. Aber Beziehungen (und Partner) können einen solchen zeitweiligen Rückzug nicht immer verkraften – geschweige denn unterstützen. Es wird für Petra wichtig sein zu lernen, wie sie in Zukunft ihrem Partner die Notwendigkeit eines solchen Rückzugs vermitteln soll, bzw. einen Partner zu finden, der mit diesem Rückzug umgehen kann.

III Entpuppung: In Z3 hat Petra das erste sexuelle Erlebnis – mit einer Urlaubsbekanntschaft. Eine Beziehung wird daraus nicht, das ist aber auch nicht von ihr geplant gewesen. In 4 verliebt sie sich leidenschaftlich in Wolfgang, der verheiratet war und seinerseits eigentlich nur eine kurze Affäre suchte. In 5 beginnt sie sich innerlich von Sascha zu verabschieden, und in 6 spricht sie Hannes die »innere Kündigung« aus.

III ist offensichtlich ebenfalls bisher keine Hoch-Zeit für Beziehungen, so wenig wie II. Im Unterschied zu II muß aber III nicht zur kritischen Phase werden.

In II wird der Rückzug Petras auf sich selbst wohl meist für Unruhen in einer Beziehung sorgen, das ist hier phasenimmanent. Der Charakter der Phase III aber ist der des Erwachens. Geprägt wird er von einer durchaus als angenehm empfundenen Unruhe und Neugierde, dem Gefühl einer immanenten Kurskorrektur, eines bald anstehenden ersten Schritts. Mit anderen Worten: In III geht Petra den nächsten Lernschritt, die jeweilige Zyklusaufgabe zum erstenmal an. *Und von der Art dieser Aufgabe und der Unterstützung oder wenigstens Nicht-Behinderung, die sie dabei durch ihren Partner erfährt, hängt es ab, ob III eine*

PHASE	I				II				III			
Alter	0 7 14 21 28 35 42 49 56 63 70 77 84 91 98				1 8 15 22 29 36 43 50 57 64 71 78 85 92 99				2 9 16 23 30 37 44 51 72 79 86 93 100			
Geburtsdatum (Tag, Monat)	30. 3.	Geburtsdatum + 3 Mon. 6 Mon. 9 Mon.			30. 3.	Geburtsdatum + 3 Mon. 6 Mon. 9 Mon.			30. 3.	Geburtsdatum + 3 Mon. 6 Mon. 9 Mo		
		30.6.	30.9.	30.12.		30.6.	30.9.	30.12.		30.6.	30.9.	30.1.
ZYKLUS 1 0 – 7 Jahre 19.58 – 19.65												
ZYKLUS 2 7 – 14 Jahre 19.65 – 19.72												
ZYKLUS 3 14 – 21 Jahre 19.72 – 19.79		*Ende Peter*								*1. Sex (im Urlaub)*		
ZYKLUS 4 21 – 28 Jahre 19.79 – 19.86	*1. Ende Michael*								*Wolfgang*			*R H Y*
ZYKLUS 5 28 – 35 Jahre 19.86 – 19.93												
ZYKLUS 6 35 – 42 Jahre 19.93 – 20.00						*aufs Land*	*mit Hannes umgezogen*		*„innere Kündigung" der Ehe*			
ZYKLUS 7 42 – 49 Jahre .... –												
ZYKLUS 8 49 – 56 Jahre .... –												
ZYKLUS 9 56 – 63 Jahre .... –												
ZYKLUS 10 63 – 70 Jahre .... –												
ZYKLUS 11 70 – 77 Jahre .... –												
ZYKLUS 12 77 – 84 Jahre .... –												
ZYKLUS 13 84 – 91 Jahre .... –												
ZYKLUS 14 91 – 98 Jahre .... –												

IV			V				VI				VII			
17 24 31 38 45 52 59 66			4 11 18 25 32 39 46 53 60 67				5 12 19 26 33 40 47 54 61 68				6 13 20 27 34 41 48 55 62 69			
80 87 94 101			74 81 88 95 102				75 82 89 96 103				76 83 90 97 104			
Geburtsdatum + Mon. 6 Mon. 9 Mon.			30. 3.	Geburtsdatum + 3 Mon. 6 Mon. 9 Mon.			30. 3.	Geburtsdatum + 3 Mon. 6 Mon. 9 Mon.			30. 3.	Geburtsdatum + 3 Mon. 6 Mon. 9 Mon.		
0.6.	30.9.	30.12.		30.6.	30.9.	30.12.		30.6.	30.9.	30.12.		30.6.	30.9.	30.12.
													Peter, 1. Freund	
			Michael X		Hannes X——		1. Ende Hannes							
						Mit Michael in Australien								
SSTÖRUNG				Ende Wolfgang	2. mal Michael			Ende Michael				Sascha		
Ende Sascha				bei Christine in England – wieder Spaß am Sex!			Hannes wieder- getroffen	zusammen- gezogen			Hochzeit			
nung on nnes				Scheidung										
												Unterchart: Petra Liebe		

Beziehungskrise, die sich in II angebahnt haben kann, verstärkt oder im Gegenteil zur neuerlichen Vertiefung der Beziehung führt.

Die kurze Urlaubsliebe mit Ingo in Z3 ist unter dem Aspekt »Entpuppung« völlig in Ordnung, und auch die klare Erkenntnis, daß die Beziehung mit Sascha respektive Hannes nicht tragfähig war, entsprach dem Charakter der Phase: Petra sah endlich klar, und das tat ihr gut. Was aber ist mit Wolfgang? Die Beziehung mit ihm, die in III beginnt und von Anfang an fruchtlos und dauer-schmerzhaft war, entspricht dem Bild der Phase III überhaupt nicht.

Sehen wir uns die darauffolgende Phase IV an, begreifen wir, was passiert ist:

IV Krise: Bei der Beurteilung des Phasencharakters von IV ging Petra instinktiv von Zyklus 4 aus, denn 4, IV war die unglücklichste (und damit eine besonders einprägsame) Zeit ihres Lebens. Der Phasencharakter stand für sie somit fest: Krise eben. Auch die Trennungen von Sascha und Hannes liegen in dieser Phase. Oberflächlich scheint das zu passen, aber Petra fällt beim Untersuchen ihres Untercharts auf, daß sie diese beiden Trennungen eigentlich mitnichten als Krise erlebte. Tatsächlich waren die Beziehungen mit beiden Männern dermaßen schwierig, daß sie die schließliche Trennung von ihnen geradezu als erleichternd empfand. »Krise« wollte also nicht passen.

Auch für die Zyklen 2 und 3 schien ihr der Begriff plötzlich zu hart: Ein Blick in den Unterchart »Beruf« nämlich (siehe unten) hatte ihr die Augen dafür geöffnet, daß zwar weder IV, 2 noch IV, 3 sonderlich lustbetont gewesen waren, ihr dafür aber innerhalb des Rhythmus ihrer beruflichen Entwicklung wichtige Vorarbeiten ermöglicht hatten: Im Gymnasium (Z2) fühlte sie sich anfangs überhaupt nicht wohl, aber sie lernte und fand schließlich auch Freunde. Und das Tagebuchschreiben in Z3 war im Hinblick auf ihren heutigen Beruf eine wundervolle Möglichkeit, mit den Wirren im Leben einer 17jährigen zurechtzukommen.

Arbeit. Das schien ihr nun der passendere Begriff für die Phase IV. Denn auch 5, IV verlief (unter beruflichen Aspekten, s. entsprechender Unterchart) äußerst anstrengend und arbeitsaufwendig. Und 6, IV erst recht: Eine neue Wohnung mußte gesucht und bezogen werden, sie mußte als frisch Alleinerziehende einen neuen Rhythmus mit ihrer Tochter entwickeln, das Scheitern der Ehe wollte verarbeitet sein, und ihre Versuche, sich beruflich neue Themengebiete zu erschließen, gestalteten sich ebenfalls schwierig. Auch Hannes benahm sich bei alledem durchaus nicht immer wie der vernünftige, erwachsene Partner, den sie gern in ihm gesehen hätte. Aber im ganzen fühlte sie sich dennoch wohl, wohler jedenfalls als in der Endzeit ihrer Ehe. Krise war wirklich nicht das passende Wort für III. Arbeit paßte viel besser. Arbeit, Bemühungen, Plackerei auf sich zu nehmen, ohne schon Land zu sehen, eine ermüdende und oft entmutigende Zeit der Anstrengungen durchzustehen und das beste daraus zu machen: Darum ging es in dieser Phase in allen Zyklen.

Aber wieder stellte sich die Frage: Was war mit 4, IV? Anstrengende Arbeit, die später Früchte bringt, eine konstruktive Art, mit Problemen umzugehen, das beste aus einer harten Zeit zu machen – von alledem fand sich hier keine Spur. Statt dessen gab es hier tatsächlich eine Krise, dazu noch begrenzt von zwei Krankenhausaufenthalten.

Klarer konnte eine Rhythmusstörung wirklich nicht sein.

Eine Rhythmusstörung entsteht meist, weil man sich der Zyklenaufgabe nicht stellt. Man erkennt sie im allgemeinen daran, daß ein Abschnitt des Charts (eine oder mehrere Phasen eines oder mehrerer Zyklen) mit einem Mal einen ganz anderen Charakter aufweist, als dies normalerweise zu erwarten wäre. Die Ereignisse innerhalb eines solchen Rhythmusbruchs sind nicht konform mit dem Charakter der Phase, in der sie stehen.

Und meist fühlt sich das Ganze außerdem richtig unangenehm an, obwohl (und das ist das Gemeine!) man oft genau deswegen aus dem Rhythmus kommt, weil man seinen Glückserwartungen nachgibt, statt sich seinen (Zyklus-)Aufgaben zu stellen. Mit anderen Worten: Weil man sich eigentlich vor etwas Unangenehmem drücken wollte.

Die Bestimmung von Petras Zyklenaufgaben haben wir zwar noch nicht vorgenommen, aber wir wissen schon:
– In Phase VII kündigt sich bei Petra Kommendes an.

– In Phase II steht am Ende ein »Anklopfer«, der auf die Aufgabe hinweist, die in III dann erstmal angegangen werden soll.

Aus VII geht hervor, daß es bei der Zyklusaufgabe für 4 jedenfalls irgendwie um Petras Studium gegangen wäre. Der »Anklopfer« Zwischenprüfung bestätigt dies.

Aber in III läßt sie das Studium, um ihren eigenen Ausdruck zu verwenden, »versickern«. Als Folge davon sitzt sie dann allerdings wirklich auf dem Trockenen.

Warum man dergleichen tut – warum man sich lieber unglücklich verliebt, als seine Arbeit anzugehen –, dazu finden Sie Einzelheiten im Kapitel über Rhythmusstörungen. Vorerst nur dies: Wolfgang hatte lediglich eine kurze Affäre mit Petra im Kopf, sie aber bestand darauf, sich in ihn zu verlieben, obgleich ihr von Anfang an die Aussichtslosigkeit dieser Beziehung klar war. Eine solche »Liebe« gleicht einer Drogensucht, und man beendet sie wie jede andere Sucht auch: mittels eines Entzugs. Das aber tat Petra nicht (oder jedenfalls nicht in III oder IV). Hätte sie es getan, wäre sie im Rhythmus geblieben. Und Wolfgang, die Wochenendbeziehung, wäre im Chart womöglich gar nicht weiter aufgetaucht.

Auf jeden Fall aber hätte in dieser Phase etwas über ihr Studium gestanden.

Also, noch einmal zurück zu **Phase III**: Phasenaufgabe für III ist »Entpuppung, ein inneres Hellerwerden, ein erstes Anbahnen einer Veränderung«.

Das stimmte überall, nur in Zyklus 4 nicht. Zwar hatte Petra bei der Bestimmung der Phasencharaktere in Kapitel 3 versucht, die Beziehung mit Wolfgang dahin zu deuten, daß in dieser Zeit eine Umbesinnung, Entpuppung im zwischenmenschlichen Bereich stattgefunden habe. Aber ihr war schon damals bei ihrer Interpretation nicht richtig wohl. Und tatsächlich spricht schon der Krankenhausaufenthalt wegen einer schweren Unterleibsentzündung dagegen, daß hier in 4, III alles normal läuft: Sich in der Zeit einer tief unglücklichen Liebe ausgerechnet eine Eierstockentzündung zuzuziehen, ist wohl in sich bereits einigermaßen aussagekräftig.

Mit der Krankheit versucht Petra, sich selbst genug Zeit zur Besinnung zu geben, um ihren Rhythmus wieder zu korrigieren, bevor die Dinge völlig aus dem Ruder laufen. Denn das Schmerzpotential, daß in der Beziehung mit Wolfgang enthalten ist, ist ihr unterschwellig ja durchaus bewußt. Sie weiß auch genau, daß sie sich eigentlich um ihr Studium kümmern müßte – wie wir alle in irgendeinem tiefen, oft verschütteten Teil unseres Wesens immer ganz genau wissen, was eigentlich in unserem Leben als nächstes »dran« wäre – aber sie richtet sich nicht danach. Sie läßt ihr Studium » versickern«, und so bahnt sich in 4, III eine Rhythmusstörung an, die dann in IV, 4 tatsächlich zu einem Bruch des Rhythmus führt.

Denn statt nach ihrem Krankenhausaufenthalt in III, 4 eine rasche Korrektur vorzunehmen und sich an ihre eigentlichen Ziele zu erinnern, stürzt sie sich in IV erst recht in die Beziehung mit Wolfgang. Sie denkt und tut nichts anderes mehr. Ihr Studium, die eigentliche Zyklusaufgabe, bricht sie zwar nicht offiziell ab, aber sie nimmt an Vorlesungen und Seminaren nicht mehr teil. Der Bruch zieht alle Bereiche ihres Lebens in Mitleidenschaft. Das zeigt das Studium der weiteren Untercharts.

Bei der Beschäftigung mit dem Unterchart »Liebe« haben wir nun also zwei Erkenntnisse gewonnen, die sich auch auf den Hauptchart auswirken:

1) Es gab eine Rhythmusstörung in 4, IV, und diese kündigt sich in 4, III bereits an.
2) Der Charakter von Phase IV muß neu bestimmt werden:

Zwar ist und bleibt IV in Petras Leben nicht gerade eine Zeit des strahlenden Glücks – was einleuchtend genug ist, denn das, was in der Zeit des Erwachens in III neu ins Leben getreten ist, muß in IV in Angriff genommen und geformt werden, und dieser Prozeß kann sehr anstrengend sein –, aber **Arbeit** bezeichnet das Ganze weit genauer als Krise.

In Phase IV hat Petra oft das Gefühl, ins Leere zu laufen, sich verbissen abzuschuften für etwas, dessen Erfolg in weiter Ferne zu liegen scheint. Tatsächlich vernebelt die reine Anstrengung dieser Phase vorübergehend sogar die »Entpuppung«, die Grundidee, die sich in III erstmals präsentiert und für die sie sich eigentlich doch plagt. Es ist, als machte sie sich in III auf den Weg zu einem Ziel jenseits der Berge auf, und in IV müßte sie nun ein Tal passieren: Das Ziel verschwindet dabei hinter den Gipfeln und gerät vorübergehend aus den Augen.

Das ist auch der Grund, warum es gerade hier leicht zu einer Rhythmusstörung kommen kann – und dann in Z4 ja auch tatsächlich kommt.

Das Licht, das die Phase IV auf Petras Beziehungen wirft, ist dies: Hier gibt es keine. Was für II und III gilt, gilt verstärkt auch für IV: Dies sind nicht die Phasen der Liebeleien, der berauschenden Abenteuer, und auch nicht die eines ernstlichen Beziehungsbeginns.

Die Tragfähigkeit einer schon vorhandenen Beziehung würde sich daran beweisen, wie sie diese drei Phasen übersteht. Eine gute Beziehung würde Petra vor allem durch die harte Zeit der Arbeit in IV tragen – beziehungsweise, so läßt sich vorausgreifend spekulieren, es könnte dazu kommen, daß Petra in einem der nächsten Zyklen diese »Phase der Arbeit« zur Arbeit an einer tragfähigen Beziehung verwendet.

V Befreiung. In V, 3 beginnen die Beziehungen mit Michael und mit Hannes – genauer gesagt die jeweils ersten Beziehungen, denn sie wird beide später ein zweites mal aufnehmen (und zwar die mit Michael in V, 4 also genau 7 Jahre später, und die mit Hannes in VI, 5).

Beide Beziehungen hat sie in dieser Phase V, 3 als befreiend erlebt, denn sie halfen ihr dabei, die Beschränkungen ihres Elternhauses, ihrer kleinstädtisch-beengten Herkunft hinter sich zu lassen: Michaels intellektuelles Umfeld erschloß ihr neue geistige Welten, das Verhältnis zu Hannes und seinen unkonventionellen Freunden hatte eine stark sexuelle, rauschhafte Komponente.

In V, 4 findet sie wieder in ihren Rhythmus zurück: Sie beendet die Beziehung mit Wolfgang – das ist zwar eher schmerzlich, aber es geschieht dem Charakter der Phase entsprechend doch ausgesprochen explosiv (Petra: »Eine äußerst dramatische Szenerie, dieses Ende! Mit Heulen und Zähneklappern, und der wildesten Entschlossenheit, die ich je aufgebracht habe!«). Und sie macht sich endlich an ihr Studium (mehr dazu im Berufschart).

In Z5, V scheint es erst überhaupt nicht um Beziehungen zu gehen – es kommt dann aber zu einem ersten Nachtrag, der auch in den Hauptchart Eingang findet. Petra: »Nach der Geschichte mit Sascha war ich ja sexuell, also als Frau, irgendwie völlig abgestorben. Erst das Theater mit Wolfgang, und dann diese an sich völlig überflüssige Beziehung mit diesem Macho, eben mit Sascha. Ich hatte die Nase voll und wollte überhaupt nichts und niemanden mehr, zumal es beruflich damals auch eher deprimierend lief. Aber dann, im Urlaub bei Christine, habe ich mich wieder gefangen. Und da habe ich prompt auch einen wirklich netten Typen kennengelernt. Ich habe mich nicht verliebt oder so etwas, aber wir hatten zwei schöne Wochen, und zum erstenmal in ellenlanger Zeit habe ich mich wieder als Frau gefühlt, begehrt und auch begehrlich. Eine ausgesprochen befreiende Erfahrung, ja. Fast so etwas wie eine Offenbarung, damals.«

In Z6, V schließlich liegt die Scheidung, die eigentlich eher in der darauffolgenden Phase (Abschlüsse) zu erwarten gewesen wäre. Aber da es nach wie vor zu Problemen mit Hannes kommt (besonders wo es um das Besuchsrecht und die Zahlungen für seine Tochter geht), bildet die Scheidung wohl nur einen äußerst vorläufigen Abschluß dieser Ehe. Ein wirklicher Abschluß wird erst dann erreicht sein, wenn Hannes und Petra sich um das gemeinsame Kind kümmern können, ohne einander weiterhin zu bekriegen.

Und als enorme Befreiung hat Petra die Scheidung jedenfalls ganz entschieden empfunden.

In V, so läßt sich feststellen, beginnen oder enden einflußreiche und bedeutsame Beziehungen überdurchschnittlich oft. Was immer hier auf der Beziehungsebene geschieht, trägt den Charakter des Explosiven, des Umbruchs. Und es wird von Petra immer als angenehm oder positiv empfunden – vielleicht mit Ausnahme von Z4, aber die dramatische Trennung von Wolfgang gehört eben noch in den Bereich der Rhythmusstörung.

VI Abschlüsse. In Z 3 endete die erste Beziehung mit ihrem späteren Ehemann Hannes, nachdem Michael und Hannes Petra vor die Wahl gestellt hatten, sich zwischen ihnen beiden zu entscheiden. Während Petra noch zögerte, entzog sich Hannes dem ganzen Trubel und flog in die Staaten. Das erledigte den Fall für sie, und sie zog ihrerseits mit Michael nach Australien los. (Allerdings waren Hannes und Petra, wie die Zukunft dann zeigte, mitnichten fertig miteinander. Dies stellt den gewählten Begriff »Abschluß« für diese Phase ein wenig in Zweifel. Wir werden bei der Untersuchung des Berufscharts noch einmal darauf zurückkommen.) Die Beziehung mit Michael findet in Z 4 ein zweites und endgültiges Ende.

In Z5 dann trifft sie Hannes wieder und zieht mit ihm zusammen. Auch dies widerspricht dem Begriff »Abschluß« ein wenig, obgleich natürlich auch der Beginn einer ernsten Beziehung als Abschluß des Single-Daseins gesehen werden kann.

Was Beziehungen betrifft, so kann man also für VI einigermaßen lapidar feststellen, daß hier etwas Altes seinen Abschluß findet – in einer guten Beziehung, die hier nicht endet, könnte es durchaus der Abschluß einer Zeit der Krise, der Neubesinnung, irgendeiner Entwicklungsstufe der Beziehung selbst sein.

VII Neuanfänge. In Z2 der Beginn der Beziehung mit Peter, dem ersten festen Freund, in Z4 der Beginn der Beziehung mit Sascha, in Z5 ihre Hochzeit mit Hannes.

Beziehungen stehen in VI, wie alles andere, unter dem Zeichen der Neuanfänge – nicht mehr und nicht weniger. Was jeweils daraus wird, läßt sich hier noch nicht beurteilen. Das hängt davon ab, wie die einzelnen Phasen gemeistert werden.

Dies wollen wir nun untersuchen, beim Thema »durchlaufende Rhythmen«:

– Peter, der erste feste Freund aus VII, 2, bekommt bereits in I, 3 den Laufpaß. Allerdings wird die frühe Liebe zur Freundschaft, einer Freundschaft, die immerhin 6 Jahre überdauert und erst im siebten Jahr (Z4, Phase I) endet: Peter tat sich schwer damit, Petras Beziehung mit Michael, die während der Australienreise recht fest geworden zu sein schien, zu verkraften.

Der 7-er Rhythmus ist unverkennbar, betrachtet man die

Daten, die sich auf Peter beziehen (Z2, VII; Z3, I und VII; Z4, I).

– Die Beziehung mit Michael dauert von Z 3, IV/V bis Z 4, I, also ziemlich genau 3,5 Jahre. Wie bereits erwähnt, ist dies der Zeitpunkt, zu dem die erste Verliebtheit gewöhnlich abflaut. 3,5 Jahre sind natürlich genau ein halber Zyklus, die Beziehung mit Michael ist mithin ebenso dem Siebener-Rhythmus unterworfen wie die mit Peter. Weiterhin nimmt Petra die Beziehung zu Michael in Z 4, V wieder auf: Zu diesem Zeitpunkt kennt sie ihn sieben Jahre.
(Ein Jahr später schon folgt das endgültige Aus. Diese zweite Beziehung ist aber ohnehin nur im Lichte der gerade vorausgegangenen Rhythmusstörung zu verstehen und soll deshalb im entsprechenden Kapitel noch einmal behandelt werden.)

– Die Beziehung mit Sascha dauert 4 Jahre, also kaum länger als die mit Michael. Nach 3–4 Jahren ist es bei Petra, wie bei so vielen Frauen, regelmäßig mit der Liebe vorbei.

– Hannes lernt sie in 3, V kennen. Ein Jahr später ist die Beziehung vorbei.
Genau 14 Jahre nach der ersten Trennung, in 5, VI, trifft sie ihn wieder. Für 6, VI bleibt zu hoffen, daß die Querelen der beiden, die über die Scheidung hinaus ihre Beziehung noch immer bestimmen, zu einem Ende kommen werden. Die Scheidung selbst liegt 21 Jahre nach dem ersten Kennenlernen. Deutlich wird also wieder der Siebener-Rhythmus. (Die »innere Kündigung« sprach Petra Hannes allerdings, wie schon bei Michael und Sascha gehabt, nach ca. vier Jahren aus (5, VI bis 6, III)).
Im Chart ergibt sich eine Art Über-Kreuz-Situation:

V Befreiung	**VI Abschluß**
3 Hannes kennengelernt	Trennung von Hannes
4	
5	Hannes wiedergefunden
6 Scheidung von Hannes	

Beides, Beginn und Ende dieser Liebe, stehen unter dem Stern einer persönlichen Befreiung für Petra, in Phase V. Wenn man ein wenig Erfahrung mit dem Lesen von Charts gewonnen hat, kann man aus dieser Tatsache allein schon einigermaßen zuverlässig auf den Grundcharakter der Beziehung Petra–Hannes schließen (zumindest von Petras Warte aus): Am Anfang stand für sie die leidenschaftliche Romanze schlechthin, am Ende der ebenso leidenschaftliche Widerwille gegen den Partner. Dazwischen lagen Sehnsucht, Hoffnung, große Streitereien, noch großartigere Versöhnungen – und schließlich die gründliche Ent-Täuschung. Wie sonst könnte man schließlich den Beginn und das Ende einer Liebe gleichermaßen als explosiven Befreiungsschlag empfinden? Doch sehen wir weiter: Die erste vorübergehende Trennung und der Neubeginn genau 14 Jahre später stehen beide in VI, sind also beides Abschlüsse für Petra – auch das Wiederfinden, denn das *beendet die Trennung von Hannes*, der damit tatsächlich die wichtigste Stellung aller Männer in Petras Chart erhält: Alle anderen Beziehungen erscheinen, in diesem Lichte betrachtet, als ein bloßes Zwischenspiel, als Irrweg, der eingerahmt wird von der Trennung und Wiederaufnahme des Verhältnisses zu Hannes.

Und so war es auch tatsächlich – und dies eben nicht nur, weil Hannes nun einmal der einzige Mann ist, mit dem Petra je zusammengewohnt, den sie geheiratet, mit dem sie ein Kind bekommen hat. Hier, an dieser Stelle ihrer Chartinterpretation, wird Petra klar, daß sie in den Jahren der Trennung im Innersten wirklich immer nach Hannes gesucht hat.

Der leidenschaftliche Charakter ihrer ersten kurzen Affaire sowie die Umstände der überstürzten Trennung (die damals weder er noch sie im Grunde ihres Herzens wollten) führten dazu, daß Petra Hannes in den folgenden Jahren zunehmend idealisierte: »Bei jedem Mann«, so Petra, »habe ich mir im Grunde meines Herzens gesagt: Aber so toll wie Hannes ist der eigentlich nicht. Mit Hannes war alles wilder, besser, intensiver.« Und sie fährt fort: »Vielleicht hatte ich deswegen nie eine tragfähige Beziehung. Ich habe ja immer nach einer Sorte Liebe gesucht, die sich für Tragfähigkeit gar nicht eignete: der Liebe, wie Hannes und ich sie verstanden, der großen wilden Leidenschaft. Und daß die nicht lange taugt, das weiß ich jetzt. Oder besser, erst jetzt.«

Wagen wir eine Spekulation. Wenn es den beiden gelingt, in der Phase VI, die Petra unmittelbar bevorsteht, ihre andauernden Querelen endgültig zu beenden und zu freundlicher Neutralität zu finden, wird der obige Chartausschnitt so aussehen:

V Befreiung	VI Abschluß
3 Hannes kennengelernt	Trennung von Hannes
4	
5	Hannes wiedergefunden
6 Scheidung von Hannes	Vollständiges Ende der Beziehung

Petra lernte Hannes kennen, als sie 18 war. Mit 40 wird ein Lebensabschnitt, der in bezug auf Liebesbeziehungen wesentlich von ihm bestimmt wurde, zu Ende gehen. Nicht nur das: Ihre Einstellung zu dem, was Liebe, was Beziehungen ausmacht, hat sich mit dem Ende dieses Abschnitts vollständig gewandelt. Petra wird nun bewußt andere Qualitäten in einer Beziehung, einem Partner zu finden suchen als bisher. Man kann noch weiter gehen: Tut sie das nicht, verweigert sie sich dem nächsten Lernschritt. Dann wird sie aus dem Rhythmus geraten.

Die Ehe selbst dauerte im übrigen fünf Jahre (5, VII bis 6, V). Durch die Verschiebung von jeweils einem Jahr nach vorn wohnten die beiden auch fünf Jahre zusammen (5, VI bis 6, IV). Diese Zahl fünf ist innerhalb von Petras Beziehungs-Chart auch ansonsten von großem Interesse. Geht man vom Beginn der ersten Beziehung (Peter, 2, VII) fünf Jahre weiter, landet man in der Phase, in der sie Michael und Hannes kennenlernt. Wieder fünf Jahre (oder Phasen) später steht Wolfgang (der allerdings nur bedingt zu rechnen ist, da er eine »Rythmusstörung« ist). 2 x 5 = 10 Jahre später nimmt sie die abgebrochene Beziehung mit Hannes wieder auf (das Vielfache einer Zahl ist wie die Zahl selbst anzusehen: Man kommt nicht aus dem Rhythmus, nur weil man einmal aussetzt. Nicht jeder Trommelschlag muß auch hörbar sein.)

Daß Sascha aus diesem Rhythmus fällt, ist nur auf den allerersten Blick verwunderlich. Die Art, wie Petra die Beziehung mit Wolfgang gestaltete, führte zu einer Rhythmusstörung, und nach einer solchen dauert es eine Weile, bis man wieder in seinen Rhythmus hineinfindet. Sascha war sozusagen eine Auswirkung dieses Bruchs in Petras Rhythmen. Wie sagte Petra selbst? »Erst das Theater mit Wolfgang, und dann diese an sich *völlig überflüssige* Beziehung mit diesem Macho Sascha. Danach hatte ich die Nase voll und wollte überhaupt nichts und niemanden mehr.«

Sascha, der völlig überflüssige, fällt aus diesem Rhythmus heraus, den man den *Verliebtheits-Rhythmus* nennen könnte.

Fünf Jahre nach der erneuten Aufnahme ihrer Beziehung mit Hannes kommt es zur Trennung.

Noch eine Spekulation: Wiederum in 5 Jahren wird sie sich in Phase II befinden – der Phase des **Brütens**, des inneren Rückzugs und der Beschäftigung mit sich selbst. Ein Mann, der sie in dieser Phase für sich begeistern könnte, müßte sich auf sie einlassen, sie innerlich begleiten, sich für sie öffnen.

Das wäre nun freilich ganz im Sinne von Petras neuen Erkenntnissen über die Art von Liebe, die tragfähig sein könnte. Würde Petra sich für einen Mann entscheiden, der sie in II innerlich begleiten könnte, so würde sie damit jemanden wählen, der sicher in fast allen Punkten das Gegenteil des selbstbezogenen »Hitzkopfes« Hannes verkörpern würde – und also das Gegenteil von dem Typus Mann, der sie bisher vor allem angezogen hat. Mit einem solchen einfühlsamen Partner könnte sie wohl auch die Phasen III und IV sicher überstehen, vor allem, wenn sie den Arbeitscharakter von IV dann für Beziehungsarbeit ausnützen würde.

Das müßte sie sogar. Denn problematisch würde es sicher schon gleich darauf, in V: Einerseits könnte der explosive Grundcharakter der »Befreiungsphase« unter Umständen dazu führen, daß ihr ihr netter, zuverlässiger Partner plötzlich blaß und langweilig erscheint, zum anderen fiele gerade das für Petras Beziehungen immer gefährliche 3./4. Jahr in diese Phase: Der Zeitpunkt, zu dem sie so gern ihre Beziehungen aufkündigt.

Sie sehen, es lassen sich anhand des Charts tatsächlich vorsichtige Voraussagen für die Zukunft machen. Wie man dergleichen genauer betreiben kann, steht im Kapitel »Der Chart in Gegenwart und Zukunft«. Eines aber vorweg: Natürlich ist die Zukunft *nicht* voraussehbar. Jeder Zyklus ist ja eine Art Lernschritt, und wenn man dessen Ergebnis schon vorher wüßte, wäre das so, als bekäme man bei der Anmeldung in der Schule gleich auch das Zeugnis mit ausgehändigt.

Man kann allerdings lernen, sich bewußt den Aufgaben eines Zyklus zu stellen, im Rhythmus seiner Phasen mitzuschwingen, einigermaßen gelassen zu bleiben, wenn es schwierig wird, und im Licht der Phasencharaktere sein Leben bewußter zu gestalten. Und das hat zweifelsohne Auswirkungen auf die Zukunft. Und zwar positive.

Übrigens läßt sich bei Petra noch ein weiterer Fünfer-Rhythmus ausmachen, der mit der ersten sexuellen Erfahrung beginnt und von da an durchläuft: Beide Beziehungen mit Michael, die Freundschaft mit Peter sowie die mit Sascha enden in Fünf-Jahres-Abständen von diesem Datum. Ausgehend von der Unverbindlichkeit dieser ersten sexuellen Erfahrung sowie der Tatsache, daß Hannes (abgesehen von der »Rhythmusstörung« Wolfgang) der einzige Mann ist, der diesem Rhythmus nicht unterliegt (in 6, II, fünf Jahre nach der Trennung von Sascha, findet sich kein entsprechender Eintrag), sowie der Tatsache, daß ja wirklich alle Beziehungen Petras außer der zu Hannes letztlich etwas Unverbindliches hatten, könnte man bei diesem zweiten Rhythmus im Gegensatz zu dem Verliebtheits-Rhythmus von einem Unverbindlichkeits-Rhythmus sprechen: Er bringt Petra dazu, sich in regelmäßigen Abständen nicht mehr weiter um eine Beziehung zu scheren.

Führt man diesen Rhythmus weiter, so landet man in 6, VII. Es ist möglich, daß hier eine (demnächst noch zu beginnende) Kurzbeziehung endet – oder auch, daß erst die nächste Fünferpotenz wirksam wird.

Das wäre wiederum die Phase V des 7. Zyklus, also die Phase, in der, sollte es dem ersten Fünfer-Rhythmus (dem Verliebtheits-Rhythmus) folgend in 7, II zu einer neuen Beziehung kommen, ohnehin schon Schwierigkeiten genug zu erwarten wären. Hier würde es sich dann wirklich zeigen, ob es Petra gelingt, ihre Liebesvorstellungen, die sie an der Beziehung mit Hannes entwickelt und aufgrund des Scheiterns ihrer Ehe zu revidieren begonnen hat, zu verändern.

Beispiel Petra: Berufsdaten im Licht der Phasencharaktere

Schul-, Ausbildungs- und Berufsdaten:
Kindergarten – Oktober 61 bis Einschulung

Einschulung – Sept. 64
Gymnasium – Sept. 68
Abitur – Juni 77

Studienbeginn (Philosophie, Kunstgeschichte, Englisch) – Mai 78
Zwischenprüfung – Februar 81
Beginn Abschlußarbeit – Mai 83
Examen – Juni 84

1. Job (Öffentlichkeitsarbeit im Museum) – April 85
Ende 1. Job (rausgeschmissen) – Februar 87

Beginn der Umschulung Computerprogrammiererin – Febr. 88
Ende Umschulung – Febr. 89

2. Job: als Computerprogrammiererin – Mai 89
Ende (selbst gekündigt) – Herbst 90

Fachjournalistin, frei (und Eisverkäuferin) – Febr. 91 bis April 91

Redakteurin bei Computermagazin – April 91
Beginn des Mutterschutzes und anschließenden Erziehungsurlaubs, also Ende der Festanstellung – Nov. 93

Wieder angefangen, frei zu arbeiten – Nov. 95
Erste mühevolle Versuche, auch andere Themen zu bearbeiten (Kunst, Philosophie, etc.) – ab Sommer 96
Jetzt (Sommer 97) gut etabliert als Journalistin.

Ihr beruflicher Unterchart sieht so aus (s. Seite 104–105):

Bei der Auswertung der Beziehungsdaten haben wir uns an den Charakteren der Phasen entlanggehangelt. Diesen Chart werden wir anders angehen, einfach um Ihnen das Vertrauen zu geben, bei der Interpretation Ihres eigenen Charts der Intuition zu folgen. Natürlich können Sie aber auch hier wieder Phase für Phase vorgehen.

Petra ist heute (6, V, »Befreiung«) weitgehend etabliert als freie Journalistin. Ausgehend von diesem, in ihren Worten »endlich erreichten Endpunkt meiner Bestrebungen« blicken wir zurück.

Vor sieben Jahren hat sie ihren verhaßten Job als Computerprogrammiererin aufgegeben und einen ersten Versuch im Bereich des Schreibens, als freie Fach-Journalistin, gewagt. Daß das nichts Rechtes werden konnte, war ihr schnell klar. Erfolg hatte sie aber dennoch, nämlich im darauffolgenden Jahr (Phase VI, Abschlüsse), als sie bei einem Computermagazin fest angestellt wurde. Ihre gewagte Kündigung, das Risiko, das sie eingegangen war, hatte sich gelohnt. Sie war glücklich.

Vor 14 Jahren hat sie mit der Abschlußarbeit für die Universität begonnen. Die Quittung für ihre Anstrengungen kam wiederum in Phase VI: die bestandene Prüfung. Auch in Phase VI, noch einmal einen Zyklus früher, hat sie das Abitur bestanden, die Quittung für eine erfolgreich abgeschlossene Schulbildung.

Quittung – das Wort scheint auf Phase VI viel besser zu passen als Abschlüsse. Bereits bei der Interpretation des Beziehungscharts hatte der Begriff Abschluß Petra nicht mehr so recht gefallen: Die Wiederbegegnung mit Hannes war nur bedingt mit diesem Begriff zu erfassen. Und nun, beim Berufschart, tauchte genau dasselbe Problem auf: Der Beginn ihrer Laufbahn als Redakteurin war in ihren Augen mit »Abschluß« nur unzureichend erklärt. »Quittung« dagegen paßte genau.

PHASE	I				II				III			
Alter	0 7 14 21 28 35 42 49 56 63 70 77 84 91 98				1 8 15 22 29 36 43 50 57 64 71 78 85 92 99				2 9 16 23 30 37 44 51 72 79 86 93 100			
Geburtsdatum (Tag, Monat)	30. 3.	Geburtsdatum + 3 Mon. 6 Mon. 9 Mon.			30. 3.	Geburtsdatum + 3 Mon. 6 Mon. 9 Mon.			30. 3.	Geburtsdatum + 3 Mon. 6 Mon. 9 Mo		
		30.6.	30.9.	30.12.		30.6.	30.9.	30.12.		30.6.	30.9.	30.1
ZYKLUS 1 0 – 7 Jahre 19.58. – 19.65.												
ZYKLUS 2 7 – 14 Jahre 19.65. – 19.72.												
ZYKLUS 3 14 – 21 Jahre 19.72. – 19.79.								*(beginnt zu malen)*				
ZYKLUS 4 21 – 28 Jahre 19.79. – 19.86.								*Zwischen prüfung*				
ZYKLUS 5 28 – 35 Jahre 19.86. – 19.93.			*Raus- geworfen aus 1. Job*				*Um- schulung Computer*					*E l sch*
ZYKLUS 6 35 – 42 Jahre 19.93. – 20.00.		*Ende Redakteurin wg. Kind*								*wieder angefangen, frei zu schreiben*		
ZYKLUS 7 42 – 49 Jahre .... –												
ZYKLUS 8 49 – 56 Jahre .... –												
ZYKLUS 9 56 – 63 Jahre .... –												
ZYKLUS 10 63 – 70 Jahre .... –												
ZYKLUS 11 70 – 77 Jahre .... –												
ZYKLUS 12 77 – 84 Jahre .... –												
ZYKLUS 13 84 – 91 Jahre .... –												
ZYKLUS 14 91 – 98 Jahre .... –												

IV			V				VII			VII			
17 24 31 38 45 52 59 66			4 11 18 25 32 39 46 53 60 67				5 12 19 26 33 40 47 54 61 68			6 13 20 27 34 41 48 55 62 69			
80 87 94 101			74 81 88 95 102				75 82 89 96 103			76 83 90 97 104			
Geburtsdatum +		30.	Geburtsdatum +			30.	Geburtsdatum +		30.	Geburtsdatum +			
Mon. 6 Mon. 9 Mon.		3.	3 Mon. 6 Mon. 9 Mon.			3.	3 Mon. 6 Mon. 9 Mon.		3.	3 Mon. 6 Mon. 9 Mon.			
0.6.	30.9.	30.12.		30.6.	30.9.	30.12.		30.6.	30.9.	30.12.		30.6.	30.9.	30.12.

Kindergarten — Einschulung X

Gymnasium

beginnt zu ...ben: Tagebuch) — Abitur — Studienbeginn

...THMUSSTÖRUNG — Beginn Abschlußarbeit — Examen — 1. Job (Museum)

...t auf zu studieren/ ...malen/schreiben)

...puterprogrammiererin — Kündigung — frei gearbeitet X —— X Redakteurin (Fachjournalistin)

...rsuche, neue Themen zu ...erschließen — hat geklappt!

Unterchart: Petra, beruflich

Und es paßte auch zum Beziehungschart. Um noch einmal das Ergebnis der Untersuchung von Phase VI im Beziehungschart zu zitieren:

Was Beziehungen betrifft, so kann man also für VI einigermaßen lapidar feststellen, daß hier etwas Altes seinen Abschluß findet – in einer guten Beziehung, die hier nicht endet, könnte diese Phase durchaus eine Zeit der Krise, der Neubesinnung, irgendeine Entwicklungsstufe abschließen.

Mit anderen Worten: In VI erhält sie auch die Quittung für eine gute ebenso wie für eine nicht tragfähige Beziehung. Sehen wir uns noch einmal den Chartausschnitt an, der sich auf Hannes bezieht:

V Befreiung	**VI Abschluß (jetzt: Quittung)**
3 Hannes kennengelernt	Trennung von Hannes
4	
5	Hannes wiedergefunden
6 Scheidung von Hannes	Vollständiges Ende der Beziehung

Im Beziehungschart haben wir die Ereignisse in Phase VI als Abschlüsse gedeutet und dabei die Erkenntnis gewonnen, daß die Zeit ohne Hannes (also auch und gerade ihre sonstigen Beziehungen mit Männern, die ja alle in diese Zeit fielen) im Hinblick auf Petras Gesamtentwicklung eine Art Intermezzo-Charakter trägt. Mit Hannes hat sie ihre Vorstellung von Liebe entwickelt – und mit dem Scheitern der Beziehung jetzt revidiert. Unser Schluß war, daß also die Beziehung als ganzes einen wesentlichen Lernschritt verkörpert.

Betrachten wir das Ganze noch einmal unter dem Gesichtspunkt, daß VI eine Quittung darstellt, gewinnen wir eine neue Erkenntnis (die aber die alte mitnichten entwertet): die Ereignisse in VI erscheinen jetzt wie Stufen, die sie erklimmt, wie immer neue Prüfungen, die sie auf dem Weg der Desillusionierung ablegen muß. Die erste Trennung ist das Resultat der Art ihrer Beziehung zu Hannes: Petra hat zu dieser Zeit zwei Männer, weil Hannes allein ihr trotz aller Leidenschaft nicht gibt, was sie (auch noch) braucht.

Für das »Auch noch«, den intellektuellen Bereich, ist Michael zuständig. Aber sie kann Hannes (und die Art Liebe, die er für sie verkörpert) dennoch noch nicht loslassen. Die Quittung, die sie dafür erhält, ist, daß sie noch einmal mit ihm leben muß. Erst als sie endgültig begreift, daß sie (ihr Leben lang, wie der Chart ihr heute zeigt) an ihren eigentlichen Bedürfnissen »vorbeigeliebt« hat, kommt es zur Befreiung in der Scheidung – und hoffentlich im nächsten Jahr zu der Quittung, daß sie diese Beziehung nun vollkommen loslassen darf.

Dies ist ein gutes Beispiel dafür, wie die Arbeit mit dem Chart funktionieren kann. Man gewinnt ständig neue Erkenntnisse, begreift immer tiefer, aber dabei entwertet das Neue das Alte nicht etwa, sondern ergänzt es.

Es ist im Chart wie im Leben: Denn im Leben entwertet ja auch eine neue Beziehung nicht eine alte oder die Geburt eines zweiten Kindes die Bedeutung des ersten. Alles baut aufeinander auf. Die Spirale, die Wendel, dreht sich immer weiter. Man läuft nicht im Kreis, wenn man im Rhythmus bleibt.

Wenn Petra also in VI auch beruflich gesehen die Quittung für ihre Leistungen erhält, können wir nun in diesem Bereich ebenfalls eine Prognose wagen: Der »endlich erreichte Endpunkt meiner Bestrebungen«, von dem Petra in bezug auf ihre Stellung als freie Journalistin gesprochen hat, ist in Wirklichkeit für sie in V noch gar nicht gekommen. Das Jahr des echten Erfolgs wird für sie höchstwahrscheinlich erst das nächste sein.

In Phase IV »Arbeit«, also in der ihrem Grundcharakter nach ohnehin beruflich ausgerichteten Phase, liegen der Eintritt ins Gymnasium (Z2), der Beginn des Schreibens (Tagebuch, Z3), der Beginn des Jobs als Computerprogrammiererin (Z5). Interessant ist hier, daß dies genau die Arbeitsschritte sind, die letztlich zu ihrem Einstieg in ihren heutigen Beruf geführt haben: als Journalistin war sie ja zuerst einmal jemand, die über Computer (Z5) schrieb (Z3).

Heute hat sie ihr Repertoire erweitert und schreibt auch über Kunst (und zwar wiederum seit IV, in Zyklus 6). Kunstgeschichte hat sie ja auch studiert – und wenn sie nicht dank ihrer Beziehung zu Wolfgang aus dem Rhythmus gekommen wäre, hätte tatsächlich in IV, 4 der intensivste Teil ihres Studiums gelegen.

Aber sie ist bekanntlich aus dem Rhythmus geraten, und das macht sich beruflich lange bemerkbar: Sie mußte im Rest des Zyklus 4 extrem hart arbeiten, um den Anschluß wiederzugewinnen.

In Phase I jätet sie ja für gewöhnlich mit einer ausgesprochenen Nonchalance aus, was nicht mehr in ihr Leben gehört. In I, 5 aber gelingt ihr das nicht mit der sonstigen Leichtigkeit. Statt daß sie diejenige ist, die Überlebtes verwirft, wird sie verworfen – genauer gesagt, hinausgeworfen: Man kündigt ihr, und obwohl das im Nachhinein das beste für sie war, leidet sie zum damaligen Zeitpunkt erst einmal unter Ängsten und Depressionen.

Sie findet keinen neuen Job und muß schließlich umschulen. Und ihr zweiter Job ist noch bedrückender und unbefriedigender als der erste: Was erst einmal so angenehm ausgesehen hatte, nämlich die Anstellung, entpuppte sich schnell als eine Art inneres Gefängnis.

Aber als ein nützliches. Die Kontakte aus diesem Job ermöglichten es ihr in Phase V, den Versuch zu wagen, als Journalistin zu arbeiten. (Phase IV, am Anfang noch als »Krise« abgetan, erschließt sich ihr also bei näherem Hinsehen immer mehr als positive Phase, deren Bedeutung sie allerdings immer erst im nachhinein überblicken und dann auch schätzen kann.)

Ab Phase V »Befreiung« (Z5) geht es endlich aufwärts: ganze sieben Jahre, nachdem sie sich wieder in ihren Rhythmus gerettet hat. Aber auch da ist das eigentliche Befreiungserlebnis, sonst spätestens in der Mitte der Phase, ganz an ihr Ende gedrängt: Die harte Arbeit von IV reicht noch weit in V hinein.

In Phase II sind vor allem die »Aufwecker« interessant: Sie geben bereits ab Z3 die Themen vor, über die sie später schreiben wird.

Und in VII sind berufliche (und »private«) Ereignisse das, was schon mehrmals angedeutet wurde: Ankündigungen der jeweils nächsten Zyklusaufgabe nämlich. Einschulung, Studienbeginn und erster Job, alle in einer VII. Phase gelegen, geben den Grundcharakter der nächsten sieben Jahre ja jeweils bereits vor (ebenso wie im privaten Bereich der erste Freund und die Hochzeit mit Hannes). **Ankündigung** ist also ein weit besserer, weil genauerer Name für Phase VII als Neubeginn.

Beispiel Petra: Enge Freundschaften im Licht der Phasencharaktere

Enge Beziehungen zu Freunden und Freundinnen, Familienmitgliedern, Mentoren etc. (das Fettgedruckte fällt Petra erst jetzt, beim Erstellen des Uncharts, ein):

Christine: Sommer 62 im Urlaub kennengelernt.
Sommer 74: Erster Urlaub ohne Eltern, mit Christine
Sommer 76: Mit Christine unterwegs, deswegen letztlich Hannes kennengelernt
Mai 78 WG mit ihr, Studium, bis Juni 84
Okt. 85 Christine heiratet
Juni 86 Christine geht nach England
Sommer 88: Mit Christine in Paris
Juni/Juli 90 bei Christine in England
Sommer 95: Christine kommt nach Deutschland
Juni 97 wieder bei Christine in England

Peter: Nach der eigentlichen Beziehung gut befreundet bis Beginn Studium. Total Ende war 1980, während der wilden Jahre.

Petras Freundschaftschart (s. Seite 110–111):

In diesem Chart geht es offensichtlich vor allem um die »Lebenslang-Freundin« Petras, Christine. Sie ist die wohl wichtigste Person für Petra überhaupt – dies geht nicht nur aus der langen Dauer der Freundschaft und der häufigen Erwähnung ihres Namens im Chart hervor, sondern auch

PHASE	I				II				III			
Alter	0 7 14 21 28 35 42 49 56 63 70 77 84 91 98				1 8 15 22 29 36 43 50 57 64 71 78 85 92 99				2 9 16 23 30 37 44 51 72 79 86 93 100			
Geburtsdatum (Tag, Monat)	30. 3.	Geburtsdatum + 3 Mon. 6 Mon. 9 Mon.			30. 3.	Geburtsdatum + 3 Mon. 6 Mon. 9 Mon.			30. 3.	Geburtsdatum + 3 Mon. 6 Mon. 9 M		
		30.6.	30.9.	30.12.		30.6.	30.9.	30.12.		30.6.	30.9.	30.
ZYKLUS 1 0 – 7 Jahre 19.58. – 19.65.												
ZYKLUS 2 7 – 14 Jahre 19.65. – 19.72.	*Ende des Kontakts mit Christine*											
ZYKLUS 3 14 – 21 Jahre 19.72. – 19.79.		*Beginn Freundschaft Peter*							*Urlaub mit Christine (1. ohne Eltern)*			
ZYKLUS 4 21 – 28 Jahre 19.79. – 19.86.		*Ende Peter*			*Wilde Zeit mit Christine*							
ZYKLUS 5 28 – 35 Jahre 19.86. – 19.93.	*Christine → England*								*mit Christine in Paris getroffen*			
ZYKLUS 6 35 – 42 Jahre 19.93. – 20.00.									*Christine bei Petra in Deutschland*			
ZYKLUS 7 42 – 49 Jahre .... –												
ZYKLUS 8 49 – 56 Jahre .... –												
ZYKLUS 9 56 – 63 Jahre .... –												
ZYKLUS 10 63 – 70 Jahre .... –												
ZYKLUS 11 70 – 77 Jahre .... –												
ZYKLUS 12 77 – 84 Jahre .... –												
ZYKLUS 13 84 – 91 Jahre .... –												
ZYKLUS 14 91 – 98 Jahre .... –												

IV				V				VI				VII	

IV — 17 24 31 38 45 52 59 66 / 80 87 94 101

V — 4 11 18 25 32 39 46 53 60 67 / 74 81 88 95 102

VI — 5 12 19 26 33 40 47 54 61 68 / 75 82 89 96 103

VII — 6 13 20 27 34 41 48 55 62 69 / 76 83 90 97 104

Geburtsdatum + Mon. 6 Mon. 9 Mon.	30. 3.	Geburtsdatum + 3 Mon. 6 Mon. 9 Mon.	30. 3.	Geburtsdatum + 3 Mon. 6 Mon. 9 Mon.	30. 3.	Geburtsdatum + 3 Mon. 6 Mon. 9 Mon.

0.6.	30.9.	30.12.	30.6.	30.9.	30.12.	30.6.	30.9.	30.12.	30.6.	30.9.	30.12.
			Christine kennengelernt								
			Christine wiedergetroffen								
			Hannes durch Christine kennengelernt						*WG mit Christine Anfang v. Ende m. Peter*		
MUSSTÖRUNG —			*(Christine lernt ihren späteren Mann durch Petra kennen)*			*Ende WG mit Christine*			*Hochzeit Christines*		
			bei Christine in England								
			bei Christine in England								

Unterchart: Petra, Freundschaft

daraus, daß 7 Jahre, noch dazu von VII bis VII, also über einen vollen Zyklus hinweg, im Zeichen dieser Freundschaft stehen: Von 3, VII bis 4, VI haben die beiden zusammengewohnt und sich auch nach der Auflösung der Wohngemeinschaft noch fast täglich getroffen. Eine Art Abschluß bildet dann Christines Hochzeit mit einem Engländer in 4, VII, denn von diesem Zeitpunkt an wurde für Christine ihre Ehe zum privaten Lebensmittelpunkt. In der darauffolgenden Phase 5, I zieht Christine dann auch mit ihrem Mann nach England – in Petras Phase des »Ausjätens«.

»Das war auch gut für uns«, sagt Petra rückblickend. »Ich meine, wir mußten ja auch jeder mal unser eigenes Leben in Angriff nehmen. Wenn wir weiter so symbiotisch und ineinander verstrickt vor uns hingelebt hätten, wären wir garantiert aus dem Rhythmus gekommen. Wir hätten dann ja gar nicht die Chance gehabt, Neues über uns selbst in Beziehung zu anderen Menschen zu lernen.«

Daß es dennoch zu keiner Entfremdung kommt, liegt an der starken Verwobenheit der beiden Charts (vgl. Kapitel »Ineinandergreifen von Charts«). Aus Petras Chart ersieht man außerdem, daß Wiederbegegnungen und wesentliche Näherungspunkte häufig in III und V liegen – das ist aussagekräftig, denn III und V sind die wesentlich positiv bestimmten, vom Erleben her angenehmen Phasen bei Petra: In III, Entpuppung, liegt der Moment, wo sie die Zyklusaufgabe angeht, es ist der Moment des Erwachens. (Die Gefahr, aus dem Rhythmus zu kommen, ist hier recht groß.) In V liegt der Moment der Befreiung, wie Petra die Phase genannt hat. Hier hat sie selbst jedesmal das Gefühl einer Lebenserneuerung, einer Wende.

In der Zeit großer Veränderungen wendet sich Petra also regelmäßig Christine zu. Sieht man sich die betreffenden Ereignisse genauer an, wird dies noch deutlicher: Das erste sexuelle Erlebnis findet im Urlaub mit Christine statt (3, III), und es ist Christine, die Petra in jene Kreise einführt, in denen sie kurz darauf ihren späteren Ehemann Hannes kennenlernt (3, V). (Übrigens ist es umgekehrt wiederum ein Freund von Petra gewesen, der Christine mit ihrem späteren Ehemann bekanntgemacht hat.)

In 5, V fährt Petra zu Christine, um sich darüber klarzuwerden, wie sie ihr Leben weitergestalten soll, und kündigt prompt kurz nach ihrer Rückkehr ihren Job als Computerprogrammiererin. Und in 6, III fährt Christine zu ihr, gerade als Petra an der Ehekrise mit Hannes fast zu zerbrechen droht. Auch nach der Scheidung von Hannes führt Petras Weg erst einmal nach England zu Christine. Meinungsverschiedenheiten zwischen den Freundinnen gab es nur in einer Phase, wie Petra beim Betrachten dieses Untercharts auffällt: In 4, IV, also in der Phase, in der sie aus dem Rhythmus gekommen war.

Sonstige Daten im Licht der Phasencharaktere

Wenn wesentliche Punkte wie Beruf und Zwischenmenschliches abgehandelt sind, bleiben meist noch eine ganze Menge Daten übrig, die sich keinem dieser Bereiche eindeutig zuordnen lassen, aber dennoch eine Untersuchung wert sind.

Vielleicht wollen Sie also für Teilbereiche weitere Untercharts zeichnen. Wer zum Beispiel Hobbys hat, die ihn stark in Beschlag nehmen, kann oft in einem diesbezüglichen Unterchart Interessantes (und durchaus auch auf andere Gebiete seines Lebens Übertragbares) finden.

Sehr interessant kann es auch sein, einen Unterchart für die eigene intellektuelle oder spirituelle Entwicklung aufzustellen: wann man welche Bücher gelesen, Erkenntnisse, beeindruckenden Erlebnisse gehabt hat, wann welcher Lehrer oder Mentor sich der eigenen Entwicklung angenommen (und ab wann man ihn nicht mehr benötigt) hat, und schließlich, wie alle diese Prozessse das sonstige Leben beeinflußt haben. Auch den Verlauf chronischer (oder häufiger akuter) Krankheiten oder eine ausgeprägte Neigung zu Unfällen und Knochenbrüchen kann ein Unterchart erhellen.

Um sich darüber klarzuwerden, welche Themen bei Ihnen noch offen sind, können Sie die Listen aus Kapitel 2 noch einmal hervorkramen. Was haben Sie unter »Sonstiges« geschrieben, was unter »Umzüge« oder unter »Krankheiten«?

Wenn Sie dabei lediglich auf eine Menge verstreuter Einzeldaten stoßen, brauchen Sie natürlich nicht noch einmal extra zu Stift und Blankochart zu greifen. Betrachten Sie einfach das, was noch da ist, im Hauptchart – und zwar im Lichte dessen, was Sie schon interpretiert haben.

Petra hat dabei festgestellt, daß sie Rhythmusstörungen sofort mit Krankheit bezahlt. Zum einen sind da natürlich die beiden Krankenhausaufenthalte in der Zeit mit Wolfgang, zum anderen die zahllosen Halsentzündungen: »Es ist komisch – aber ich weiß, daß ich ab der zweiten Klasse (2, I), also genau ab dem Bruch mit Christine damals, ständig wegen irgendwelcher Halsentzündungen das Bett hüten mußte. Das war mir wohl gar nicht so unlieb – im Bett ließen mich alle in Ruhe, ich konnte lesen und malen, und keiner wollte was von mir. Gesünder wurde ich dann erst wieder mit 10, 11 Jahren. Als ich im Gymnasium war. Oder als ich Christine wiedergefunden hatte? Wer kann das sagen! Aber es war jedenfalls wie mit Sascha, genau 21 Jahre später, da hatte ich auch drei Jahre lang Halsentzündungen. Von so ungefähr 1986 an (5, I) bis zum Ende der Beziehung (5, IV). Da war es auch so – wenn ich krank war, war er plötzlich der Netteste. Da hat er mich richtig gepflegt.«

Petra kann aus ihrem Chart ersehen, daß sie sich ganz besonders darum bemühen muß, sich selbst Ruhepausen zu gönnen, Rückzugsgebiete für sich einzurichten, in denen sie es sich gestattet, ihr derzeitiges Leben zu überblicken. Es ist auf die Dauer keine günstige Strategie, wenn man sich immer erst eine Krankheit holen muß, bevor man sich selbst erlaubt, zur Ruhe und zur Besinnung zu kommen.

Für nächstes Jahr (6, VI) plant Petra eine ausgedehnte Reise mit ihrer Tochter, vielleicht noch einmal in die USA. Der Zeitpunkt wäre günstig: In VI liegen auch ihre erste USA-Reise und ihre Fahrt durch Australien, und beide sind gut verlaufen. Und noch etwas fällt Petra ein: Während der Rhythmusstörung in 4, IV vernachlässigt sie nicht nur ihr Studium und gerät mit Christine über Kreuz – sie hört sogar vorübergehend mit dem Malen auf. Mit anderen Worten: Sie kümmert sich zu diesem Zeitpunkt in keiner Weise mehr um ihr Leben. An der Rhythmusstörung kann es spätestens jetzt keinen Zweifel mehr geben. Es ist aber auch interessant, daß Petra während des zweiten Krankenhausaufenthalts wie besessen zeichnet – eben das tut, was sie auch (allerdings unter rein spielerischem Aspekt) während der Halsentzündung ihrer Kindheit zu tun pflegte. Malen scheint für Petra eine gute Möglichkeit zu sein, im Rhythmus zu bleiben bzw. wieder in ihn hineinzufinden.

Übertragung neuer Erkenntnisse auf den Hauptchart

Die Uncharts sind abgeschlossen, der Hauptchart ist um einige Daten erweitert worden. Er sieht jetzt so aus (s. Seite 116–117):

Auch die Bedeutung der Phasen hat sich ein wenig verschoben. Die Bezeichnungen sind genauer geworden (alles Neue ist im folgenden fettgedruckt):

I	Ausjäten
II	Brüten
III	Entpuppung
IV	früher Krise, jetzt: **Arbeit**
V	Befreiung
VI	früher Abschlüsse, jetzt: **Quittung**
VII	früher Neuanfänge, jetzt: **Ankündigung der nächsten Zyklusaufgabe**

Es ist vielleicht angebracht, hier noch einmal zu verdeutlichen, wie genau die Unterschiede zwischen den einzelnen Phasen herausgearbeitet werden müssen. Abschlüsse, Wechsel etc. etwa gibt es viele – aber sie tragen durchaus nicht immer alle denselben Charakter. Bei Petra zum Beispiel tragen die Ereignisse der Phasen I, V, VI alle in irgendeiner Form Abschluß-Charakter. Aber:
– In I jätet sie aus, was in ihrem Leben nicht mehr wichtig ist. Sie läßt Dinge gehen, die für sie keine große Bedeutung mehr haben. Das Beet der nächsten sieben Jahre wird sozusagen vorbereitet.
– In V kommt es dann zu als dramatisch empfundenen Umschwüngen, die aber eigentlich einen zwingenden *inneren* Abschluß des bisher Erreichten darstellen. Jetzt

PHASE		I			II			III		
Alter		0 7 14 21 28 35 42 49 56 63 70 77 84 91 98			1 8 15 22 29 36 43 50 57 64 71 78 85 92 99			2 9 16 23 30 37 44 51 72 79 86 93 100		
Geburtsdatum (Tag, Monat)		30. 3.	Geburtsdatum + 3 Mon. 6 Mon. 9 Mon.		30. 3.	Geburtsdatum + 3 Mon. 6 Mon. 9 Mon.		30. 3.	Geburtsdatum + 3 Mon. 6 Mon. 9 Mo	
			30.6.	30.9.	30.12.		30.6.	30.9.	30.12.		30.6.	30.9.	30.7

ZYKLUS 1 0 – 7 Jahre 19.58. – 19.65.								Umzug ins eigene Haus
ZYKLUS 2 7 – 14 Jahre 19.65. – 19.72.	Abbruch d. Freundschaft mit Christine	~~ immer viel krank, meist Halsentzündungen ~~		
ZYKLUS 3 14 – 21 Jahre 19.72. – 19.79.	Reiten Ende Peter X X (aber noch aufgehört Freundschaft)	Angefangen zu malen	1. Urlaub ohne Elter mit Christine. 1. x
ZYKLUS 4 21 – 28 Jahre 19.79. – 19.86.	Ende der 1. Beziehung X mit Michael	Ende d. Freundschaft X mit Peter — Wilde Zeit mit Christine	Zwischen- — X prüfungen	Wolfgang X — Anfang	Krani ⊢— ha
ZYKLUS 5 28 – 35 Jahre 19.86. – 19.93.	Christine X — England	X Kirchenaustritt Raus- schmiß aus ~viel krank Museum (Halsentzünd.) X	Esoterik-Trip, + arbeitslos — → Computer	Umschul. — X auf	mit Christine in Paris getroffen u
ZYKLUS 6 35 – 42 Jahre 19.93. – 20.00.	Schwanger X —	Mutter- schutz Geburt — X —X (Ende Job)		Umzug aufs Land m. Hannes	Christine kommt zu Peter na „innere wiea Kündigung" angefan der Ehe frei zu a
ZYKLUS 7 42 – 49 Jahre .... –								
ZYKLUS 8 49 – 56 Jahre .... –								
ZYKLUS 9 56 – 63 Jahre .... –								
ZYKLUS 10 63 – 70 Jahre .... –								
ZYKLUS 11 70 – 77 Jahre .... –								
ZYKLUS 12 77 – 84 Jahre .... –								
ZYKLUS 13 84 – 91 Jahre .... –								
ZYKLUS 14 91 – 98 Jahre .... –								

IV	V	VI	VII
17 24 31 38 45 52 59 66 80 87 94 101	4 11 18 25 32 39 46 53 60 67 74 81 88 95 102	5 12 19 26 33 40 47 54 61 68 75 82 89 96 103	6 13 20 27 34 41 48 55 62 69 76 83 90 97 104

Geburtsdatum + Mon. 6 Mon. 9 Mon.	30. 3.	Geburtsdatum + 3 Mon. 6 Mon. 9 Mon.	30. 3.	Geburtsdatum + 3 Mon. 6 Mon. 9 Mon.	30. 3.	Geburtsdatum + 3 Mon. 6 Mon. 9 Mon.
0.6. 30.9. 30.12.		30.6. 30.9. 30.12.		30.6. 30.9. 30.12.		30.6. 30.9. 30.12.

Kinder-
X
garten

Christine
X
kennen gelernt

Einschulung
X

Gymnasium
X ——▷

Reiten
X ——▷
angefangen

Christine
wieder
getroffen
Hannes durch

1. „richtige"
X Clique gefunden

Peter, 1. Freund
X ——

buchschreiben
——▷
fangen

Beginn
X Beziehung
Michael

Hannes Christine
kennen-
X Affaire gelernt
GANZ NEUE LEUTE! ~~~~

X Abitur   in
Australien
X 1. Ende mit Michael
Hannes

X WG mit Christine ——▷
X Anfang Studium ——▷
X Anfang vom Ende d. Freund-
schaft mit Peter

große Elend ——▷◁—

Unfall X Beginn Abschlußarbeit
X Ende
/ Wolfgang

X 2. mal Bez.
m. Michael

Examen   Michael
X ⊢—— USA   X
X 1. Wohnung 2. Ende
allein

1. Job
(Museum)
——▷

Sascha
X ——
X Hochzeit
Christine

om- X
ro- Ende Sascha
iererin

zum 1. mal
wieder tollen Sex!
(bei Chri-
stine
in England)

bei Christine
X in
England

Computer-
job
gekündigt
X

freie
Fach-
journal

Redakteur
bei Comp.-
Zeitschrift
X

X Hannes
wieder-
getroffen

zusammengezogen
X   mit Hannes

Hochzeit
X ——▷

ng.
g in
e
ung

als Journalistin
—Versuche, neue —
Themen zu erschließen

X Engagement Kinderschutzbund
Scheidung   Erfolg im Beruf
X   X Kind im Kindergarten
bei Christine in England

Petras Hauptchart

trägt das Leben sie wirklich. Nach der geleisteten Arbeit der drei vorangehenden Phasen geht nun alles »wie auf Automatik«.

– In VI schließlich stehen die erfolgreichen Entwicklungsabschlüsse, auf die der Zyklus hinführte, und zwar im *Äußeren*. In dieser Phase kommt es zu einem auch für andere deutlich erkennbaren Erfolg und Ende. Der Begriff, den Petra für Phase VI gewählt hat, ist der der Quittung. Im Kapitel »Zyklenaufgaben« wird sich dies als richtig herausstellen: Tatsächlich wird in VI die Vollendung des vorangehenden Zyklus kommentiert, und es läßt sich hier erkennen, inwieweit seine Aufgabenstellung gemeistert wurde.

Was für Abschlüsse gilt, gilt auch für Anfänge: als Bezeichnung des Phasencharakters ist der Begriff »Anfänge« im allgemeinen und auf längere Sicht zu verschwommen. Bei Petra gibt es Anfänge am Ende von II (die »Anklopfer«), in III, gewissermaßen auch in V (da ein inneres Beenden nicht im Vakuum stattfindet, sondern ja etwas Neues auf den Plan ruft), und in VII. Jeder dieser Anfänge hat einen anderen Charakter, entsprechend der Phase, in der er liegt.

In VII geht es bei Petra (und bei vielen, allerdings nicht allen anderen Menschen) darum, daß ein neuer Lebensschritt, Lebensabschnitt, kurz, ein neuer Zyklus sich ankündigt. Es wird hier das **Grundthema** der nächsten sieben Jahre angerissen. Die Aufgabe wird angekündigt, die durch die folgenden Phasen hindurch zu entwickeln und zu meistern ist.

Die erweiterte Bedeutung der Phasen, wie sie sich aus der Bearbeitung der Untercharts ergibt, sieht also so aus:

Neue Bedeutung der Phasen

I Ausjäten
Überalterte oder nicht mehr angebrachte Dinge verlaufen im Sand. Das ist nicht immer schön, aber gut so.

II Brüten
Gemeint ist »grübeln« einerseits, das »Ausbrüten« einer Sache, deren Charakter noch nicht erkennbar ist, anderer-

seits. Winterschlaf der Seele. Gegen Ende der Phase erste Klopfzeichen an der Eischale.

III Entpuppung
Dinge, die sich gegen Ende II dunkel angekündigt haben, treten ans Licht und werden plötzlich klar erkennbar. Begreifen, »worum es eigentlich geht«. **Erstes Angehen der Zyklusaufgabe. Kritische Phase, denn es besteht die Gefahr, aus dem Rhythmus zu kommen.**

IV Arbeit –
und zwar anstrengende. Oft hat man das Gefühl, ins Leere zu laufen. Man schuftet sich verbissen ab für etwas, dessen Erfolg in weiter Ferne zu liegen scheint, ja oft weiß man noch nicht einmal, in welche Richtung es weiterzugehen hätte, und müht sich dennoch, ins Ungewisse hinein. Oft Gefühl zu stagnieren, nicht vom Fleck zu kommen, Vergeblichkeit. Tatsächlich eine äußerst fruchbare Phase – so man sie nicht zu vermeiden sucht und dabei aus dem Rhythmus kommt.

V Befreiung
Innerer Abschied vom bisherigen. Die Umbrüche dieser Phase sind zwar das zwingende Ergebnis der vorangegangenen Phasen, werden aber oft als etwas Unerwartetes, nicht mit dem Alten Zusammenhängendes empfunden, als etwas, das sich »einfach so ergeben« hat.

Halb unbewußt stolpert man endlich durch die Tür in einen neuen Raum. Der Auftrag des Zyklus, in Phase III angerissen, in Phase IV quälend undeutlich, liegt plötzlich offen und wird fraglos in Angriff genommen.

Nun geht alles wie von allein.

VI Quittung
Vollendung des vorangehenden Zyklus wird kommentiert, es läßt sich erkennen, inwieweit seine Aufgabenstellung gemeistert wurde. In dieser Phase kommt es oft zu einem

ausgesprochenen, auch für andere deutlich erkennbaren Erfolg und Abschluß.
Brachte Phase V eine innere, so bringt Phase VI die äußere Veränderung.

VII Ankündigung des Grundthemas der nächsten sieben Jahre
Die Aufgabe wird angedeutet, die sich durch die folgenden Phasen hindurch entwickelt und zu meistern ist. Ereignisse in VII fühlen sich, vor allem nach dem Wirbel von V und VI, oft völlig unspektakulär an, sind aber wichtige Hinweise darauf, welchen Aufgaben der nächste Zyklus unterstellt ist.

Die Interpretationsspirale

Mit all den Ergebnissen aus dem Studium der Untercharts kann man sich nun wieder dem Hauptchart zuwenden und ihn im Lichte der erweiterten Phasenbegriffe studieren – um dann womöglich eine Entdeckung zu machen, die zu einem der Untercharts zurückführt, um dann die Bedeutung einer Phase noch genauer zu erfassen, um dann ...

Sie sehen: Die Interpretation der Lebensspirale oder genauer der Lebenswendel, die der Chart ja darstellt, verläuft selbst in einer Art Spirale. Der erste Schritt bestand darin, dem allgemeinen Chart eine erste Bedeutung der Phasen zu entnehmen. Dazu mußten Sie sich zurückversetzen, erinnern und weitestgehend die Ereignisse so bewerten, wie Sie sie zum Zeitpukt des Stattfindens bewertet haben. In einem zweiten Schritt fanden dann bereits erste Umwertungen statt.

Dann kamen die Untercharts. Die Phasenbedeutungen wurden überprüft, durchlaufende Rhythmen untersucht, Einzelaspekte des Charts interpretiert. Dann ging es zurück zum Hauptchart. Und damit ist man natürlich noch längst nicht fertig. Fertig ist man mit dem eigenen Chart ohnehin nie, und auch über den Petras könnte noch einiges gesagt werden. Er ist mitnichten » zuende interpretiert«. Aber was geht Sie letztlich Petras Chart an? Er dient ja nur dazu, Ihnen die Vorgehensweise bei Ihrem eigenen näherzubringen. Und das ist hoffentlich geglückt.

5. Kapitel:
Zyklusaufgaben und Wendepunkt in den Zyklen

Mögliche Aufgabenstellungen eines Zyklus

Mit jedem neuen Zyklus wird uns eine bestimmte Aufgabe gestellt, die es in der Folge zu meistern gilt. Die Phasen stellen dabei die einzelnen Schritte dar, über die wir uns diesem Ziel nähern. Deshalb ist es wichtig zu wissen, in welcher Form wir uns innerhalb eines Zyklus entwickeln, wie wir, jedesmal wieder, Phase für Phase den Lernstoff zu meistern suchen, den uns der Zyklus aufgibt. Auch den Charakter der Zyklusaufgabe selbst erkennt man aus den Phasen (weshalb wir ja mit ihrer Besprechung begonnen haben).

Die frühesten Zyklusaufgaben gleichen sich mehr oder minder bei uns allen:

Zyklus 1 (den ich **Kindheit 1** nenne) umschließt die Jahre von der Geburt bis zum 7. Geburtstag und dem Ausfallen der Milchzähne. In seinem Verlauf muß das Kind lernen, seine Körperfunktionen voll zu entwickeln, seinen Körper zu bewohnen, zu begreifen, in ihm zu leben. Auf seelischer Ebene geht es um eine erste Sozialisation, in deren Verlauf das erlangt werden soll, was wir bei uns gesellschaftlich als »Schulreife« festgeschrieben haben: Dementsprechend werden Kinder in Deutschland im allgemeinen in der VII. Phase des ersten Zyklus eingeschult.

Wichtig ist für diesen ersten Zyklus, daß das Kind in seinem Verlauf mehr und mehr die Welt seiner Träume, seiner Imagination, seiner Phantasie zwar bei Bedarf verlassen und von der Realität zu unterscheiden lernt, sie aber dennoch bewahrt und für sich betretbar erhält.

Zyklus 2 (Kindheit 2) reicht vom 7. bis zum 14. Geburtstag und setzt diese Aufgaben fort. Auf körperlicher Ebene bedeutet dieser Zyklus biologisch gesehen aufgrund der Ausbildung der Fortpflanzungsfähigkeit, die normalerweise an seinem Ende erreicht ist, die allmähliche Verwandlung des Kindes in einen Menschen neuer seelischer und körperlicher Reife.

Mit 7 Jahren erreicht ein Kind das »Alter der Vernunft«: Zyklus 2 umfaßt dementsprechend die Schuljahre, in deren Verlauf das Kind die grundlegenden intellektuellen Fähigkeiten seiner Kultur erwerben soll. Es lernt lesen, rechnen, schreiben und mit diesen erworbenen Möglichkeiten etwas anzufangen. Daß dabei wiederum zugleich Intuition, Gefühl, Phantasiewelt, das Ureigene des Kindes bewahrt und in das Erwachsenendasein mit hinübergerettet werden können, ist für den erfolgreichen Abschluß dieses Zyklus ausschlaggebend.

Ein weiterer wichtiger Entwicklungsschritt, der in Zyklus 2 vollzogen werden soll, ist die erste Orientierung hin zu Gleichaltrigen, zu »Peer Groups« und »Besten Freunden und Freundinnen«, also weg von den Eltern.

Zyklus 3 (Zeit der Wahl) umspannt die Zeit vom 14. bis zum 21. Geburtstag. Dieser Zyklus ist in seiner Aufgabenstellung bereits wesentlich »individueller« als die beiden vorangehenden: Wer mit 14 von der Schule geht und zu arbeiten beginnt, hat andere Entwicklungsaufgaben in Angriff genommen als ein Mädchen, das mit 16 ein Kind bekommt, oder eine Abiturientin, die mit 21 erst studiert. Dennoch lassen sich über die Aufgabe auch dieses Zyklus noch einige generelle Annahmen machen:

Hier finden im allgemeinen höhere Schul- oder berufliche Ausbildung statt. Im sinnlich-körperlichen Bereich geht es um die Entwicklung der Sexualität und Sinnlichkeit, um die Beziehungen zum anderen Geschlecht. Außerdem beginnt man sich gewöhnlich in diesem Zyklus sein erstes ungefähres eigenes (und oft genug später revidiertes) Weltbild zusammenzubasteln: Man denkt darüber nach, wie man ungefähr leben (und denken!) möchte, entscheidet sich für eine berufliche Grundrichtung und wählt ein gesellschaftliches

Umfeld, in dem man sich bewegen will. Meist nabelt man sich dabei auch weiter von zu Hause ab, wobei diese Abnabelung natürlich nicht notwendig eine vollständige ist oder sein soll: Man kann sich äußerlich von der Familie entfernen, indem man auszieht, dabei aber weiterhin noch engen Kontakt halten. Man kann zu Hause wohnen bleiben, aber innerlich (und außerhalb des eigentlichen Hauses) seiner eigenen Wege gehen etc.

Ab **Zyklus 4** dann ist die Abfolge endgültig sehr individuell. Die im folgenden genannten Zyklusaufgaben wollen also vor allem eine Orientierungshilfe sein.Tatsächlich scheinen sie aber trotz aller Einschränkungen für Frauen wesentliche Lernschritte (sprich Zyklusaufgaben) darzustellen, die auf jeden Fall irgendwann in Angriff genommen werden müssen, will man nicht aus dem Rhythmus kommen. Ihre Abfolge, das Wann, ist individuell unterschiedlich, ebenso das Wie. Aber das Ob scheint nicht zur Debatte zu stehen.

Natürlich nehme ich im folgenden nur auf Gesellschaften bezug, die der unseren weitgehend ähnlich sind. Zwar haben selbstverständlich auch Frauen in Saudi-Arabien, Borneo oder Mali ganz ähnliche innere Lernschritte zu vollziehen wie Amerikanerinnen oder Deutsche, aber es liegt auf der Hand, daß sie das anhand anderer äußerer Möglichkeiten tun werden. Wo Frauen jungfräulich in die Ehe zu gehen haben, und das eventuell bereits im Alter von 12, gestaltet sich bereits »Zyklus 3: Zeit der Wahl« deutlich anders als bei uns.

Die Zyklusaufgabe anzugehen, die in der folgenden Liste mit »F-Lehren lernen« bezeichnet wird, fällt wiederum den alten Frauen in einer traditionellen Dorfgemeinschaft Asiens oder Afrikas möglicherweise leichter als Frauen in unserer Gesellschaft des Jugendkults, der Vereinzelung und Vereinsamung vieler alter Frauen, in der dazu auch noch weibliche Traditionen sogar von vielen Frauen selbst mißachtet werden.

Im folgenden liste ich also einige der Zyklenaufgaben auf, die auf Frauen in einer Kultur wie der unseren zukommen mögen, wobei die Liste weder Anspruch auf Vollständigkeit erhebt noch auf unumschränkte Gültigkeit. Zyklen und ihre

Abfolgen sind nun einmal individuell, und das Leben ist keine Sache, die sich listenmäßig erfassen und abhaken läßt.

Die Erfahrung hat allerdings gezeigt, daß sich die Zyklenaufgaben tatsächlich sehr häufig so oder so ähnlich wie im folgenden beschrieben darstellen.

A – Aufbau eines eigenen Lebens
Zeit der Experimente, des ersten Austestens eigener Grenzen. Was in Zyklus 3 angerissen wurde, konsolidiert sich: Man geht berufliche Pläne jetzt an, lebt nicht mehr in erster Linie im Bannkreis der Herkunftsfamilie, entscheidet selbst. Oft im Äußeren gekennzeichnet als Studienjahre oder Jahre des beruflichen Aufbaus. Grundlegende Orientierung.
(oft **Zyklus 4**, Alter 21–28, oder **Zyklus 5**, 28–35)

B – Lernen, sich um andere (und zu diesem Zweck auch um sich selbst) zu kümmern
Entwickelt wird die Fähigkeit, sich in andere einzufühlen, auf sie einzugehen, sich für sie zu interessieren und sich die dafür benötigten Energiequellen weitgehend selbst und selbstständig zu erschließen.

Nach einer Zeit des »Ich will, ich brauche, ich tue«, wie sie typisch für Kindheit und Adoleszenz ist, ein Sich-öffnen für die Bedürfnisse anderer, echtes Interesse an dem, was nicht »Ich-Selbst« ist.

Bei Frauen oft (aber natürlich nicht immer) die Jahre der Familiengründung, beginnend mit dem ersten Kind.
(oft **Zyklus 4**, Alter 21–28, oder **Zyklus 5**, 28–35)

C – Lernen, sich um sich selbst zu kümmern, für sich zu sorgen, sich selbst zu genügen
Nach einer Phase des Hinausstrebens in die Außenwelt ein Rückzug auf sich selbst. Lernen, sich seine Bedürfnisse selbst zu erfüllen, sich an der eigenen Gesellschaft zu erfreuen, sich selbst zu nähren. (Möglicherweise ein Zyklus, in dem man sich für Psychologie, Therapieformen, Esoterik, Religion aufgeschlossen zeigt oder auch mit einer künstlerischen Beschäftigung beginnt.)

Häufig eine Zeit der Konsolidierung bzw. des Ausgleichs: War man bisher sehr fixiert auf die Welt der Arbeit, des Berufs, des Erfolgs, kann hier eine Zeit der Rückbesinnung auf das Private, auf Beziehungen etc. liegen. Andersherum können Frauen, die bisher vor allem »für ihre Familie« lebten, sich in diesem Zyklus um einen beruflichen Wiedereinstieg bemühen.

Man wendet sich Lebensbereichen zu, die man vernachlässigt hat und die nun fehlen.

(Oft **Zyklus 6**, Alter 35–42, kann aber auch später oder früher sein)

D – Zeit der Mentorin

Jüngere Frauen (Nachkommen = die, die nach einem kommen werden) ermutigen und anleiten lernen, vor allem auf beruflichem/gesellschaftlichem Gebiet. Engagement in oder für eine weiter gefaßte Gemeinschaft als die der Familie. Eigene Lebensklugheit und Reife führen zum Gefühl von Vollendung und Selbstakzeptanz.

(Oft **Zyklus 7**, Alter 42–49, oder **Zyklus 8**, Alter 49–56)

E – Großer Wechsel

Umorientierung zum letzten Lebensdrittel. Es wird angegangen, was noch zu tun übrigbleibt. Die »männlichen«, das heißt durchsetzungsfähigen Anteile in der Seele wollen noch einmal stärker entwickelt werden, sie helfen dabei, Neues anzugehen, Pläne in die Tat umzusetzen, die man bislang nur im Inneren hegte, noch einmal das »Unmögliche« zu wagen.

(Im allgemeinen **Zyklus 8**, Alter 49-56, oder **Zyklus 9**, Alter 56–63. Also die Zeit der Wechseljahre oder bald danach)

F – Lehren lernen

Seinen Platz in der Tradition der Frau wechseln: die Tradition fortführen, indem Wissen an nahestehende Jüngere weitergegeben wird, oft innerhalb der Familie. Über die Jüngeren wachen. Sich ihrer annehmen.

(vielleicht **Zyklus 9**, 56–63 oder **Zyklus 10**, Alter 63–70)

G – Mit sich und dem eigenen Leben Frieden schließen

Loslassen. Die besondere Heiterkeit entwickeln, die alten Frauen eigen sein kann. Völlige Gelassenheit finden.

(vielleicht **Zyklus 10**, Alter 63–70, vielleicht später, manchmal früher)

Es geht bei den Zyklusaufgaben, so wie ich sie hier aufgelistet habe, offensichtlich vor allem um die innere Entwicklung. Hinweise auf im jeweiligen Zyklus mögliche äußere Ereignisse (wie »Familiengründung«, »beruflicher Aufbau« etc.) sollen also zum einen lediglich dazu dienen, eine plastischere Vorstellung von dem zu entwickeln, worin die Aufgabe des Zyklus genau besteht: Das Studium etwa eignet sich erfahrungsgemäß sehr gut für Experimente mit dem eigenen Lebensstil, für den Aufbau einer eigenen Welt (Zyklusaufgabe A). Andererseits studiert natürlich nicht jede Frau, und selbst wenn, nutzt sie im Einzelfall diese Jahre vielleicht ganz anders, und dieser spezielle Bereich der Zyklusaufgabe A wird dann eben auf später vertagt.

Zum anderen aber scheint es tatsächlich so zu sein, daß sich in unserer Gesellschaft bestimmte äußere Ereignisse besonders dazu anbieten, entsprechende innere (oder besser vielleicht persönliche) Entwicklungsschritte zu vollziehen. Jede neue Lebenssituation fordert von uns den Erwerb der für ihre Bewältigung nötigen Fähigkeiten – und indem sie dies *fordert, fördert* sie uns gleichzeitig in deren Entwicklung. Am Beispiel Zyklusaufgabe B) hieße das: Eine Frau, die in unserer Gesellschaft ein Kind bekommt, muß in der Lage sein, für andere, in diesem Fall für das Kind, da zu sein, sich einzufühlen, sich für ihr Gegenüber zu interessieren und sich darüber hinaus die dafür benötigten Energiequellen weitgehend selbst zu erschließen. Kann sie das zum Zeitpunkt der Geburt schon, weil ein anderes Ereignis sie bereits in diese Richtung geführt hat, ist das natürlich ausgezeichnet. Kann sie es nicht, wird sie es nun (in dem Zyklus, in dem die Geburt liegt) wahrscheinlich lernen, denn ein Kleinkind fordert (und fördert dabei) diese besondere psychische Fähigkeit.

Lernt sie es dennoch nicht, riskiert sie, aus dem Rhythmus zu kommen (und natürlich, das Kind von Anfang an aus seinem Rhythmus zu werfen). Im folgenden wird ihr dann dieselbe Aufgabe wieder und wieder gestellt, Zyklus für Zyklus, und zwar unter immer schmerzlicheren äußeren Bedingungen, unter wachsendem Druck: so lange, bis sie sich ihrer entweder annimmt oder eben tatsächlich, und dann nachhaltigst, aus dem Rhythmus gerät.

Natürlich bedeutet allein die Tatsache, daß eine Zyklenaufgabe zweimal gestellt wird, nicht unbedingt, daß man beim erstenmal einen Lernschritt nicht schon geschafft hätte und aus dem Rhythmus gekommen wäre. Bestimmte Zyklenaufgaben sind so komplex, daß sie sich in zwei Zyklen »zerlegen« lassen können: Zyklusaufgabe A etwa, (»Aufbau eines eigenen Lebens – oft im Äußeren gekennzeichnet als Studienjahre oder Jahre des beruflichen Aufbaus«, oft Zyklus 4, Alter 21–28, oder Zyklus 5, 28–35) kann sich durchaus über 14 Jahre erstrecken.

Meist ist dann allerdings ein klarer Einschnitt erkennbar, der deutlich macht, daß hier nicht etwas verschleppt, sondern tatsächlich eine komplexe Aufgabe in zwei Teilschritte zerlegt worden ist: die ersten 7 Jahre sind also vielleicht dem Studium, die folgenden 7 dem beruflichen Aufbau (also möglicherweise einer weiteren Ausbildung, einer Umschulung, mehrfachen Betriebs- oder Richtungswechseln) gewidmet, bis dann nach 14 Jahren eine Beruhigung eintritt und man sich anderen Dingen zuzuwenden beginnt. Oder man hat in dem einen Zyklus wirklich heftig herumexperimentiert (ist viel gereist, hat versucht, es als Maler zu etwas zu bringen, hat an Straßenecken Schmuck verkauft), und im folgenden Zyklus geht man dann doch noch eine Ausbildung an und schließt sie innerhalb dieses Zyklus' auch ab.

Auch Zyklusaufgabe B (»Lernen, sich um andere zu kümmern, sich für sie zu interessieren und sich die dafür benötigten Energiequellen weitgehend selbst zu erschließen«, oft Zyklus 4, Alter 21–28, oder Zyklus 5, 28–35) kann sich hinziehen. Mütter von fünf Kindern etwa haben bei uns sicher kaum die Möglichkeit, nach 7 Jahren das Thema »Dasein für andere« in den Hintergrund treten zu lassen und sich Aufgaben wie denen von C (ein Zyklus, wo Frauen, die bisher vor allem für ihre Familie lebten, sich oft um einen beruflichen Wiedereinstieg zwecks Selbstfindung bemühen) zu widmen. Das heißt natürlich nicht, daß in Familien mit mehreren Kindern die innere Weiterentwicklung ruht. Es heißt nur, daß sich bestimmte Zyklen verdoppeln können, ohne daß deswegen sofort eine Rhythmusstörung zu befürchten wäre.

Die Verdoppelung muß jedoch auch wieder nicht zwangsläufig stattfinden. Nicht nur äußere Ereignisse bestimmen,
was in einem Zyklus passiert. Eine Mutter von fünf Kindern
nimmt vielleicht nach der Meisterung von Zyklusaufgabe B
zwar nicht C, aber sofort Aufgabe D (Zeit der Mentorin, jüngere Frauen, Nachkommen ermutigen und anleiten lernen,
Engagement in oder für eine weiter gefaßte Gemeinschaft
als die der Familie, oft Zyklus 7, Alter 42–49, oder Zyklus 8,
Alter 49–56) in Angriff und meistert sie im ersten Anlauf.
Sie muß nicht notwendigerweise in B verharren, bis alle volljährig und aus dem Haus sind, ganz im Gegenteil.

Zyklenaufgaben können sich also aufspalten und über
zwei Zyklen erstrecken. Und sie halten sich nicht an eine bestimmte Reihenfolge, auch wenn sich bestimmte biologische
Lebensabschnitte für besondere Aufgaben besonders gut zu
eignen scheinen.

So befindet sich eben nicht jede Frau mit 68 Jahren bei
Aufgabe F oder G. Statt sich aufs Altenteil zu begeben,
braust sie vielleicht zum Entsetzen ihrer Kinder gerade mit
dem Motorrad ihres neues Lovers durch Amerika, weil sie
keine richtige Jugend hatte und nun eben Zyklusaufgabe A
etwas verspätet erledigen muß. »Nicht altersgerechtes« Verhalten muß kein Hinweis darauf sein, daß etwas nicht
stimmt, sondern kann sogar das Gegenteil bedeuten: Etwas
zu lange Aufgeschobenes wird in letzter Minute erledigt.
Oder es kann umgekehrt eine Aufgabe aus einem individuellen seelischen Bedürfnis heraus früher als gewöhnlich in
Angriff genommen werden: So gibt es durchaus Frauen, die
im Alter von 40 Jahren über die gelassene Heiterkeit eines
buddhistischen Mönches verfügen, weil sie Zyklusaufgabe G
eben schon hinter sich gebracht haben.

Wenn man erkennen will, welche Zyklenaufgaben man
bereits erledigt hat und mit welcher man sich zur Zeit beschäftigt, muß man natürlich in den Chart sehen. Unter der
Voraussetzung, daß keine schwerwiegenden Rhythmusbrüche stattgefunden haben, findet man Hinweise auf die
anstehenden Aufgaben immer in denselben Phasen. Am
besten erläutern läßt sich dies am Beispiel Petras:

Beispiel Petra: Die Zyklen

Bei Petra kündigt sich die nächste Zyklusaufgabe immer in Phase VII an, und zwar mit einem deutlichen äußeren Ereignis. In VI des folgenden Zyklus, von ihr ja »Quittung« betitelt, bekommt sie dann einen ebenso deutlichen Hinweis darauf, ob sie die Zyklenaufgabe erledigt hat:

In VII, 1 wird sie eingeschult, als nächstes folgt also ganz regulär die Aufgabe, die oben mit »Kindheit 2« umrissen wurde: Sie soll erste Freunde finden, grundlegende intellektuelle Fähigkeiten (lesen, rechnen, schreiben) erwerben und mit diesen erworbenen Möglichkeiten etwas anzufangen lernen, sich aber zugleich ihre Phantasiewelt bewahren.

In der Phase VI des folgenden Zyklus zeigt sich, daß ihr das gelungen ist: In das erst ersehnte und gegen den Willen des Vaters hart erkämpfte, dann aber gefürchtete Gymnasium hat sie sich inzwischen eingelebt, sie ist gut in der Schule, und sie hat ihre erste »richtige« Clique aus Freunden und Freundinnen gewonnen. Sie fühlt sich wohl.

In VII, 2 hat sie zum ersten Mal einen »festen Freund«, Peter. Mancher mag sie mit 13 zwar noch für etwas zu jung für dergleichen halten, aber vom Rhythmus her paßt alles zusammen: Angekündigt werden hier Aufgaben von Zyklus 3, zu denen die Entwicklung eines ersten Verhältnisses zur eigenen Sinnlichkeit, zum neuen Körper einer jungen Frau und natürlich zum anderen Geschlecht gehört. Folgerichtig fährt sie in VI, 3 mit Freund Michael nach Australien: Sie hat gemäß der Zyklusaufgabe 3 begonnen, ihre eigenen Lebensvorstellungen zu entwickeln und sich ein Stück weit von zu Hause abzunabeln. In VI beendet sie auch die Schule erfolgreich.

In VII, 3 beginnt sie zu studieren und zieht mit Freundin Christine zusammen. Angedeutet wird für 4 Zyklusaufgabe A, »Aufbau eines eigenen Lebens, oft Studienjahre oder Jahre des beruflichen Aufbaus. Zeit der Experimente. Man lebt nicht mehr in erster Linie im Bannkreis der Herkunftsfamilie, lernt, allein zu entscheiden«.

In VI, 4 beendet sie ihr Studium mit Erfolg und zieht in ihre erste eigene Wohnung.

In VII, 4 beginnt sie ihren ersten richtigen Job überhaupt (im Museum). Im Übergang von V, 5 zu VI, 5 beginnt sie, als Journalistin zu arbeiten: also in dem Beruf, bei dem sie bleiben wird. Offensichtlich hat Petra also die Zyklusaufgabe A in zwei Zyklen aufgespalten: Sie hat, wie wir noch sehen werden, »Studium und Experimente« in Zyklus 4, »Berufsaufbau und Lernen, allein zu entscheiden«, in Zyklus 5 gelegt. In diesem Zusammenhang ist es dann ja zu der Rhythmusstörung in III/IV, 5 gekommen, die allerdings wieder aufgefangen werden konnte.

In VII, 5 heiratet sie Hannes. Es wird also in 6 um Beziehungen gehen, um Familiengründung, mithin um Zyklenaufgabe B: »Die Fähigkeit, sich in andere einzufühlen, für sie zu sorgen, sich für sie zu interessieren und sich die dafür benötigten Energiequellen weitgehend selbst und selbstständig zu erschließen.« VI, 6 steht erst noch bevor.

Allein ein Vergleich der jeweiligen Phase VII mit der Phase VI des darauffolgenden Zyklus zeigt Petra also schon, woran sie jeweils ist. Phase VI und VII waren auch diejenigen, denen sie sich bei der ersten Interpretation ihres Charts, der Charakterbestimmung der Phasen, zuerst zuwandte. So ist es meist: Die Phase, die bei Ihnen den ersten erstaunten »Aha«-Effekt ausgelöst hat, ist wahrscheinlich auch die, der Sie einen Hinweis auf die jeweils anstehenden Zyklusaufgaben entnehmen können.

Wenn man Petras Chart nun noch einmal durchgeht, wird deutlich, wie sie sich im einzelnen, Phase für Phase, den jeweiligen Zyklusaufgaben stellt. Besonders dem Ende der Phase II, der Phase III und der Phase VI kommt hierbei Bedeutung zu.

Ich beschränke mich wieder auf die Zyklen 3–6:

In VII, 2 kündigt der »feste Freund« die neuen Aufgaben des kommenden Zyklus 3 an: Zeit der Wahl.

Im sinnlich-körperlichen Bereich geht es um die Entwicklung der Sexualität und Sinnlichkeit, um die Beziehung zum anderen Geschlecht.

Außerdem beginnt man sich sein erstes eigenes Weltbild zusammenzubasteln: Man denkt darüber nach, wie man ungefähr leben (und denken) möchte, entscheidet sich für eine berufliche Grundrichtung und wählt ein gesellschaftliches Umfeld, in dem man sich bewegen will.

Meist nabelt man sich dabei auch weiter von zu Hause ab.

Zyklus 3 (14 - 21):

In I, »Ausjäten«, hört sie auf zu reiten und verwandelt die Beziehung mit Peter in eine Freundschaft. Phase I läßt bei Petra nur geringe Rückschlüsse auf die Zyklusaufgabe zu.

In II »Brüten«, geht sie viel aus, ist phasentypisch unzufrieden mit allem – und am Ende der Phase beginnt sie ernstlich zu malen. Am Ende von II bekommt sie also den Anstoß, die Zyklusaufgabe in III anzugehen (»Man denkt darüber nach, wie man ungefähr leben möchte, entscheidet sich für eine berufliche Grundrichtung«): Später wird sie Kunstgeschichte studieren, sie wird in einem Museum arbeiten und noch später als Journalistin über Kunst schreiben. Die Malerei ist also mehr als Hobby, sie ist ein direkter Beginn bei der Entwicklung einer eigenen Welt.

In III »Entpuppung« liegt der erste Urlaub ohne Eltern, aber mit Christine, und der erste Sex: »Im sinnlich-körperlichen Bereich geht es um die Entwicklung der Sexualität und Sinnlichkeit, um die Beziehungen zum anderen Geschlecht. Meist nabelt man sich dabei auch weiter von zu Hause ab.« In III wird also die Zyklenaufgabe das erstemal innerhalb des Zyklus selbst deutlich angegangen.

IV »Arbeit«. Phase IV ist in vielem Phase II ähnlich, der Unterschied ist vor allem, daß IV soviel anstrengender ist. Wo sich in II etwas unbewußt anbahnt, während Petra sich langweilt, gibt es in IV mehr zu tun, als sie schafft, und zugleich weiß sie nicht, wofür sie sich eigentlich so anstrengt. In diesem Zyklus beginnt sie wie besessen Tagebuch zu schreiben. Im Hinblick auf ihren späteren Beruf ist dies eine der sinnvollsten Arbeiten für Zyklus 3, in dem es um eine erste Entwicklung eigener Lebensvorstellungen geht.

V »Befreiung«. Zum einen beginnt an der Grenze IV/V die Beziehung mit Michael und dessen intellektuellen Freunden, zum anderen trifft sie Hannes, mit dem sie eine wilde Affäre hat und sich die Nächte um die Ohren schlägt. Sie bricht aus der Enge ihres bisherigen Lebens aus, und zwar der Zyklusaufgabe gemäß mit Männern. Besonders interessant ist, daß es gleich zwei Männer sind. Petra dazu salopp:»Entwicklung der Sinnlichkeit war mit Hannes. Entwicklung von allem im Hirn mit Michael.«

»Entwicklung der Sexualität und Sinnlichkeit, der Beziehungen zum anderen Geschlecht« – das ist Hannes.»Man beginnt sich sein erstes eigenes Weltbild zusammenzubasteln: Man denkt darüber nach, wie man ungefähr leben und denken möchte« – das ist Michael.»Man wählt ein gesellschaftliches Umfeld, in dem man sich bewegen will« – das gilt für die Freundeskreise beider Männer, sie kann (und muß) sich noch nicht entscheiden.

In VI »Quittung« beendet sie die Schule erfolgreich, fährt mit Michael nach Australien und nabelt sich von zu Hause ab.

In VII, 3 beginnt sie zu studieren und zieht mit Freundin Christine zusammen. Angedeutet wird für 4 Zyklusaufgabe A: Aufbau eines eigenen Lebens. Zeit der Experimente, des ersten Austestens eigener Grenzen. Was in Zyklus 3 angerissen wurde, konsolidiert sich: Man geht berufliche Pläne jetzt an, lebt nicht mehr in erster Linie im Bannkreis der Herkunftsfamilie, entscheidet selbst. Oft im Äußeren gekennzeichnet als Studienjahre oder Jahre des beruflichen Aufbaus.

Zyklus 4 (21–28):
I Ende der Beziehung mit Michael. Entzweiung und folgender Abbruch aller Beziehungen zu Peter. Offensichtlich kommt im partnerschaftlichen und zwischenmenschlichen Bereich in diesem Zyklus etwas Neues.

II Wilde Kneipenzeit mit Christine, mit der sie ohnehin den ganzen Zyklus hindurch engstens verbunden bleibt. Die einigermaßen ausschweifende Zeit paßt zum Zyklusthema »Experimente«. Petra beschreibt diesen Abschnitt, also Phase II, phasentypisch als lustig, aber auch »irgendwie unbefriedigend, nicht genug«. Am Ende steht der große Anlauf zum »ernstlichen« Studieren, mit Beginn der Zwischenprüfung: Am Ende von II bekommt sie also wieder den Anstoß, die Zyklusaufgabe in III anzugehen (versickerte dann aber wieder).

III Und genau dies tut sie nicht. In III, wo doch die Zyklenaufgabe erstmals innerhalb des Zyklus selbst deutlich angegangen werden soll, beginnt sie zu schlingern. Natürlich könnte der Beginn der unglücklichen Beziehung mit Wolfgang noch unter »Experimente« oder »Austesten eigener Grenzen« fallen, aber dann kommen ja die Unterleibsentzündung und der Krankenhausaufenthalt. Alles deutet darauf hin, daß sie berufliche Pläne angehen müßte: der Hinweis in VII, 3, das Ende von II, 4 – aber sie verweigert sich.

IV Petra ist aus dem Rhythmus geraten. Die Beziehung mit Wolfgang schleppt sich weiter, im Übergang zu V hat sie einen Autounfall mit mehreren Brüchen und folgendem erneuten Krankenhausaufenthalt. In IV gibt es keinen Hinweis darauf, daß sie die Zyklenaufgabe angeht.

V Hier fängt sie sich allerdings wieder. Nach der diesmaligen Entlassung aus dem Krankenhaus beendet sie die Beziehung zu Wolfgang und stürzt sich in ihr Studium, das ihr zum ersten Mal sogar richtigen Spaß macht. Vorübergehend kehrt sie zu Michael zurück.

In IV, 4 beendet sie ihr Studium mit Erfolg und zieht in ihre erste eigene Wohnung. Sie hat die Kurve gerade noch gekriegt.

Wohl auch wegen der Rhythmusstörung in diesem Zyklus bleibt es in Zyklus 5 weiterhin bei Zyklusaufgabe A, wobei sie jetzt vom Experimentieren (das sie in 4 weidlich geübt hat) Abstand nimmt und sich der beruflichen Konsolidierung zuwendet:

In VII, 4 beginnt sie ihren ersten richtigen Job überhaupt (im Museum), es geht also weiterhin um beruflichen Aufbau. Außerdem fängt die Beziehung mit Sascha an, eine Beziehung, während derer Petra »laufend Halsentzündungen hatte, eine nach der anderen«.

Es ist oft der Fall, daß der Zyklus, der auf eine Rhythmusstörung folgt, besonders schwierig wird. Es ist, als würde sich die Störung noch eine Weile unterschwellig fortsetzen, selbst wenn das Gröbste gerade noch aufgefangen worden ist. So ist es auch diesmal. Die Beziehung mit Sascha ist nicht glücklich, und der berufliche Aufbau langwierig.

Und Freundin Christine, mit der sie eine Art »zweite Familie« gegründet hatte, heiratet. Petra ist gezwungen, von nun an ganz allein zu entscheiden.

Zyklus 5 (28–35)

I. Christine zieht nach England. Petra tritt aus der Kirche aus, Petras erstes festes Arbeitsverhältnis (Öffentlichkeitsarbeit im Museum) endet mit Rauswurf. Tatsächlich ist die Phase I normalerweise durch den »natürlichen Tod« von Dingen gekennzeichnet, durch ein schmerzloses Loslassen. Nur in diesem Zyklus, dem nach der Rhythmusstörung, wird Petra von außen zum Loslassen gezwungen, und das gleich in zwei wichtigen Bereichen.

II. Petra ist arbeitslos. Sie wendet sich der Esoterik zu und macht allerlei Workshops. Für die Phase des »Brütens« ist dies keine unangemessene Beschäftigung, obwohl phasengemäß anzunehmen ist, daß es Petra letztlich nicht befriedigen wird. In Bezug auf die Zyklusaufgabe mag es ebenfalls angehen: Ein bißchen geistiges Experimentieren kann nach den sinnlichen Experimenten von 4 vielleicht nicht schaden. Am Ende der Phase steht dann der Beginn der Umschulung zur Computerprogrammiererin – der Anstoß, die Zyklusaufgabe in III anzugehen.

III. Was sie auch tut. Die Computerumschulung findet in III statt und wird erfolgreich abgeschlossen.

IV. Hier zeigt sich ein weiteres Mal, daß die Phase, in der eine Rhythmusstörung lag, bei ihrer Wiederkehr besonders schwierig ist. Und das gilt natürlich besonders für Phase IV, die bei Petra ja ohnehin schon nicht gerade angenehm ist. Der ersehnte Job als Computerprogrammiererin nämlich, den sie in dieser Phase bekommt, ist langweilig, anstrengend und frustrierend, das Betriebsklima schlecht und der Arbeitsplatz selbst fensterlos, worunter sie besonders leidet, aber sie wagt nicht zu kündigen. Sie beendet ihre Beziehung mit Sascha im Überdruß und fällt in ein Loch aus Einsamkeit, weil sie abends zu müde ist, um noch den Swinging Single zu spielen.

134

V. Nach einem längeren klärenden Aufenthalt in England bei Christine faßt sie Mut und kündigt ihren Job doch. Sie tut das eigenständig, ohne Netz und doppelten Boden. Im Übergang von V zu VI beschließt sie, sich als Fachjournalistin zu versuchen – in dem Beruf, bei dem sie bleiben wird. Nebenbei jobbt sie in einer Eisdiele, wenn das Geld nicht reicht. Sie hat also den Zyklus erfolgreich abgeschlossen. Außerdem trifft sie in VI Hannes wieder und zieht mit ihm zusammen.

In VII heiratet sie Hannes. Es wird also **in 6 wohl um Beziehungen gehen, um Familiengründung, mithin um Zyklenaufgabe B**: Lernen, sich um andere (und zu diesem Zweck auch um sich selbst) zu kümmern.

Entwickelt wird die Fähigkeit, sich in andere einzufühlen, auf sie einzugehen, sich für sie zu interessieren und sich die dafür benötigten Energiequellen weitgehend selbst und selbstständig zu erschließen.

Nach einer Zeit des »Ich will, ich brauche, ich tue«, wie sie typisch für Kindheit und Adoleszenz ist, ein Sich-öffnen für die Bedürfnisse anderer, echtes Interesse an dem, was nicht »Ich-Selbst« ist.

Bei Frauen oft (aber natürlich nicht immer) die Jahre der Familiengründung, beginnend mit dem ersten Kind.

Zyklus 6:

I. Petra wird schwanger. Ihr zweites festes Arbeitsverhältnis als Redakteurin endet, als die Geburt ihrer Tochter ansteht. Die Tochter wird geboren. Nun kann Petra wieder schmerzlos loslassen, wie es sich für sie in I gehört. Darüber hinaus finden wir erstmalig in Phase I einen Hinweis auf die Zyklusaufgabe: Die Geburt ihrer Tochter.

Gerade wegen der Schwangerschaft beginnt sie in dieser Zeit, im Bereich ihrer eigenen tiefen Gefühle für Ordnung zu sorgen. Sie sondiert ihre direkte Umwelt und ihre Gefühle für sie nach Brauchbarem und Unbrauchbarem, Wichtigem und Unwichtigem, Unterstützendem und Schwächendem, sie jätet (phasentypisch) aus, und zwar im Sinne der Zyklusaufgabe: Sie klopft ihre Umgebung und sich selbst nach Energiequellen ab.

II. Das erste Lebensjahr der Tochter. »Sehr schön, aber

auch anstrengend und manchmal erstaunlich langweilig«, entsprechend der Phase II. Und: »Ewig Streit mit Hannes, natürlich« – der ist aber in II, für sich genommen, noch nicht überzubewerten. In II lebt es sich nicht leicht mit Petra.

Am Ende von II der Umzug in das »Haus auf dem Lande«. Am Ende von II bekommt sie den Anstoß, die Zyklusaufgabe in III anzugehen. Und sie zieht um »dem Kinde zuliebe«. Offensichtlich wird sie die Zyklusaufgabe, sich um andere zu kümmern, mühelos angehen.

Tatsächlich verbessert sich in III ihr Leben – allerdings nicht die Beziehung mit Hannes. Petra spricht von »einer Zeit des Nachdenkens, des bewußten Planens der Zukunft, ein Auftauchen, innerlich, aus der Zeit des für mich oft langweiligen Nur-Mutter-Seins, vor allem aber aus der Zeit der Kämpfe mit Hannes« – die Zyklusaufgabe, sich selbst Energiequellen zu erschließen, um für andere dasein zu können, wird angegangen. Petra tut Dinge für sich: Sie liest wieder, sie beginnt wieder ein wenig, frei zu schreiben, was sehr sinnvoll ist: Eine Mutter, die sich langweilt, ist schließlich keine geduldige Mutter, die über eigene Energiequellen verfügt.

Und sie tut Dinge mit und für ihre Tochter: Sie geht viel mit ihr spazieren, sie geht mit ihr zum Schwimmen, sie legt einen Garten an, damit die Kleine direkt erleben kann, daß Gemüse nicht in Tiefkühltruhen heranwächst.

Sie tut also Dinge, die nichts mit Hannes oder irgendeinem anderen Mann zu tun haben, Dinge, für die sie niemanden braucht, die ihr Freude bereiten und sie mit Energie versorgen und die sie teilweise (wie die Gartenarbeit, die sie beginnt, oder die langen Spaziergänge) noch nie zuvor gemacht hat. Und sie tut all dies in Bezugnahme auf das Kind und ihre Rolle als Mutter. Entsprechend spielt sich ihre Beziehung mit dem Kind gut ein. Hannes spricht sie, nach einem letzten Riesenkrach, endgültig die »innere Kündigung« aus und empfindet es als befreiend, daß sie nun nicht mehr wie früher unter seinen Launen leidet. Sie erwägt die Trennung.

IV. Petra trennt sich von Hannes. Eine neue Wohnung wird gesucht und bezogen, das Scheitern der Ehe ist zu verarbeiten. Sie versucht, sich beruflich neue Themengebiete zu erschließen, um eigenes Geld zu verdienen. Trotz allem fühlt sie sich gut. Die Arbeit, die sie phasengerecht leistet, entspricht auch der Zyklusaufgabe: Während eines Lernprozesses, bei dem es darum geht, sich eigene Energiequellen zu erschließen, um sich dann mit dieser Energie um andere zu kümmern, kann es nur zu leicht geschehen, daß man aus dem Rhythmus gerät, weil man Opfer der Ausbeutung durch andere wird. Die Trennung verhindert dies.

V. Die Scheidung von Hannes kommt durch. Petra ist weitgehend etabliert als freie Journalistin. Ihre Tochter geht in den Kindergarten. Petra malt wieder, einmal in der Woche sogar im Rahmen des Kinderschutzbundes mit Kindern: etwas, das sie schon immer machen wollte. Und sie verbringt einen Urlaub bei Christine. »Befreiung« im Sinne der Zyklusaufgabe ist gelungen: Petra verfügt ganz offensichtlich über Energiequellen in sich, die sie für ihr Kind nutzbar macht. Die Beziehung mit ihrer kleinen Tochter ist dementsprechend denkbar problemlos und schön.

VI, 6 steht zwar erst noch bevor. Es ist aber anzunehmen, daß sie im folgenden Jahr eine positive »Quittung« erhält. Was das sein könnte, läßt sich nur mutmaßen. Denkbar wäre eine berufliche Weiterentwicklung, die
- darauf zurückzuführen wäre, daß sie sich neue Energiequellen erschlossen hat, und die
- dazu führen würde, daß sie mehr Zeit für ihr Kind aufbringen kann, als es ihr bei ihrem jetzigen beruflichen Engagement möglich ist.

Jede Phase hat also nicht nur eine Bedeutung an sich, einen eigenen Charakter, sondern erfüllt auch im Hinblick auf die Bewältigung der Zyklusaufgabe eine bestimmte Funktion.

Unter diesem Aspekt betrachtet sehen die Phasenbedeutungen für Petra aus wie folgt:

In VII kündigt sich die Aufgabe des nächsten Zyklus an.

I und II sind Phasen der Vorbereitung: Was auszujäten ist, wird ausgejätet, dann herrscht eine Art Winterschlaf. Alles, was geschieht, geschieht unterirdisch. Kommende Entwicklungen bahnen sich im Verborgenen an – bis am Ende der Phase II ein erster Keim hervorbricht, der »Anklopfer«: der Anstoß, die Zykusaufgabe nun wirklich anzugehen.

In III wird die Zyklusaufgabe angegangen, das erste Mal innerhalb des Zyklus – Petra entwickelt eine erste Ahnung davon, in welche Richtung ihr Weg sie zu führen hat.

In IV führt dieser Weg hinab in ein Tal: Das Erklimmen der nächsten Anhöhe ist mühsam, und das Ziel, in III zum erstenmal erahnt, kann vorübergehend aus den Augen geraten.

In V dann ist der Aufstieg geschafft, und von nun an geht alles wie von selbst: Was zu tun ist, wird getan, das Leben trägt, und Petra kann fast nicht anders, als alles richtig zu machen.

VI zeigt, ob das angestrebte Ziel dieses Zyklus erreicht worden ist.

Die jeweilige Zyklusaufgabe setzt uns und unseren Bestrebungen Prioritäten, oder genauer: Sie zeigt, welche Prioritäten wir selbst uns gerade gesetzt haben. Sie ist so etwas wie ein Hauptstudienfach, eine Art Lebens-Leistungskurs: Sieben Jahre lang zählen die Punkte, die man sich im jeweiligen Hauptfach erwirbt, gegenüber allen anderen Fächern, die man nebenher noch studiert, mindestens doppelt.

Das heißt allerdings nicht, daß man sich nun um alle anderen Fächer überhaupt nicht mehr zu kümmern brauchte. Während man an seiner Zyklus-Hauptaufgabe arbeitet, läßt sich so manches früher Gelernte quasi nebenher weiter vertiefen, manch zukünftige Aufgabe vorbereiten. Das versteht sich eigentlich von selbst. Jemand, der beispielsweise Betriebswirtschaft zu studieren beginnt, wird deswegen ja nicht mit dem Klavierspielen oder dem Rennradfahren aufhören. Er wird nur seine Prioritäten neu setzen. Ebenso wird eine Frau mit Kindern, die Zyklusaufgabe B erfolgreich bewältigt und sich nun einem von beruflichen Aspekten geprägten Zyklus zu widmen hat, dennoch weiterhin auf ihre Kinder eingehen und sich – vielleicht mehr denn je! – ihre eigenen Kraftquellen erschließen müssen.

Neben den jeweiligen Zyklusaufgaben wird man also immer auch noch an anderen, untergeordneten Teilbereichen weiterarbeiten – Teilbereichen, die sich manchmal ganz schön in den Vordergrund drängen und den Blick auf die eigentliche Zyklusaufgabe verstellen können.

Das Prinzip ist dasselbe wie bei der Beurteilung von Phasen: Die Tatsache, daß etwa Phase V insgesamt mit »Befreiung« überschrieben ist, garantiert nicht für jeden einzelnen Moment der Phase reibungslose und befreiende Abläufe. Auch in V sind Zahnschmerzen möglich, oder die Katze kann überfahren werden. »Befreiung« bezieht sich auf den Gesamtcharakter der Phase: auf die Phase als Ganzes genommen, als Schritt innerhalb des gesamten Zyklus betrachtet. Ebenso bezeichnet die Zyklusaufgabe das bei weitem vorrangige, nicht jedoch das exklusive Lernziel eines Zyklus.

Zyklen, Phasen, Rhythmen sind nicht von mechanisch-künstlicher Einheitlichkeit. Die Zyklenaufgaben zeigen besonders deutlich, wie stark sich unsere psycho-physische Gesamtentwicklung am Siebener-Rhythmus orientiert – aber darüber hinaus ziehen sich dennoch noch weitere Rhythmen durch jeden Chart. Die meisten von ihnen sind individuell geprägt und deshalb nur von Einzelfall zu Einzelfall zu besprechen (wie die Fünfer-Rhythmen, die sich durch Petras Beziehungs-Unterchart ziehen). Es scheint aber doch noch mindestens einen weiteren Rhythmus zu geben, der neben dem Siebener-Rhythmus mitläuft, allgemeingültig und wesentlich ist und deshalb im folgenden erläutert werden soll.

Die Mondknotenjahre

Astrologisch definiert sind die Mondknotenjahre jene Zeiten, in denen für den Menschen die Mondknoten wieder am selben Himmelsort stehen wie zum Zeitpunkt seiner Geburt – und mit ihnen alle Orte der Sonnenbahn innerhalb des Tierkreises, da die Mondknoten den stetigen Wandel im Zusammenwirken von Mond, Erde und Sonne dokumentieren. Dies ist alle 18,6 Jahre der Fall. Die Babylonier nannten die Zeit, die zwischen der 18,6-jährigen genauen Wieder-kehr von Mond- und Sonnenfinsternissen verstrich, »Sarosperiode«. Die Griechen bezeichneten diese selbe Periode als »Großes Jahr«. Ich kann mir persönlich durchaus vorstellen, daß ein solches Großes Jahr den Menschen ebenso beeinflußt, wie das der Kreislauf unseres kleinen, irdischen Jahres tut – schließlich läßt es sich nicht von der Hand weisen, daß das Rhythmengefüge der Welt das des Menschen in seiner Gänze umschließt.

Aber an sich ist es unerheblich, ob man nun glaubt, daß die Planeten das eigene Schicksal beeinflussen, oder nicht: Die Mondknotenjahre stellen ja für unsere Zwecke lediglich einen Rhythmus von 18,6 Jahren dar, der mit dem Siebenerrhythmus mitläuft, so wie das andere Rhythmen gelegentlich auch tun. Warum der Mondknoten-Rhythmus das tut, kann uns ziemlich egal sein. Entscheidend ist schließlich allein, daß er es tut – und daß wir diese Tatsache erkennen. Tatsächlich ist es verblüffend, wie häufig Menschen um das Alter von 18,6 bzw. 37,2 oder 55,8 Jahren herum gravierende innere oder äußere Umschwünge erleben. Definiert sind diese Umschwünge meist als Hinwendung zur Frage nach dem »Sinn«, nach dem »Warum« und »Wie«, und also, wenn man so will, als Hinwendung zum Geistigen. Dies gilt, wie wir sehen werden, vor allem für die zweite Wiederkehr des Mondknotenjahres.

Die erste Wiederkehr des 18,6-Jahre-Rhythmus hat bei uns ja durchaus gesellschaftlichen Niederschlag gefunden, nämlich mit der Herabsetzung der Volljährigkeit von 21 (Zyklus 3, VII / 4, I) auf 18 Jahre (Zyklus 3, Phase V). Es ist aber nicht dieses erste, sondern das zweite Datum, das für die persönliche Entwicklung besonders einschneidend zu sein scheint: also das Alter um 37,2 Jahre (Zyklus 6, Phase III).

Dieses, das 38. Lebensjahr, ist eine Zeit, in der häufig eine erste Lebensbilanz gezogen, das bisher Geleistete überblickt und gewertet wird. Man empfindet den Drang, die noch verbliebenen »biografischen Hürden« (Norbert Schneider) schnellstens zu nehmen, und entsprechend groß ist die innere Unruhe. Auch äußere Krisen können das Leben in dieser Phase destabilisieren und durcheinanderrütteln – fast, als ob sie ebenfalls den Menschen vorantreiben, zur Veränderung zwingen wollten. Wer diesen inneren Marschbefehl ignoriert, mag sich wenig später in jener berühmten Sinnkrise um die Vierzig wiederfinden, die bei uns unter dem Namen Midlife Crisis bekannt ist. Die dritte Wiederkehr des 18,6-Jahre-Rhythmus liegt bei 55,8 Jahren, also im 56. Jahr, und trifft sich hier somit mit dem Siebener-Rhythmus. Da in der Phase VII im allgemeinen die Aufgabe des kommenden Zyklus beschrieben wird, kann man sich hier ebenfalls auf eine Lebenswende einstellen. Die vierte Wiederkehr liegt bei 74,4 Jahren, dies entspricht in etwa der Lebenserwartung in der heutigen westlichen Welt.

Bevor Sie nun Ihre Befindlichkeit zur Zeit der Mondknotenjahre zu erforschen beginnen, vergegenwärtigen Sie sich bitte noch einmal, daß rhythmische Einflüsse im allgemeinen nicht wie ein taktgenauer Hammerschlag auf uns niedergehen. Ein so weitgespannter Rhythmus wie der von 18,6 Jahren kann seinen Einfluß schon ein paar Monate vor dem Stichtag und bis zu einem Jahr über ihn hinaus geltend machen. Betrachten Sie also nicht nur den Tag, an dem Sie 18 Jahre, 7 Monate und 6 Tage alt wurden, sondern ruhig Ihr gesamtes 19. bzw. 38. Lebensjahr, und beziehen Sie auch die Wochen direkt vor und nach den jeweiligen Geburtstagen mit ein, die diesen Lebensjahren als Rahmen dienen.

Begeben wir uns noch einmal in Petras Chart auf die Suche nach Ereignissen in den Mondknotenjahren. Wie natürlich jeder Mensch wird sie 18,6 Jahre in 3, V und 37,2 Jahre in 6, III.

Mit 18,6, in 3, V »Befreiung«, beginnen die beiden wichtigsten Beziehungen ihres Lebens, nämlich die mit Michael und die mit Hannes – der nicht nur ihr späterer Ehemann wird, sondern auch ihren Liebesbegriff entscheidend prägen wird. Beide Beziehungen wird sie noch ein zweites Mal in ihrem Leben aufnehmen. Das ist nicht verwunderlich. Michael und Hannes verkörpern ja tatsächlich so etwas wie die beiden Seiten von Petras Wesen: Michael ist der Ruhige, gemäßigt Intellektuelle, der Mann für Gespräche und Theaterbesuche, mit dem man sich durchaus selbst auf weite Fahrt nach Australien begeben mag. Hannes ist der Hitzkopf, der phantastische Liebhaber, temperamentvoll, egoman, unberechenbar und unbeherrscht. Petra spielt in dieser Zeit mit zwei Möglichkeiten zu leben, und sie probiert diese Entwürfe anhand zweier Männer aus.

Es scheint bezeichnend, daß sie diese Doppelbeziehung ausgerechnet in einem Mondknotenjahr beginnt, und zwar im ersten Mondknotenjahr, das in dem Zyklus liegt, wo die eigenen Sehnsüchte deutlich werden, wo der Wunsch nach eigenen Lebensentwürfen sich zum ersten Mal manifestiert. »Entwicklung der Sexualität und Sinnlichkeit, der Beziehungen zum anderen Geschlecht« – das ist Hannes.

»Man beginnt sich sein erstes eigenes Weltbild zusammenzubasteln: Man denkt darüber nach, wie man ungefähr leben und denken möchte« – das ist Michael. Gerade im Mondknotenjahr bricht Petra aus der Enge ihres bisherigen Lebens aus, wählt ein gesellschaftliches Umfeld, in dem sie sich bewegen will – und zwar die so unterschiedlichen Freundeskreise gleich beider Männer. Und sie befindet sich im letzten Schuljahr, im letzten Jahr, das sie zu Hause bei den Eltern verlebt. Man sieht, wie der Charakter des Zyklus, in den das Mondknotenjahr fällt, dieses sozusagen einfärbt – aber auch, wie sich die Zyklusproblematik im Mondknotenjahr zuspitzt. Petras Entwicklung in dieser Phase ist ja ziemlich typisch. Wohl alle 18- bis 19jährigen machen mehr oder minder vergleichbare Entwicklungsschritte, wenn auch mit variierender Dramatik und individuell verschiedenen Ergebnissen. Beinahe immer befindet man sich in diesem Alter in Zyklus 3 »Die Zeit der Wahl«, und das Mondknotenjahr treibt die »Wahl«, also die Zyklusaufgabe, offensichtlich voran. Dies scheint davon unabhängig zu sein, welchen Charakter im individuellen Chart die Phase V tatsächlich hat.

Mit 37,2, wenn das eigene Große Jahr sich ein weiteres Mal vollendet, befindet man sich im Zyklus 6. Im Gegensatz zu Zyklus 3 beschäftigt sich zu diesem Zeitpunkt bereits jeder mit seiner ganz eigenen Zyklenaufgabe.

In vielen Charts ist dieser Zyklus von ausschlaggebender Bedeutung: Die Aufgabe, der man sich nun zu stellen hat, gibt nämlich oft einen Hinweis auf die tiefinnere, die Grundproblematik eines Menschen. Vielleicht wird auch deswegen das zweite Mondknotenjahr (das ausgerechnet in der Mitte ausgerechnet dieses Zyklus liegt) als das bedeutungsvollste der Mondknotenjahre angesehen.

Für Petra geht es in 6 um Zyklenaufgabe B: Lernen, sich um andere (und zu diesem Zweck auch um sich selbst) zu küm-

mern. Entwickelt wird die Fähigkeit, sich in andere einzufühlen, auf sie einzugehen, sich für sie zu interessieren und
sich die dafür benötigten Energiequellen weitgehend selbst
und selbständig zu erschließen. Nach einer Zeit des »Ich
will, ich brauche, ich tue«, wie sie typisch für Kindheit und
Adoleszenz ist, ein Sich-öffnen für die Bedürfnisse anderer,
echtes Interesse an dem, was nicht »Ich-Selbst« ist. Bei
Frauen oft (aber natürlich nicht immer) die Jahre der Familiengründung, beginnend mit dem ersten Kind.

Zyklus 6 ist bei Petra der Zyklus, wo sie ein Kind bekommt, also die wohl einschneidenste Veränderung erfährt,
die es im Leben gibt. In diesem Zykus verändert sich auch
ihr Liebesbegriff: von dem durch Hannes geprägten und
noch sehr jugendlichen Traum von der »großen Leidenschaft« hin zu der erwachsenen Vorstellung einer Beziehung, die auf Nähe und gegenseitiger Achtung beruht. Das
Mondknotenjahr fällt nun in Phase III:

Mit 37,2, also in 6, III, tut Petra vor allem Dinge für sich:
Sie liest, sie beginnt wieder, frei zu schreiben, erschließt sich
eigene Energiequellen. Petra spricht von »einer Zeit des
Nachdenkens, des bewußten Planens der Zukunft, ein Auftauchen, innerlich«. Bei ihr findet sich also jene Hinwendung zum Geistigen, die für diesen Zeitpunkt vorgesehen
ist. Außerdem achtet sie ganz im Sinne der Zyklenaufgabe
nun darauf, daß möglichst viel von dem, was sie tut, ihr
Freude bereitet und sie mit Energie versorgt – und daß sie
niemanden dazu braucht, auch und gerade keinen Mann,
während doch alles, was sie 18,6 Jahre zuvor in Angriff
nahm, in Abhängigkeit von ihren beiden gleichzeitigen Partnern geschah.

Hannes spricht sie im Mondknotenjahr die »innere Kündigung« aus. Mit fast genau 18,6 Jahren hat sie ihn kennengelernt. Mit fast auf die Woche genau 37,2 Jahren löst sie
sich von ihm – und von ihrem Traum vom Märchenprinzen.
Sie hat den Mut, sich noch einmal loszusagen: gerade so, wie
sie sich mit 18/19 innerlich von ihrem Elternhaus lossagen
mußte, um erwachsen zu werden. Und sie schwört sich
selbst, ihr Leben nie wieder auf irgend jemand anderen als
auf sich selbst aufzubauen.

6. Kapitel:
Das Ineinandergreifen mehrerer Charts

Die ersten beiden Zyklen:
Der Einfluß der Eltern-Rhythmen

Um mit dem Chart zu arbeiten, ist es nicht immer oder unbedingt notwendig, sich gründlich mit den Kindheitszyklen zu beschäftigen. Wer die eigene Rhythmik ausschließlich erforscht, um in Gegenwart und Zukunft bewußter mitzuschwingen, und außerdem das hatte, was man in unseren Breitengraden für gewöhnlich eine »normale« Kindheit nennt, könnte diesen Abschnitt auch überschlagen – vorausgesetzt, in seinem Erwachsenen-Chart ist es nie zu ernstlichen, d.h. über mehr als zwei Phasen hinausreichenden Rhythmusstörungen gekommen.

Wer dagegen eine traumatische Kindheit erlebt hat, sollte sich auf jeden Fall mit den ersten beiden Lebenszyklen auseinandersetzen. Selbst wenn sein Leben heute, oberflächlich betrachtet, gut funktioniert, bleibt doch die Möglichkeit, daß die gestörte Rhythmik der ersten Jahre unterschwellig noch immer weiterwirkt. Aber auch, wenn Sie in einem Ihrer Zyklen unter schwerwiegenden Rhythmusstörungen gelitten haben (oder womöglich zur Zeit nicht im Rhythmus sind), empfiehlt es sich unbedingt, über mögliche frühe Störungen nachzudenken.

Nicht nur schwere Mißhandlungen können schließlich das noch ungefestigte Rhythmusgefüge eines Kindes durcheinanderbringen, sondern auch einfach die generelle Unfähigkeit der Umgebung, sich in ein Kind einzufühlen und hineinzudenken – also das, was man im Deutschen so schön »Taktlosigkeit« (genauer wäre natürlich Rhythmuslosigkeit) nennt. Gemeint ist hier natürlich nicht der gelegentliche

Sprung ins Fettnäpfchen, sondern die fortgesetzte und verletzende Unfähigkeit, mit dem Rhythmus eines anderen mitzuschwingen. Unter Erwachsenen wird ein solches Verhalten im allgemeinen sanktioniert und ist deswegen nicht weiter schlimm. Kindern gegenüber kann man sich dagegen relativ ungestraft Taktlosigkeiten erlauben: Man kann über kindlichen Zorn lachen, man kann ein Kind dafür bestrafen, daß es weint, es wegen seiner Ängste hänseln usw. Und natürlich begehen nicht nur Erwachsene Taktlosigkeiten, sondern vor allem auch gleichaltrige Kinder.

Ich persönlich halte deshalb den verzwickten Weg in die Vergangenheit immer für lohnend, auch, wenn die eigene Kindheit als durchschnittlich erinnert wird und nur wenige Daten über sie verfügbar sind. Wenn schon Erwachsene aus ihrem Rhythmus fallen können, wie störbar ist dann erst die Rhythmik von Kindern, die sich ohnehin erst im Laufe der Jahre und unter dem Einfluß der Umgebung individualisiert und stabilisiert! Denn tatsächlich wird die Kindheitsrhythmik wesentlich von der der Eltern geprägt: Eben deswegen beschäftigen wir uns ja in diesem Kapitel, wo es um das Ineinandergreifen von Charts geht, mit den ersten beiden Zyklen.

Um diese ersten beiden Zyklen untersuchen zu können, sind Sie mehr denn je auf die Mithilfe anderer angewiesen. Denn selbst wenn Sie sich noch gut an Ihre Kindheit erinnern können, wird es Ihnen doch schwerfallen, bestimmte Ereignisse genauer zu datieren. Das ist ein Problem. Wenn Ihre Eltern Ihnen nämlich nicht weiterhelfen können oder wollen, haben Sie vielleicht nur noch sehr bedingt die Möglichkeit, überhaupt etwas herauszufinden.

Aber es gibt einen Trick, mit dem Sie Ihrem Gedächtnis (und dem anderer, etwa Ihrer Onkel und Tanten) unter Umständen doch noch auf die Sprünge helfen: Sie kennen schließlich inzwischen Ihren Rhythmus. Und Ihr Rhythmus zeigt Ihnen, daß in jeder Phase Ereignisse eines bestimmten ähnlichen Charakters stattgefunden haben. Wenn zum Beispiel bei Ihnen im Erwachsenenchart in III meistens schmerzliche Veränderungen vorgenommen werden, dann können Sie mit einiger Sicherheit davon ausgehen, daß dies womöglich auch in den ersten beiden Zyklen so war – natürlich nur, wenn Sie nicht innerhalb dieser Zeit schon einmal aus dem Rhythmus gekommen sind. Sie können also sehr gezielt fragen.

Unsere Kindheits-Rhythmen werden entscheidend von denen der Eltern beeinflußt, ja vielleicht überhaupt in Abhängigkeit von der elterlichen Rhythmik »erschaffen«, von ihrer Rhythmik hervorgerufen. Das heißt: Nicht nur Ihre eigenen Kindheitserlebnisse (und die Hilfe, die Sie damals bei ihrer Bewältigung erfahren haben), haben Ihre Rhythmik geprägt, sondern auch das Rhythmengefüge Ihrer Eltern selbst. Und dabei ist es völlig unerheblich, ob Sie als Kind bewußten Anteil am Leben Ihrer Eltern genommen haben, oder ob man Dinge vor Ihnen verheimlichte.

Sie haben von der Ehekrise damals, als Sie drei waren, gar nichts mitbekommen? Aber auf den Rhythmus Ihrer Eltern hat sich diese Krise auf jeden Fall ausgewirkt – und also auch auf den Ihren. Es ist wie beim Elektrosmog: Wenn er da ist, ist er da, ob wir ihn nun merken oder nicht.

Denken Sie daran: Alles schwingt. Wir sind Teil eines pulsierenden Energiestroms, der uns alle miteinander verbindet, auch wenn wir als Erwachsene das meist nicht empfinden. Aber in unserer Sprache hat es zwischen Verliebten *gefunkt*, der *Funke* der Begeisterung springt auf die anderen über, ein hektischer Mensch steht dauernd *unter Strom* und macht die anderen *ganz kribbelig* ... Und manchmal sind Vater und Mutter eben einfach *geladen*. In einer schlechten Ehe gibt es häufige *Spannungen*. Und für die haben Kinder nun mal besonders feine *Antennen*, auch wenn sie noch nicht in der Lage sind, Sachverhalte wie eine Ehekrise intellektuell zu erfassen – und also später entsprechend zu erinnern.

Rhythmus und Rhythmusstörungen anderer Menschen beeinflussen unsere eigenen Rhythmen. Und das gilt in besonderem Maße für die Rhythmik von Kindern. Mit anderen Worten: Sie sollten sich auch für die Charts Ihrer Eltern interessieren, und dabei vor allem (aber nicht nur!) für die Jahre ab Ihrer eigenen Geburt.

Die Interpretation der ersten beiden Lebenszyklen geht also von zwei klar unterschiedenen Ansatzpunkten aus:

– Stellen Sie, soweit Ihnen das möglich ist, für die ersten beiden Zyklen Ihren eigenen Chart her. Orientieren Sie sich, wenn es bei den Recherchen Probleme gibt, ruhig an dem, was Sie dank Ihres bisherigen Wissens in den einzelnen Phasen vermuten können. Fragen Sie (sich und andere) beispielsweise: Gab es 1958 in meinem Leben etwas, das mich hätte kränken können (da ich 14, 21 und 28 Jahre später schwere Kränkungen erfahren habe)? Habe ich mich in der Eingewöhnungszeit im Kindergarten besonders schwergetan (so wie sonst immer in dieser Phase), und wenn nicht, womit sonst könnte ich mich damals schwer getan haben? Was ist passiert, als ich acht war? Habe ich damals (dem Phasencharakter entsprechend) irgend etwas zu tun begonnen, das für mich völlig neu war und an das ich mich im Moment nicht erinnere? Denken Sie aber auch bei allem, was Sie erfahren, daran, daß man Ihnen nicht zwangsläufig immer die Wahrheit sagt. Vielleicht kennt Ihr Gegenüber die Fakten selbst nur verzerrt. Vielleicht will er /sie aber auch Sie selbst oder andere schonen. Überlegen Sie sich dann genau, ob Sie wirklich weiter vordringen wollen! Familiengeheimnisse sind eine hintergründige und nicht immer nur negativ zu bewertende Angelegenheit, und die Beschäftigung mit dem Chart ist keine Psychoanalyse. Sie brauchen nicht immer und in jedem Fall alles Geschehene aufzudecken, um Ihren eigenen Rhythmus zu erkennen.

– Der für Kindheitsrhythmen oft aufschußreichere Ansatzpunkt liegt ohnehin in der Erforschung der Eltern-Rhythmik. Am besten wäre es natürlich, die Charts Ihrer Eltern zu erstellen und dann zu sehen, wie die Phasencharaktere von Vater und Mutter miteinander und mit Ihren eigenen harmonieren. In der Praxis ist dies allerdings kein ganz einfaches Vorhaben. Vielleicht haben Sie ja Glück, und einer oder beide Elternteile geben Ihnen genug Daten. Gängige Praxis ist das allerdings nicht. Gerade die Details, die für den Chart ja unerläßlich sind, sind oft schlicht vergessen worden oder nicht mehr datierbar.

Außerdem sind auch die Daten, die man bekommt, nur bedingt glaubhaft und meist nicht vollständig. Oder was meinen Sie: Würde Ihnen Ihre Mutter auch von einer illegalen Abtreibung erzählen, Ihr Vater von mehreren außerehelichen Geliebten? Wahrscheinlich nicht. Und das macht nichts, denn dergleichen geht Sie schließlich auch gar nichts an. Sie wollen ja etwas über Ihre Rhythmik erfahren und nicht etwa anderer Leute Grenzen überschreiten.

Fragen Sie also entsprechend: nämlich gezielt und geschickt. Gezielt fragen heißt: Sie erkundigen sich nach Ereignissen, die Sie innerhalb eines bestimmten Zeitraums vermuten. Sie fragen nicht: Wie war meine Kindheit, sondern: Ich vermute, daß es um 1960 herum eine Veränderung bei uns zu Hause gab. Stimmt das? Geschickt fragen heißt: Sie geben Ihren Eltern die Möglichkeit, Ihnen die für Ihre Rhythmik relevanten Informationen zukommen zu lassen, ohne dabei persönliche Geheimnisse verraten zu müssen. Sie fragen nicht: Was hattet ihr um 1960 für ein Eheproblem? Da war doch was, das weiß ich genau! Hatte Papa womöglich eine Freundin? Lieber formulieren Sie so: Ist es möglich, daß eure Ehe um 1960 herum aus irgendwelchen Gründen mal nicht so gut war? Du brauchst mir keine Details oder Gründe zu verraten, wenn du nicht willst. Sag mir bitte nur, ob meine Vermutung stimmt.

Vielleicht werden Sie dann totzdem abgewimmelt. Und wahrscheinlich werden Sie so oder so aus Ihren Eltern nicht genug herausbekommen, um aussagekräftige Charts für sie zu erstellen.

Das macht aber nichts. Sammeln Sie, soviel Sie können, und tragen Sie dann einfach alles in Ihren eigenen Unterchart »Kindheit« ein.

Beachten Sie dabei, daß alle Daten, die Sie über Ihre eigene Kindheit von Dritten erfahren, von diesen Dritten bereits gewichtet worden sind. Unter Umständen hielten Erwachsene Dinge für ungeheuer wichtig, die für Sie selbst gar nicht von großer Bedeutung waren (»Daß deine Mutter dich damals in den Kindergarten gegeben hat, wo du doch noch so klein warst, das war natürlich entsetzlich«), und umgekehrt neigen Eltern selbstverständlich dazu, Dinge, die für Sie wirklich wichtig waren, schuldbewußt herunterzuspielen (»Ach nein, geweint hast du damals eigentlich nicht, als wir dich zur Oma gegeben haben und mit deinen Brüdern nach

Berlin gezogen sind, naja, vielleicht ein bißchen am Anfang – aber das war dann doch schnell wieder gut!«).

Auch eigene Interessen der Erwachsenen färben Informationen. Ein Beispiel: Maria wuchs als Kind einer Deutschen und eines Amerikaners anfangs zwischen beiden Ländern auf. Als die Familie dann endgültig nach Amerika übersiedelte, war es der Eindruck der Großmutter, daß Maria viel lieber in Deutschland geblieben wäre und sich in den Staaten nicht wohl fühlte. Marias Tante hielt dagegen, daß das Kind ihr gegenüber immer von Amerika geschwärmt habe: Sie hätte sich einmal sogar dazu bereit erklärt, wieder mit ihrem kleinen Bruder ein Zimmer zu teilen – wenn sie nur »nach Hause« in die USA zurückdürfte.

Was fängt man mit solchen widersprüchlichen Informationen an, wenn man sich selbst nicht mehr so recht an die Wahrheit erinnert? Reines Nachdenken bringt meist nicht viel: Natürlich, der Großmutter wäre es wohl schlicht lieber gewesen, wenn ihre Enkelin in ihrer Nähe geblieben wäre, und sie mag Angst gehabt haben, das Kind könnte ihr auf der anderen Seite des Atlantiks entfremdet werden. Vielleicht war also die Abneigung gegen Amerika, die die Oma bei Maria zu spüren geglaubt hatte, lediglich Wunschdenken.

Andererseits neigte die Patentante Marias dazu, Marias Mutter und deren oft etwas exzentrische Entscheidungen unter allen Umständen gutzuheißen und auch vor dem Rest der Familie vehement zu verteidigen – es wäre deshalb möglich, daß auch das Kind glaubte, mit etwaiger Kritik an der Entscheidung der Mutter bei der Tante nicht allzuviel Sympathie ernten zu können ...

Eine Hilfe bei der Gewichtung solch widersprüchlicher Informationen bietet wieder der Chart: Wenn beispielsweise die Rückkehr nach Amerika in Marias Phase »Befreiung« fiel *und dort keine Rhythmusstörung auslöste*, dann war diese Rückkehr wohl phasengerecht, mithin im Sinne der Patentante zu werten.

Vergegenwärtigen Sie sich nun, bevor Sie mit der Interpretation Ihres Kindheits-Charts beginnen, noch einmal die

Zyklusaufgaben, die gemeinhin in Zyklus 1 und 2 zu bewältigen sind *und von keinem Kind ohne Mithilfe der Umwelt bewältigt werden können:*

Der **Zyklus 1** (den ich **Kindheit 1** nenne) umschließt die Jahre von der Geburt bis zum 7. Geburtstag und dem Ausfallen der Milchzähne. In seinem Verlauf muß das Kind lernen, seine Körperfunktionen voll zu entwickeln, seinen Körper zu bewohnen, zu begreifen, in ihm zu leben. Auf seelischer Ebene geht es um eine erste Sozialisation, in deren Verlauf das erlangt werden soll, was wir bei uns gesellschaftlich als »Schulreife« festgeschrieben haben: Dementsprechend werden Kinder in Deutschland im allgemeinen in der VII. Phase des ersten Zyklus eingeschult.

Wichtig ist für diesen ersten Zyklus, daß das Kind in seinem Verlauf mehr und mehr die Welt seiner Träume, seiner Imagination, seiner Phantasie zwar bei Bedarf zu verlassen und von der Realität zu unterscheiden lernt, sie aber dennoch bewahrt und für sich betretbar hält. Damit ist alles gesagt, denn um diese schwierige Aufgabe – Wahrung der Imagination und Intuition und gleichzeitig Entwicklung eines ersten gesunden Realitätsgefühls – zu meistern, bedarf es der ganzen Palette elterlicher Einfühlung, Sorge und Klugheit.

Zyklus 2 (Kindheit 2) reicht vom 7. bis zum 14. Geburtstag und setzt diese Aufgaben fort. Auf körperlicher Ebene bedeutet dieser Zyklus biologisch gesehen aufgrund der Ausbildung der Fortpflanzungsfähigkeit, die normalerweise an seinem Ende erreicht ist, die allmähliche Verwandlung des Kindes in einen Menschen neuer seelischer und körperlicher Reife.

Zyklus 2 umfaßt die Schuljahre, in deren Verlauf das Kind grundlegende intellektuelle Fähigkeiten erwerben soll: Es lernt lesen, rechnen, schreiben und mit diesen erworbenen Möglichkeiten etwas anzufangen. Daß dabei wiederum zugleich Intuition, Gefühl, Phantasiewelt, das Ureigene des Kindes bewahrt wird, ist für den erfolgreichen Abschluß auch dieses Zyklus ausschlaggebend. Ein weiterer wichtiger Entwicklungsschritt, der in Zyklus 2 vollzogen werden soll, ist die erste Orientierung hin zu Gleichaltrigen, zu »Peer Groups« und »besten Freunden und Freundinnen«, also weg von den Eltern.

Die folgenden Beispiele sollen illustrieren, nach welchen Prinzipien das Zusammenwirken von Eltern- und Kindcharts funktionieren kann. Sie sind deshalb stark vereinfacht, um Ihnen die Auseinandersetzung mit einer Flut nicht direkt relevanter Lebensdaten zu ersparen. Außerdem bieten sie natürlich nur einen Ausschnitt aus der Palette möglicher Rhythmusgestaltungen.

Ausgeprägter Einfluß der Mutter auf die Rhythmik der Tochter

Tochter Natalie, heute 38. Mutter Bettina, heute 66
Über die Kindheitszyklen der Mutter ist so gut wie nichts bekannt (die Großeltern leben nicht mehr), über die ersten beiden Zyklen der Tochter nichts Außergewöhnliches. Mutter und Tochter verstehen sich im allgemeinen gut. Aus den beiden Gesamtcharts wird der ausgeprägte Einfluß der mütterlichen Rhythmik auf die der Tochter deutlich. Mehrere der Phasen von Mutter und Tochter tragen genau den gleichen Charakter.

In Phase V der Mutter Bettina liegen folgende Ereignisse:
Z3 »Große Liebe«
Z4 Hochzeit (Verlobung in I),
Z5 Erste Entfremdung der Ehepartner, Zweifel an der Ehe,
Z6 Erste Abnabelung der Tochter (Gymnasium und Einsetzen der Pubertät), Mutter beginnt gelegentlich wieder zu arbeiten.

In Phase V der Tochter Natalie liegen folgende Ereignisse:
Z3 »Große Liebe«
Z4 Examen (Studium), (Zwischenprüfung in I)
Z5 Tiefe Zweifel am gewählten Beruf
Z6 Erste Abnabelung der Tochter Natalies (Kindergarten). Natalie beginnt gelegentlich wieder zu arbeiten.

Z3 spricht für sich selbst (und die Liebesbeziehung verläuft auch überraschend ähnlich unglücklich für beide Frauen: noch in derselben Phase findet die schmerzhafte Trennung vom jeweiligen Partner statt). In Z4 und 5 beschäftigt sich Bettina mit dem Thema Partnerschaft, Natalie mit dem Thema Beruf, aber innerhalb dieser verschiedenen Themengebiete stimmt die Qualität ihrer Erlebnisse überein. In Z6 herrscht wieder Deckungsgleichheit (Bettina hat Natalie in ihrer Phase I geboren, ebenso wie Natalie ihre Tochter).

In Z5, V steht bei Bettina »Erste Entfremdung der Ehepartner«. Zu diesem Zeitpunkt befindet sich Natalie in Z1, V. Sie hat hier keinen eigenen Eintrag. Aber die Entfremdung der Eltern prägt offensichtlich den Charakter der Phase V für sie so stark, daß sie ihn später in ihrem Gesamtchart mit dem Begriff »Trennung« belegen wird.

Im folgenden Z6 der Mutter und Z2 der Tochter ist die »Trennung« von V prompt für beide deckungsgleich: Sie trennen sich nämlich im Zuge der gegenseitigen Abnabelung auch voneinander (natürlich nicht vollständig). Die Mutter beginnt wieder zu arbeiten, Natalie gestaltet mit dem Wechsel zum Gymnasium und dem Einsetzen der Pubertät zunehmend ihr Leben unabhängig von der Mutter. In diesem Beispiel sind die Phasen von Mutter und Tochter und Enkelin deckungsgleich, denn Bettina war bei Natalies Geburt 28, Natalie bei der Geburt ihrer Tochter 35, und Bettina und Natalie sind sogar im selben Monat geboren. Aber auch bei Phasendifferenzen lassen sich dergleichen Parallelitäten oft entdecken: Wenn die Mutter etwa immer in Phase III steht, während das Kind in V ist, muß man eben III und V miteinander vergleichen.

Rhythmusbeeinflussung/Störung durch Einwirkung beider Eltern

Claudia, heute 42, geboren am 30.9.

Zyklus 1 und 2

	I	II	III	IV	V	VI	VII
Z1: Geburt		–	–	Kin'gart.	Umzug	Einschul.	Mandelop.
Z2: Armbruch		–	Gymn.	–	Elt.Krise	Trenn.Elt.	überspr. Kl.
				Abitur			

Claudia, am 30. September geboren, wird gerade noch in Phase VI, also schon mit 5 Jahren eingeschult: und zwar auf Wunsch des Vaters und gegen den Wunsch der Mutter. Dies beeinflußt ihren Rhythmus: Die auf den nächsten Zyklus hinweisenden Ereignisse, die bei den meisten Leuten in VII stehen, stehen bei ihr in den folgenden Zyklen immer in VI. Es sieht aus, als sei das Mädchen in dieser Zeit, vielleicht durch den Konflikt um ihre Einschulung, in VI kurzfristig aus dem Rhythmus gekommen: 1, VII »überspringt« sie nämlich mit einer Mandeloperation, und in 2, I bricht sie sich den Arm.

Auch in der Folge versucht sie immer, VII auf die eine oder andere Art zu »übergehen«: In Zyklus 2 etwa, in dem das hochbegabte Mädchen auf eigenen Wunsch die dort hingehörige 8. Klasse überspringt und somit schon in 3, IV Abitur macht. Diese Phase IV bleibt dann lebenslang die Phase der äußeren Erfolge, der deutlichen neuen Schritte für sie.

In 1, V zieht die Familie dem Vater zuliebe (sehr ungern) um, und die Ehe der Eltern gerät in 2, V in die Endkrise. Claudia bekommt davon wenig mit, denn ihre Mutter schirmt sie weitgehend von den Eheproblemen ab. Für Claudia selbst ist Phase V in den ersten beiden Zyklen von wesentlich positiven Erlebnissen bestimmt. Tatsächlich trägt V aber im gesamten restlichen Chart den Charakter »Abstand gewinnen«, ist also die Phase für sie, in der sie sich innerlich von ihr bis dahin nahestehenden Dingen oder Personen distanziert, also abschirmt.

Arrhythmische Kindheit durch fortgesetzte Mißhandlung

David, heute 46
Daß ich in diesem Fall den Chart eines Mannes gewählt habe, liegt am vorhandenen Material: In keinem anderen der mir verfügbaren Charts wird dermaßen deutlich, wie zerstörerisch körperliche Mißhandlungen auf die Rhythmik eines Kindes einwirken – und auf die des Erwachsenen. Tatsächlich wird Davids gesamter Chart von immer verzweifelteren Versuchen bestimmt, überhaupt eine Art Rhythmus zu entwickeln. Wir zeigen hier nur die ersten beiden Zyklen.

I	II	III	IV	V	VI	VII
Z1: Geburt	Leisten-bruch	–	wird zur Großmutt. gegeben	Rückkehr z. Eltern	–	Einschul.
Z2: –	–	sitzen-geblieben	–	–	erste sexuelle Erfahrg.	–

Die Striche in vielen Phasen bedeuten, daß es hier kein Einzelereignis gab, an das David sich erinnern könnte. Aber Prügel gab es immer: David ist in allen Phasen der ersten beiden Zyklen und bis weit in den dritten hinein fortgesetzt von seinem Vater schwer geschlagen (und von der Mutter nicht geschützt) worden. Vorübergehend wurde er zu den Großeltern gegeben (1, IV–V), wo die Großmutter das Prügeln übernahm. Ein Rhythmus ist für die ersten beiden Zyklen Davids nicht auszumachen – nicht einmal in VII, der Phase, die bei Rhythmusstörungen häufiger als eine Art Auffangphase dient: Hier wird ja meist die Zyklusaufgabe für die kommenden sieben Jahre gestellt, und so hat man oft die Möglichkeit, in den Rhythmus zurückzufinden, indem man eben erstmal diese nächste Aufgabe angeht. Dies gelingt David nicht, da er durch die fortgesetzten Mißhandlungen immer wieder aus dem Rhythmus geworfen wird.

Über die Eltern waren nur spärliche Daten zu erfahren. Klar ist aber, daß beide Eltern selbst nicht im Rhythmus waren. Besonders schwer waren die Rhythmusbrüche beim Vater, der selbst als Kind von seinem Vater mißhandelt worden war und nie in seinen Rhythmus zurückgefunden hatte. Mit trauriger Folgerichtigkeit gab er die eigene Rhythmusstörung an seinen Sohn weiter. Er selbst litt sein halbes Erwachsenenleben an einer Erkrankung des Herzens (des deutlichsten physiologischen Rhythmusgebers), der er schließlich im Alter von kaum 60 Jahren auch erlag.

Das verdrängte Trauma

Hannelore M, 41
In Hannelores Chart gab es zwei Probleme: Zum einen blieb

der Charakter der Phase I lange unklar, zum anderen kam es im zweiten Zyklus zu einer ebenso offensichtlichen wie scheinbar grundlosen Rhythmusstörung. Beide Probleme klärten sich, als Hannelores Mutter ihr erzählte, daß sie im Alter von sieben Jahren, also gerade in Phase I des 2. Zyklus, von einem Nachbarn sexuell mißbraucht worden war.

Das Kind hatte der Mutter damals zwar von dem Vorfall berichtet, und in der Folge war es zu einem vorsichtigen Skandälchen gekommen, aber schließlich hatte man die ganze Geschichte doch lieber eiligst vertuscht – und zwar so gründlich, daß Hannelore selbst sich nicht einmal während der Erzählung ihrer Mutter an sie erinnern konnte. Der Rhythmusbruch, der auf diesen Mißbrauch folgte, zog sich durch den gesamten 2. Zyklus: Da der Vorfall auch dem Kind selbst gegenüber totgeschwiegen wurde, mithin keine Rhythmuskorrektur von seiten der Eltern erfolgte, hatte Hannelore keine Möglichkeit, vor dem Ende des Zyklus wieder in den Rhythmus zurückzugelangen.

Im Rückblick erinnert sie sich an die Jahre zwischen ihrem siebten und dreizehnten Geburtstag als an ein schwarzes Loch aus Selbstverachtung, Selbstzweifel, Trauer und Einsamkeit. Sie verlor ihre Unbefangenheit gegenüber Gleichaltrigen, die sich daraufhin von ihr zurückzogen. Sie war viel krank. Und sie kam früh (in den Augen der Mutter skandalös früh) in die Pubertät: Bereits in Phase VII des 2. Zyklus hatte sie ihren ersten festen Freund, einen um einige Jahre älteren, sensiblen und einfühlsamen Jungen, der Gedichte schrieb und Klavier spielte – und der Hannelore, ein im übrigen außergewöhnlich hübsches Mädchen, geradezu vergötterte.

Die Beziehung überlebte die Phase I des 3. Zyklus nicht, und Hannelores frühes Interesse an Jungen wurde ihr im übrigen von Familie und Nachbarschaft ebenso angekreidet wie ihre frühere Unfähigkeit, Mädchenfreundschaften zu entwickeln (beides wurde leider von niemandem in Zusammenhang mit dem Mißbrauch gesehen). Aber diese erste Freundschaft hatte großen Anteil daran, daß Hannelore in ihren Rhythmus zurückfand. Sie steigerte ihr Selbstwertgefühl und ihr Selbstvertrauen und ermöglichte es Hannelore, die üblichen Aufgaben von Zyklus 3 anzugehen: Hannelore sammelte (im Unterschied zum frühen Mißbrauch) erste positiv besetzte sinnlich-sexuelle Erfahrungen, es gelang ihr, sich ein wenig von zu Hause abzunabeln, und sie begann damit, sich ein erstes eigenes Weltbild zusammenzubasteln – und zwar eines, in dem sie nicht die Rolle des häßlichen Entleins zu spielen hatte.

Indem Hannelore in 2, VII die nächste Zyklusaufgabe anging (und im sexuellen Bereich zugleich die »Anknüpfungstechnik« anwandte, eine häufig unbewußt eingesetzte, wenngleich nicht immer wirksame Methode zur Reparatur von Rhythmusbrüchen, auf die wir im entsprechenden Kapitel noch zurückkommen), gelangte sie also pinzipiell in ihren Rhythmus zurück.

Tatsächlich aber beginnt es in der Phase I (der des Mißbrauchs also) weiterhin regelmäßig in Hannelores Beziehungen zu kriseln, und zwar unabhängig vom Charakter oder der Dauer der jeweiligen Beziehung: Zwei von insgesamt vier Liebschaften enden in Phase I, außerdem zwei enge Freundschaften. Unterschwellig ist die Rhythmusstörung in dieser Phase also bestehengeblieben. Das hätte nicht zwangsläufig der Fall sein müssen. Natürlich ist die sexuelle Belästigung eines Kindes immer und unter allen Umständen ein schlimmes Vergehen, aber auch hier gibt es Abstufungen, und Hannelore hatte eigentlich noch Glück im Unglück gehabt: Sie war weder von jemanden aus ihrer nächsten Umgebung (etwa dem eigenen Vater) noch über einen längeren Zeitraum hinweg mißbraucht worden, auch hatte der Täter sie nicht körperlich verletzt.

Die lange Dauer des Rhythmusbruchs durch einen ganzen Zyklus hindurch ebenso wie die fortbestehende Problematik in Phase I lassen sich deshalb erst verstehen, wenn man den Chart von Hannelores Mutter betrachtet (über den Vater liegen leider keine Daten vor).

Hannelores Mutter nämlich war ihrerseits nicht im Rhythmus. Sie hatte bereits mit 18 geheiratet und mit 21 ihr erstes Kind geboren. Und vom Zeitpunkt der Hochzeit in Zyklus 3 bis weit in den Zyklus 7 hinein finden wir nicht mehr ein einziges Ereignis, daß sich auf sie selber bezieht. (Für Frauen ihrer Generation ist dergleichen nicht so untypisch, wie es

157

scheinen mag. Hannelores Mutter selbst erlaubte die Verwendung ihrer Daten zwar leider nicht, aber im Kapitel »Brüche im Rhythmus« zeigt der Chart von Barbara R., 67, wie so etwas aussieht.) Als wir ihren Chart erstellten, versuchte sie wirklich, sich an irgend etwas zu erinnern, das nur mit ihr persönlich zu tun gehabt hätte, aber es half alles nichts: Über einen Zeitraum von 36 Jahren hinweg konnte sie nur mit den Hochzeiten, Geburten, Todesfällen, Examina etc. anderer aufwarten.

Und an diesen anderen und ihrer Meinung orientierte sich die zutiefst unsichere Frau eben auch, als es darum ging, ihrer Tochter zu helfen. Für sich selbst hatte sie keinen gültigen Maßstab entwickelt, sie besaß keinerlei Gefühl für den eigenen Rhythmus (oder den ihrer Tochter), der ihr hätte sagen können, wie sie sich hätte verhalten müssen, was eigentlich »dran« gewesen wäre. Und vor allem darauf beruht die langanhaltende Störung bei der Tochter, die sich – wenn man an den dauerhaft ungeklärten, für Beziehungen immer wieder zerstörerischen Charakter von Phase I denkt – bis heute hinzieht.

Tatsächlich vermochte die Mutter Jahre später nicht einmal über Schicksalsschläge oder Triumphe der anderen, die doch ihr eigenes Leben vollkommen bestimmt hatten, viel mehr zu sagen als: »Da war ich natürlich stolz auf meine Tochter«, oder »Das hat uns alle sehr mitgenommen«.

Doch, eines. Als ihr Chart schließlich vor ihr lag, sah sie ihn einen Moment lang an und sagte dann: »Für solches Selbsterforschungszeug – da fehlte uns früher wirklich die Zeit.«

Aber ob dies nun wegwerfend oder bedauernd gemeint war, ließ sich schon wieder nicht mehr feststellen.

Kindheitschart von Petra:
Am Beispiel Petra können wir jetzt noch einmal exemplarisch die Gesamtentwicklung innerhalb der beiden ersten Zyklen verfolgen.

Bei Petras Geburt war die Mutter 28, der Vater 30 Jahre alt. Petra ist mit der Mutter also in etwa phasengleich, mit dem Vater um zwei Phasen verschoben: Er ist zwei Jahre älter als die Mutter. Während Mutter und Tochter in Phase I stehen, steht er also in Phase III etc.

Zyklus 1 und 2 Petra

I Ausjäten	II Brüten	III Entpuppung	IV Arbeit	V Befreiung	VI Quittung	VII Zykl.aufgabe
Z1: Geburt	–	Umzug eig. Haus	Ki´gart.	Christine kenn.gel.	–	Einschulung
Z2: Abbruch der Bez. mit Ch's Familie	Will Schule wech- seln	traurig, krank Kampf um- Gym.-Bes.	Gymn.	Reiten. Wieder Christine	1.»richt.« Clique	Peter, 1. Freund

Am leichtesten entschlüsselt sich dieser Chart (s. Seite 160–161), wenn wir seine Interpretation mit der Freundschaft von Petra und Christine beginnen.

Christine und Petra hatten sich schon als Vierjährige kennengelernt, also in 1, V: Ihre Eltern hatten sich im Urlaub miteinander angefreundet und den Kontakt auch nach der Heimkehr aufrechterhalten. In Petras Augen war das ein großes Glück:»Ich glaube, mit Christine verband mich von Anfang an schon etwas Besonderes. Schließlich, wir waren die einzigen Vierjährigen, von denen ich je gehört habe, die sich in drei Wochen Urlaub nicht ein einziges Mal stritten. Nicht mal um ein Förmchen am Strand.«

Für Petra, die sehr ungern in den Kindergarten gegangen war, war Christine »wirklich die Rettung: Von dem Moment an, wo es sie gab, war ich doch nicht mehr allein! Ich hatte endlich jemanden, auf den ich mich freuen konnte.«

Christine wurde also Petras erste Freundin, und sie blieb bis in die Pubertät hinein die einzige Gleichaltrige, die ihr überhaupt etwas bedeutete.

In 2, I fuhren die beiden Familien ein weiteres Mal zusammen in Urlaub. Danach brach der Kontakt mysteriöserweise vollständig ab.

Des Rätsels Lösung lag natürlich im Elternchart. Petras Vater ging zur Zeit des zweiten gemeinsamen Urlaubs durch die zweite Wiederkehr des Mondknotenjahres, und also fragte Petra ihre Mutter einmal angelegentlich, wie das Leben mit dem Vater denn damals so gewesen sei. Was sie erfuhr, ließ sie allerdings aus allen Wolken fallen: In jenem

PHASE	I				II				III			
Alter	0 7 14 21 28 35 42 49 56 63 70 77 84 91 98				1 8 15 22 29 36 43 50 57 64 71 78 85 92 99				2 9 16 23 30 37 44 51 72 79 86 93 100			
Geburtsdatum (Tag, Monat)	*30.* *3.*	Geburtsdatum + 3 Mon. 6 Mon. 9 Mon.			*30.* *3.*	Geburtsdatum + 3 Mon. 6 Mon. 9 Mon.			*30.* *3.*	Geburtsdatum + 3 Mon. 6 Mon. 9 Mo|		
		30.6.	*30.9.*	*30.12.*		*30.6.*	*30.9.*	*30.12.*		*30.6.*	*30.9.*	*30.1*
ZYKLUS 1 0 – 7 Jahre 19.58.. – 19.65..											*Umzug ins* *eigene Haus*	
ZYKLUS 2 7 – 14 Jahre 19.65.. – 19.72..		*Abbruch der Beziehung* *mit Christines Familie*				*Will Schule wechseln.* *Traurig – viel krank –*				*Kampf darum, auf* *Gymnasium zu geh*		
ZYKLUS 3 14 – 21 Jahre 19.72.. – 19.79..												

zweiten Urlaub nämlich hatte Petras Vater plötzlich geglaubt, eine mehr als nur freundschaftliche Beziehung zu
Christines Mutter eingehen zu müssen. Die allerdings hatte
sich mit Schärfe gegen ein solches Ansinnen verwahrt – und
auch gleich noch die anderen Ehepartner von allem in
Kenntnis gesetzt. Daraufhin war es zum Bruch gekommen.
Erst als die Töchter schon elf waren (also in 2, V), trafen die
beiden Familien anläßlich einer Feier bei gemeinsamen
Freunden zufällig wieder aufeinander, und die Mädchen
setzten von nun an ihre Freundschaft auf eigene Faust fort.

Das von den Eltern herbeigeführte erste Ende des Kon-
taktes mit Christine und ihrer Familie scheint für Petra den
Charakter der Phase I, »Ausjäten«, geprägt zu haben.

In Phase 2, II liegt eine ernste Ehekrise der Eltern. Petra
spricht davon, sich in dieser Zeit einsam gefühlt zu haben
und viel krank gewesen zu sein: Der Kontakt mit Christine
war abgerissen,und die Eltern hatten Auseinandersetzun-
gen. Petra lag im Bett und malte. Sie war froh, wenn man sie
in Ruhe ließ. Der Phasencharakter »Brüten« ist also wohl
ebenfalls hier geformt worden.

Der »Anklopfer« war (am Ende der Phase) Petras Entschluß, die Schule zu wechseln. Sie hegte die Hoffnung, sich
auf einer anderen Schule vielleicht weniger einsam zu füh-

IV			V				VI				VII			
17 24 31 38 45 52 59 66			4 11 18 25 32 39 46 53 60 67				5 12 19 26 33 40 47 54 61 68				6 13 20 27 34 41 48 55 62 69			
80 87 94 101			74 81 88 95 102				75 82 89 96 103				76 83 90 97 104			
Geburtsdatum + Mon. 6 Mon. 9 Mon.		*30. 3.*	Geburtsdatum + 3 Mon. 6 Mon. 9 Mon.			*30. 3.*	Geburtsdatum + 3 Mon. 6 Mon. 9 Mon.			*30. 3.*	Geburtsdatum + 3 Mon. 6 Mon. 9 Mon.			
?.6.	*30.9.*	*30.12.*	*30.6.*	*30.9.*	*30.12.*	*30.6.*	*30.9.*	*30.12.*		*30.6.*	*30.9.*	*30.12.*		
Kindergarten			*Christine kennengelernt*								*Einschulung*			
Gymnasium – Arbeit ! –			*– Beginnt Reiten – trifft Christine wieder*				*findet 1. richtigen Freundeskreis*				*Peter (1. Freund)*			
											Kindheitszyklus Petra			

len. Nachdem dieser Plan gescheitert war, beschloß sie in III, aufs Gymnasium zu gehen.

In 1, III steht der Umzug in das schöne Haus, »in dem endlich alle genug Platz hatten«, wie Petra sich erinnert – das paßt zu »Entpuppung«, legt aber wohl den Phasencharakter noch nicht fest. In 2, III ist vermerkt: »traurig, krank. Kampf um Gymnasiums-Besuch.«

Petras Vater wollte die Tochter damals eigentlich auf die Realschule schicken, auf die auch einer der Brüder ging. Dieser Entscheidung beugte Petra sich jedoch mitnichten. Der Kampf um die richtige Schule ist sicher als ein Zeichen der »Entpuppung« zu werten, denn Petra geht hier die Zyklusaufgabe an.

In IV stehen der Eintritt in den Kindergarten und ins Gymnasium, beides schwere Zeiten für Petra. Im Kindergarten war sie unglücklich, im Gymnasium stand sie unter ungeheurem Erwartungsdruck: Sie hatte sich den Besuch des Gymnasiums gegen den Willen der anderen erkämpft und durfte nun keinesfalls versagen.

Das tat sie auch nicht. Der Phasencharakter »Arbeit«, und zwar im Sinne einer mühevoll-beladenen Periode, die es im Blick auf die (dabei ungewisse) Zukunft durchzustehen gilt, ist mit Sicherheit in Zyklus 2 geprägt worden. Man muß dabei im Auge behalten, daß Phase IV diejenige ist, in der sie später, in Z4, aus dem Rhythmus kommt. Das ist kein Wunder. Phase IV scheint von Anfang an prekär zu sein.

In 1, V »Befreiung« lernt sie Christine kennen, in 2, V, trifft sie sie wieder und darf zudem (zur Belohnung für ihre hervorragenden Schulleistungen) endlich das Reiten lernen, ein langgehegter Wunsch.

In VI steht für 1 ein Strich – das ist in diesem Zyklus kein Problem, nur in den wenigsten Fällen bekommt man für die Leistungen des ersten Zyklus eine »Quittung« ausgestellt.

In 2 dagegen bedeutet die »erste richtige Clique« (die sich aus anderen jungen Mitgliedern des Reitvereins zusammensetzte), die erste Entwicklung eines Gefühls der Zugehörigkeit zu einer Gruppe also, durchaus die Bewältigung des Etappenziels: Der Zyklus »Kindheit 2« umfaßt die Schuljahre und die erste Orientierung hin zu Gleichaltrigen, zu »Peer Groups«.

VII benötigt keinen Kommentar: Hier stehen die Aufgaben des nächsten Zyklus.

In 2, I bis 2, IV kam es zwischen Petras Eltern und innerhalb der Gesamtfamilie immer wieder zu Konflikten: In I und II wegen der inneren Krise des Vaters, in III sorgte dann Petra selbst für Brennstoff, weil sie aufs Gymnasium wollte. In 2, IV dann brach der Lieblingssohn des Vaters, Petras ältester Bruder, seine Lehre ab, um nach Indien zu fahren, und die Schulleistungen des jüngeren Bruders wurden rapide schlechter. Petra quälte sich in der Schule ab, um dem Vater zu beweisen, daß wenigstens die Entscheidung, sie aufs Gymnasium zu schicken, richtig gewesen war. Erst in 2, V konnte Petra innerlich zu all diesen familiären Reibereien ein wenig auf Distanz gehen – und »Befreiung« ist für sie der Charakter dieser Phase geblieben.

Die Phase der Geburt eines Kindes

Sie sind nicht nur Tochter, sondern auch Mutter? Dann ist Ihnen vielleicht dasselbe aufgefallen wie Petra: Kinder werden nicht unbedingt in genau jener Phase geboren, in der sonst auch viel Neues und Wunderbares ins Leben tritt.

Aber vom Chart der Mutter her gesehen ist die Geburt

eines Kindes erst einmal auch nur ein Ereignis unter anderen. Wie jedes andere Ereignis kann auch dieses in jede beliebige Phase fallen – wobei es dann, so man im Rhythmus ist, den Charakter der Phase annimmt, in der es steht. Das persönliche Erleben des Gegebenen gestaltet sich entsprechend dem Phasencharakter. Ein Gedankenspiel soll verdeutlichen, was gemeint ist:

Tatsächlich hat Petra ihr Kind ja in Phase I, »Ausjäten« zur Welt gebracht. Das war passend, wie wir schon früher gesehen haben. Während der Schwangerschaft nämlich betrieb sie genau den Prozeß des Sortierens nach »unterstützend/nicht unterstützend«, »nährend/erschöpfend«, der der Phase vor allem im Hinblick auf die anstehende Zyklusaufgabe B angemessen ist: Sie begann sich über die Energiequellen klarzuwerden, aus denen sie in der Zeit der Konzentration auf ihr Kind schöpfen konnte. Unter welchem Aspekt aber hätte die Geburt ihrer Tochter gestanden, wenn sie in eine der anderen Phasen gefallen wäre?

In Phase II »Brüten« hätte eine Geburt die Natur des bei Petra in dieser Phase immer vorhandenen »Anklopfers« gehabt: Nach der Phase des »Brütens« (einem inneren Zustand, der tatsächlich charakteristisch für eine Schwangerschaft hätte sein können) hätte die Geburt angedeutet, worum es in diesem Zyklus geht.

Ähnliches gilt für eine Geburt in Phase III, »Entpuppung«. Eine Geburt in dieser zentralen Phase von Petras Chart, in der sie sich auf ihre tiefsten und eigentlichen Wünsche rückbesinnt, wäre ein besonders gutes Omen für ihre Ehe und für die Gründung einer Familie mit mehreren Kindern gewesen, denn sie hätte darauf hingedeutet, daß die Rolle der Mutter ihr zutiefst gelegen hätte.

Eine Geburt in IV, »Arbeit«, hätte auf das Gegenteil hingewiesen. Die anstrengenden Aspekte einer Schwangerschaft, die Mühen der Geburt und die Plackerei in den ersten Monaten danach hätten das Erleben dieser Phase wesentlich bestimmt. Das heißt nicht, daß Petra bei einer Geburt in IV zwangsläufig keine gute Mutter geworden wäre. Aber wahrscheinlich hätte sie sich Tag und Nacht nach einem Hausmädchen gesehnt.

163

In V, »Befreiung«, wäre die Geburt etwa dann zu erwarten gewesen, wenn Petra sich über Jahre hinweg vergeblich nach einem Kind gesehnt hätte. Auch der bewußte Entschluß, schwanger zu werden und ihr Kind allein aufzuziehen, hätte (unter dem Aspekt der inneren Befreiung von Zweifeln und Hemmnissen aller Art) in diese Phase fallen können – und dem Phasencharakter entsprechend hätte sie diese schwierige Aufgabe dann wahrscheinlich sogar mit einem Minimum an Streß gemeistert.

Eine Geburt in dieser lebensbejahenden Phase hätte jedenfalls den »Spaß am Kind«, das Befriedigende der neuen Situation in den Vordergrund gestellt.

In VI, »Quittung«, wäre die Geburt eben dies gewesen: die Quittung für eine erfolgreich beendete Lernaufgabe, und zwar wahrscheinlich die Zyklusaufgabe B: »Lernen, sich um andere und zu diesem Zweck auch um sich selbst zu kümmern, sich in andere einzufühlen, sich für sie zu interessieren und sich die dafür benötigten Energiequellen weitgehend selbst und selbständig zu erschließen.« In VII, »Ankündigung der nächsten Zyklusaufgabe«, ist der Fall klar: Die Geburt eines Kindes hätte den nächsten Lernschritt angekündigt, die Zyklusaufgabe B für die nächsten 7 Jahre.

Petra hat aber ihr Kind de facto in der I. Phase des Zyklus bekommen – und tatsächlich scheint es, als fielen Schwangerschaften und Geburten recht häufig in die VII. oder I. Phase entweder des mütterlichen oder des väterlichen Charts.

Es gibt zu diesem Thema sogar eine Untersuchung: Hermann Swoboda hat sich in einem Buch mit dem Titel »Das Siebenjahr. Untersuchungen über die zeitliche Gesetzmäßigkeit des Menschenlebens« auf vielen Seiten darum bemüht zu beweisen, daß Kinder nicht nur sehr oft um einen durch sieben teilbaren Geburtstag eines Elternteils herum zur Welt kommen, sondern daß diese Kinder auch noch überdurchschnittlich häufig überleben.

Nun ist Swobodas Buch freilich 1917 erschienen und nicht nur wegen des Erscheinungsdatums allein ein ziemlich alter Schinken: Die von ihm verwendeten Geburts- und Familiendaten stammen nämlich aus dem 17., 18. und frühen 19. Jahrhundert, also aus jenen dunklen Zeiten, in denen es zwar keine zuverlässige Familienplanung gab, dafür aber eine enorm hohe Säuglingssterblichkeit. Sie besitzen nur wenig Aussagekraft in einer Welt, in der es die Pille gibt – und eine reelle Überlebenschance selbst für Frühgeborene mit 1500 Gramm Körpergewicht. Außerdem sind natürlich alle Zweifel, die man schon an modernen Statistiken hegt, hier erst recht angebracht: Wie willkürlich der Verfasser sich gerade Familien herausgegriffen hat, die seine Thesen untermauern, läßt sich nicht sagen, zumal er in der Folge seiner Untersuchungen auch noch zahlreiche »Sonderregelungen« gelten läßt. Und die Schlußfolgerungen endlich, die er aus seiner Untersuchung zieht – etwa daß eine Reihung von Siebener-Geburten über mehrere Generationen Genies produziere, oder daß der Elternteil, der zum Zeitpunkt der Geburt in einem Siebenjahr steht, dem Kind sein Aussehen und seinen Charakter vererbe –, sowie der gesamte Stil des Werks sind einfach abstrus bis einigermaßen widerwärtig.

Ich erwähne dieses Buch hier dennoch, und zwar, weil ich es nicht lassen konnte, zumindest die Sache mit der Geburtsdatenhäufigkeit in den Phasen VII und I ein wenig zu überprüfen.

Natürlich hatte ich weder Mittel noch Möglichkeiten für eine fundierte statistische Untersuchung zu diesem Thema – ich habe lediglich ausgewertet, was sich mir mehr oder minder zufällig an Daten im Bekanntenkreis und in der Familie bot. Innerhalb dieses Rahmens jedoch scheint es sich tatsächlich zu bestätigen, daß viele, vor allem erste Kinder im Siebenjahr eines der beiden Elternteile zur Welt kommen oder Eltern haben, die phasengleich sind, also gleich alt oder mit einem durch sieben teilbaren Altersunterschied.

Macht man sich klar, daß es Phaseninterferenzen gibt und daß zudem eine Schwangerschaft ja fast eine ganze Phase dauert, könnte man auch Geburten, die früh in der II. Phase des Charts liegen, zu den Siebenjahresgeburten dazurechnen – und dann ist die Anzahl der Siebenjahreskinder zumindest in meinem Umfeld erstaunlich. In meiner eigenen Familie etwa herrscht, wenn ich von meiner Tochter zurückrechne, ein ungebrochener Siebenerrhythmus seit mindestens 5 Generationen – wobei zweimal nicht nur der Altersunterschied der Eltern sieben Jahre betrug, sondern das Kind auch noch im 28./35. respekive 35./42. Lebensjahr seiner Eltern geboren wurde.

Nett sind auch zwei Beispiele Swobodas, die ich hier zitieren möchte.

Ludwig van Beethoven:
H. A. van Beethoven war 29 (frühe Phase II) bei der Geburt von Ludwig van Beethoven, der war 27 (Phase VII) bei der Geburt von Johann van Beethoven – der war 31 bei Geburt von Ludwig van Beethoven, hatte aber eine Frau, die genau 7 Jahre jünger war als er.

Goethe:
Wolfgang Weber war 49,8 (Phase I) bei der Geburt von J. W. Textor. Der war 28,5 (Phase I) bei Geburt von Ch. H. Textor. Der war 27,6 (Phase VII) bei Geburt von J. W. Textor. Der war 37,2 bei der Geburt von Goethes Mutter Katharina Elisabeth (also im 2. Mondknotenjahr, von dem Herr Swoboda freilich nichts wußte). Und Katharina Elisabeth gebar Johann Wolfgang von Goethe im Alter von exakt 18,6 Jahren, also dem ersten Mondknotenjahr.

Wie gesagt, ich weiß nicht, ob dergleichen nicht einfach unter die Rubrik »Kuriosa« fällt – andererseits: Warum sollten sich die Geburten von Kindern nicht auch dergestalt an die Rhythmen ihrer Eltern anlehnen, daß sie häufig mit einem der beiden Elternteile phasengleich zu sein suchen?

Swoboda listet eine Reihe weiterer Berühmtheiten seiner und früherer Zeiten auf, bei deren Geburt ein oder beide Elternteile in der VII. bzw. I. Phase gestanden haben sollen, unter anderem: Leibniz, Fichte, Hegel, Schopenhauer, Schleiermacher, Gottsched, Hölderlin, Novalis, Jean Paul, Kleist, E.T.A. Hoffmann, Körner, Hauff, Grabbe, Nestroy, Stifter, Mörike, Keller, Storm, Corneille, Madame de Staël, Balzac, Flaubert, Vater und Sohn Alexandre Dumas, Victor Hugo, Jules Verne, Zola, Guy de Maupassant, Puschkin, Tolstoj, Dostojewski, Jonathan Swift, Laurence Sterne, William Blake, Wordsworth, Keats, Charlotte und Emily Brontë, E.A. Poe, Walt Whitman, Oscar Wilde, Ibsen, Rossini, Liszt, Brahms, Smetana, Mahler, Galilei, Paracelsus, Newton,

Pascal, Gauß, Fraunhofer, Bunsen, Edison, Gregor Mendel, Michelangelo, Feuerbach und Johann Sebastian Bach.

Das liest sich beeindruckend. Aber andererseits wurden eine ganze Menge berühmter Leute sicherlich in anderen Phasen ihrer Eltern als der I. und VII. geboren, und in unserer Familie ist bisher trotz des ungebrochenen Siebenerrhythmus von auffallender Genialität nichts bekanntgeworden. Vielleicht häufen sich also Geburten tatsächlich in Phase I (bis Anfang II) und Phase VII – über die »Qualität« der Kinder, wie Swoboda das tatsächlich nennt, sagt die Geburtsphase allerdings mit Sicherheit nichts aus. Es ist nicht wichtig, wann ein Kind geboren wird, sondern daß es seinen eigenen Rhythmus entwickeln und stabilisieren kann.

Natürlich kann nur ein Kind seinem eigenen Rhythmus in Ruhe folgen lernen,
- das im allgemeinen einfühlsam und liebevoll behandelt wird,
- auf das die Umwelt sich takt-voll einläßt,
- das Zeit und Gelegenheit hat, in sich hineinzuhören und das Tempo seiner Entwicklung selbst zu bestimmen
- und das dabei von der Stabilität der es umgebenden Rhythmen getragen und unterstützt wird.

Solche Bedingungen herrschen wiederum nur, wenn die Menschen in unmittelbarer Umgebung des Kindes ihrerseits im Rhythmus sind. Als Mutter müssen Sie also zuerst einmal Ihren eigenen Rhythmus in Ordnung bringen. Lernen Sie, gelassen mitzuschwingen, denn es sind Ihre Rhythmen, die die Ihrer Kinder mehr als alles andere beeinflussen und prägen.

Dauerhaft schlechte Ehen etwa wirken sich schon aus diesem Grunde noch katastrophaler auf Kinder aus als eine Trennung der Eltern: Eine Trennung mag ein Kind eine oder auch mehrere Phasen lang aus dem Rhythmus werfen – aber wenn es das Glück hat, nach der Trennung in einer rhythmisch integren Umwelt aufzuwachsen, wird es früher oder später auch wieder in seine Rhythmen hineinfinden können.

Das Weiterführen einer kaputten Ehe jedoch zerstört die Rhythmik der Eltern, womöglich über viele Zyklen hinweg, und diese Störung wiederum prägt dann dauerhaft und womöglich unwiderruflich die Phasencharaktere im Chart der Kinder.

Halten Sie solche Negativprägungen der Phasencharaktere möglichst gering. Das Nützlichste, was man für die Entwicklung der kindlichen Rhythmik tun kann, ist, daß man einfach keinen Schaden in ihr anrichtet.

Im übrigen ist es keine schlechte Idee, für die eigenen Kinder möglichst früh eigene Charts anzulegen. In einen solchen Chart gehört alles hinein: Wann das Kind laufen lernte und wann es anfing zu sprechen, wann es krank war, in die »Trotzphase« kam, sich für gleichaltrige Spielgefährten zu interessieren anfing, Schulprobleme hatte. Und natürlich sollten auch jene Ereignisse eingetragen werden, die mit Ihrer eigenen Rhythmik zu tun haben: Also wann es etwa in Ihrer Ehe kriselte, in welcher Phase Sie vielleicht den ganzen Kinder-Küche-Kram mal gründlich überhatten, wann Sie oder der Vater ins Krankenhaus mußten etc. Besonders, wenn Probleme mit einem Kind auftauchen, kann es dann hilfreich sein, die Kindercharts einmal miteinander und mit Ihren eigenen zu vergleichen.

Der Chart des Lebenspartners

Wenn Sie den Chart Ihres Lebenspartners aufstellen wollen, brauchen Sie natürlich seine Mithilfe: Ohne seine Kooperation wird es Ihnen kaum möglich sein, seine Daten und vor allem seine Bewertungen dieser Daten zusammenzubekommen.

Ist Ihr Partner inzwischen selbst daran interessiert, etwas über seine Rhythmik herauszufinden, gibt es mit der Erstellung des Charts weiter keine Probleme: Drücken Sie ihm einfach dieses Buch in die Hand. Auch wenn es vor allem im Hinblick auf weibliche Rhythmen geschrieben wurde, gilt natürlich das Prinzip der Sieben-Jahres-Zyklen grundsätzlich genauso für Männer, und auch viele der Beispiele sind leicht genug in die männliche Erfahrungswelt zu übertragen.

Hat er keine Lust, sich mit seinem Chart zu beschäftigen, dann lassen Sie das Ganze am besten. Die Daten, die Ihr gemeinsames Leben betreffen, kennen Sie immerhin (und sicher haben Sie sie in Ihren eigenen Chart schon eingetragen).

Es kann andererseits auch sehr interessant sein, als Paar seine Charts zusammen zu erstellen oder hinterher miteinander zu vergleichen. Nicht nur, weil man viel über die gemeinsame Rhythmik herausfindet, sondern auch, weil der Chart ein guter Gesprächsanlaß ist: Tatsächlich kann ein Chartvergleich dazu führen, daß sich ein Paar weiter als sonst üblich füreinander öffnet.

Deswegen ist das Ganze auch nicht ungefährlich. Wenn Sie Ihre Charts miteinander vergleichen, erfahren Sie beinahe zwangsläufig bislang unbekannte Details aus dem Vorleben des Partners, und das ist nicht immer notwendig oder gar sinnvoll. Und natürlich geben auch Sie selbst viel von sich preis. Mit anderen Worten: Bei einem Chartvergleich liefern beide Beteiligten ihrem Gegenüber »Munition«, die er oder sie bei Gelegenheit vielleicht auch verwenden wird. In Beziehungen, die noch neu und unerprobt sind, sollte man deshalb mit solcher Selbstentblößung erst einmal vorsichtig sein. Und auch wenn gerade der (Macht)Kampf tobt, ist es nicht empfehlenswert, ausgerechnet die gemeinsame Interpretation der Charts zur Klärung einzusetzen: Zu schnell verstrickt man sich in gegenseitige Schuldzuweisungen oder setzt gar den Chart als Waffe ein (»Du bist schuld, wenn ich aus dem Rhythmus gekommen bin « – »Kennengelernt habe ich dich ja sowieso in Phase III, wo immer nur Müll passiert« – »Du bist einfach unmöglich in Phase II, das warst du immer, während ich in meiner Phase IV immer supergut drauf bin! Also, wer ist an dem ganzen Theater schuld?« usw.). Es stimmt eben leider nicht, daß man besser verstanden wird, nur weil man jemandem noch mehr Informationen über sich selbst gibt, als er ohnehin schon hat. Überlegen Sie sich also vorher, wie weit Sie Ihren Partner ins Vertrauen ziehen wollen oder müssen.

Kommen Sie zu dem Ergebnis, daß Sie lieber nicht gleich Ihren ganzen Chart mit ihm durchsehen wollen (oder winkt er ab, wenn Sie ihn für die Erstellung des seinen zu begeistern suchen), können Sie dennoch zumindest der gemeinsamen Rhythmik ein Stück weit auf den Grund gehen. Bedienen Sie sich dabei einfach jener (gemeinsamen) Daten, die Sie im Unterchart »Beziehungen« aufgelistet haben.

Fragen Sie sich zuerst einmal, wie Ihre Zyklen mit denen des Partners ineinandergreifen.

- In welcher Phase steht er, wenn Sie in Phase I sind, in Phase II etc.? Sind Sie vielleicht sogar phasengleich?
- In welcher Ihrer und seiner Phasen gab es Probleme, und welcher Art waren diese Probleme? Läßt sich eine Struktur erkennen? Achten Sie besonders auf die Wendepunkte der Mondknotenjahre!
- Wenn Sie schon länger als einen Zyklus zusammen sind: Welchen Charakter tragen die Phasen Ihrer Beziehung? Für Beziehungen, die seit mindestens zwei Zyklen bestehen, lohnt sich unter Umständen ein eigener Beziehungs-Unterchart, in den nur Ereignisse eingetragen werden, die auf beide Beteiligten Auswirkungen hatten. (Natürlich kann man den Rhythmus einer Beziehung überhaupt nur untersuchen, wenn man schon etwas länger zusammen ist. Wenn Sie einander erst seit ein bis zwei Jahren kennen, beschäftigen Sie sich am besten einfach noch einmal mit Ihrem Unterchart »Beziehungen«.) Wenn zum Beispiel zwei Berufswechsel, eine Weltreise und das Jahr, in dem er heimlich eine andere Beziehung unterhielt, in einer Phase liegen, dann wissen Sie: In dieser Phase herrscht bei ihm Aufbruchstimmung. Da braucht er was Neues, eine Veränderung.

Vielleicht möchten Sie dann bei der nächsten Wiederkehr dieser Phase selber die Dinge anpacken und herauszufinden versuchen, womit Ihrer gemeinsamen Beziehung von innen heraus wieder ein wenig mehr Pep zu verleihen wäre. Damit ist nicht unbedingt eine sexuelle Auffrischung der Partnerschaft gemeint. Tatsächlich ist gerade das überhaupt nicht gemeint.

Man muß sich klarmachen, daß eine Beziehung eine durch und durch lebendige Sache ist (oder sein sollte), die ebenso Zyklen und Phasen unterliegt wie jeder einzelne Mensch für sich. Wenn ein Mensch nun zwanghaft versucht, einen bestimmten Zyklus (etwa 3, »Zeit der Wahl«, in dem es ziemlich viel um Erotik geht) in seinem Leben immer erneut zu wiederholen, dann vermeidet er damit alle anderen Zyklusaufgaben – und gerät prompt aus dem Rhythmus.

Ebenso ergeht es einer Beziehung, die ewig ihre eigene hocherotische Anfangsphase wiederholen soll. Die erste Romantik einer Liebe überlebt kaum jemals länger als einen halben Zyklus. Danach stellt sich die Frage, wie man weitermachen soll.

Neuen Pep in die Beziehung zu bringen heißt also vor allem erst einmal, sich auch hier immer wieder einer neuen Zyklusaufgabe zu stellen. Welche das sein könnte, müssen Sie selbst herausfinden. Betrachten Sie die Zyklusaufgabe, die Sie persönlich gerade zu bewältigen haben, betrachten Sie (so das möglich ist) die gegenwärtige Zyklusaufgabe Ihres Partners, und vielleicht liegt dann bereits auf der Hand, was in Ihrer Beziehung als Nächstes zu passieren hat (Aufbau eines Geschäfts, Gründung einer Familie).

Wenn nicht, müssen Sie sich selbst etwas ausdenken, das zu Ihren momentanen Zyklusaufgaben zu passen scheint. Möglichkeiten gibt es schließlich viele.

Aber bitte, treten Sie nicht nur einfach dem Sportverein oder dem Tanzklub bei! Die so oft beschworenen »gemeinsamen Hobbys« sind viel zu blaß und viel zu banal, um einen ganzen langen Beziehungszyklus mit Leben zu füllen.

Gründen Sie gemeinsam eine Theatergruppe für schwererziehbare Jugendliche. Beginnen Sie mit der Pferdezucht. Organisieren Sie den Aufbau einer Unterkunft für Obdachlose. Ersteigen Sie einen Achttausender. Gründen Sie eine Rockgruppe. Planen Sie eine Tauchexpedition ins Loch Ness. Sie glauben nicht an Nessie, das Seeungeheuer? Aber das macht nicht das Geringste! Es geht schließlich nicht um Nessie, sondern um Ihre Beziehung, und wenn die wieder Funken schlagen soll, brauchen Sie etwas, das *sieben lange Jahre mit Leben füllt.* Schließlich kämen Sie auch nicht auf die Idee, einen Ihrer persönlichen Sieben-Jahres-Zyklen vorrangig der Herstellung von Häkeldeckchen oder dem Radfahren zu widmen, oder?

Häufig sucht man, wenn eine Beziehung stagniert, instinktiv nach Dingen bzw. Aufgaben, die neue Nähe, Verbundenheit schaffen können. Vielleicht haben Sie aber auch das umgekehrte Problem. Vielleicht sind Sie mit Ihrem Partner schon in hundert und eine Sache gemeinsam verstrickt – und der nächste Zyklus Ihrer Beziehung müßte eher eine

Lockerung, eine Rückbesinnung jedes einzelnen auf sich selbst bringen. Vielleicht ist es an der Zeit, daß Sie Ihre Lebenszufriedenheit aus anderen Quellen als aus Ihrer Beziehung zu schöpfen lernen.

Oder es mag hohe Zeit für eine Trennung sein. Das bedeutet allerdings nicht zwangsläufig ein Ende Ihres gemeinsamen Charts. Falls Sie beide etwa Kinder haben, werden Sie wohl auch über die Trennung hinaus miteinander verbunden bleiben. Und dies würde dann tatsächlich bedeuten, daß mit der Trennung ein völlig neuer Lernzyklus für Sie, für ihn *und für Sie beide als Paar* beginnt.

Mögliche Beziehungsaufgaben gibt es viele. Das Thema läßt sich hier kaum anreißen, tatsächlich wären Beziehungszyklen an sich beinahe noch einmal ein eigenes Buch wert. Um welchen Zyklus es in Ihrer Partnerschaft gerade geht, was bei Ihnen als Paar gerade »dran« wäre, können Sie jedenfalls am besten herausfinden, wenn Sie Ihren und seinen Chart zusammen als eine Art »Hörrohr« verwenden. Betrachten Sie Ihr Material und lauschen Sie dabei in sich hinein. Lassen Sie sich dazu viel Zeit. Sprechen Sie miteinander, und hören Sie zu. Das Thema ist: Was ist als nächstes in unserer Beziehung an der Reihe? Was ist unsere Aufgabe – unsere gemeinsame Aufgabe als Paar, im Unterschied zu den Zyklusaufgaben, die wir beide jeweils als Individuen zu bewältigen haben? Sie können mit ihm nicht über so etwas reden? Dann ist wenigstens Ihre nächste Beziehungs-Zyklusaufgabe klar.

Gehen Sie den nächsten Zyklus Ihrer Beziehung mit ebensoviel Verve und Biß an wie den Ihres individuellen Lebens – aber tun Sie das nie, wirklich niemals allein.

Lassen Sie sich nie die Alleinverantwortung für die Beziehung aufbürden, weder von Büchern und Artikeln der Marke »So retten Sie Ihre Ehe« noch gar vom Ehepartner selbst. Die Zeiten, in denen irgendwer den Frauen straflos empfehlen durfte, gelangweilte Gatten im schwarzen Negligé vom Fernseher weg – respektive aus dem Fremdbett herauszulocken, maulfaule Herren mit leichtem, dabei geistvollem Geplauder schmeichelnd zu stimulieren, Müden ein schmackhaftes Abendessen samt Nackenmassage zu servieren, einseitige Verständnis- und Verständigungsversuche zu

unternehmen und darin gefälligst auch noch persönliche Erfüllung zu finden, sollten endlich ihrem Ende entgegengehen.
Nichts gegen liebevollen Umgang nach Feierabend. Aber
Beziehungspflege müssen schon beide betreiben, sonst ist da
gar keine Beziehung, und dann können Sie ohnehin nur
noch Ihre Sachen packen und sich zügig davonmachen.
Wenn Sie das nicht tun – oder wenn Sie sich die ganze Ver-
antwortung für Ihre Partnerschaft allein überstülpen lassen
–, dann verschleudern Sie Energie. Also können Sie sich
nicht mehr in dem Maße um Ihr eigenes Leben kümmern, in
dem das normalerweise geschähe. Und was dann passiert,
können Sie sich ja denken: Sie kommen aus dem Rhythmus,
und zwar ordentlich. Das wiederum würde auch Ihrer Beziehung keinen Nutzen bringen.

Freundinnen: Christines und Petras Chart

Christines und Petras Charts greifen stark ineinander: Die
beiden (im übrigen charakterlich sehr verschiedenen)
Frauen haben eine verblüffend ähnliche Rhythmik. Wir werden uns im Folgenden allerdings wieder auf eine Reihe von
Beispielen beschränken müssen. Es wäre einfach zu verwirrend, Christines gesamten Chart, ihre gesamte Rhythmik
ähnlich wie die Petras zu entwickeln. Christine ist ein knap-
pes halbes Jahr jünger als Petra, so daß sich die Phasen der
beiden teilweise überlappen, aber nicht völlig miteinander
deckungsgleich sind. (Dies ist natürlich eine typische Kon-
stellation bei langandauernden Freundschaften, die noch aus
Schul- oder Ausbildungszeiten stammen.) Durch die Pha-
senüberlappung ergeben sich von Haus aus dieselben Schul-
daten: Einschulung in 1, VII, Gymnasium in 2, IV, Abitur in
3, VI. Daß beide Mädchen ihre ersten sexuellen Erfahrungen während eines ersten gemeinsamen Urlaubs ohne die
Eltern sammeln, ist auch nicht weiter erstaunlich.
Freilich werden diese Erlebnisse von beiden aufgrund der
unterschiedlichen Phasencharaktere auch sehr unterschiedlich bewertet: Für die etwas schwermütige Petra, die im
Kindergarten und später in der Schule mit Anpassungs-
schwierigkeiten zu kämpfen hatte, liegt der Eintritt in Kindergarten und Gymnasium in Phase IV, Arbeit, Mühe. Für

Christine, die beliebt war, leicht lernte und sich um nichts große Sorgen machte, liegen diese beiden Ereignisse ebenfalls in Phase IV, die aber trägt bei ihr den Titel »Sprung nach vorn«.

Daß Christines beste Phase ausgerechnet mit einem Teil von Petras schwierigster Phase deckungsgleich ist, könnte zu Problemen führen, ist in diesem Fall aber außerordentlich günstig:

– Der Rhythmusbruch Petras fiel gerade in die Phase IV: Petra war damals sehr schwierig und natürlich ständig unglücklich. Das aber konnte Christine, die gerade Oberwasser hatte, nicht ernsthaft bedrücken oder verstören. Im Gegenteil, soweit es möglich war, versuchte sie die Freundin in ihrem »Sprung nach vorn« mit sich zu reißen. Hätte Christine zur selben Zeit wie Petra eine kritische Phase durchlaufen, hätte die Freundschaft in dieser Zeit womöglich zerbrechen können. Tatsächlich kam es auch so in 4, IV hin und wieder zwischen den beiden zu Streit.

– In 5, V fährt Petra zu Christine, um sich darüber klarzuwerden, wie sie ihr Leben weitergestalten soll, und kündigt prompt kurz nach ihrer Rückkehr ihren Job als Computerprogrammiererin. Genau sieben Jahre später, in 6, V fährt sie ein weiteres Mal zu Christine – und aus dem geplanten Erholungsurlaub wird eine Beistandsaktion. Denn Christine wird sich während Petras Aufenthalt darüber klar, daß sie sich von ihrem Mann trennen möchte. Der Anfang von Petras Phase V fällt noch immer in Christines Phase IV – den »Sprung nach vorn« also. Im Zyklus 5 hilft Christine ihrer noch von der Rhythmusstörung geschwächten Freundin mit ihrer Energie dabei, sich beruflich richtig zu entscheiden, eben den »Sprung nach vorn« zu machen, und dies entspricht dem Charakter von Petras Phase V: »Befreiung«. In Zyklus 6 ist es dann Petra, die Christine von ihrer Phase-V-Energie abgibt: Christine gelingt der für sie phasentypische »Sprung nach vorn«, indem sie sich von ihrer gescheiterten Ehe »befreit«.

Beide Frauen beginnen ihr Studium in derselben Phase desselben Zyklus und stellen sich damit zeitgleich derselben Zyklusaufgabe. Sie ziehen auch zusammen und erhalten die Wohngemeinschaft über einen Zyklus hinweg aufrecht.

174

Von dem Moment an, wo sie nicht mehr zusammen wohnen, erledigen sie ihre Zyklusaufgaben in individueller Folge – aber doch so, daß die starke Ähnlichkeit der Rhythmen deutlich bleibt: Beide Frauen heiraten in ihrer Phase VII – Christine in 3, VII, Petra in 4, VII. Beide bekommen in ihrer darauffolgenden Phase I ein Kind. Als Christine heiratet, beginnt Petra zeitgleich ihren ersten Job. Als Christines Sohn fünf ist und in die Vorschule geht und Christine wieder zu arbeiten beginnt, heiratet ihrerseits Petra.

Heidi und Petra

Im Gegensatz dazu steht eine andere Freundin Petras, die bisher unerwähnt blieb: Heidi. 15 Jahre lang verband die beiden eine enge Freundschaft, dann verstanden sie sich plötzlich überhaupt nicht mehr.

Im Gegensatz zu Christine und Petra, deren Charts einander ergänzen, gab es hier zwischen den Phasen der beiden Frauen Reibungen. So fiel beispielsweise Petras Phase II »Brüten« mit Heidis Phase V »Verwirklichung« (von Ideen/ Plänen aus Phase III und IV) in etwa zusammen. Resultat: In ihrer Phase II nervte Petra meist Heidis phasentypischer Drang nach konkreten Projektrealisierungen – gleichzeitig aber fand Heidi Petra konfus und langweilig und wandte sich deshalb in dieser Phase regelmäßig vorübergehend anderen Freunden zu. Das machte Petra wiederum nichts aus, und so hatten die beiden eine Lösung für den Rhythmuskonflikt gefunden, die gut zwei volle Zyklen lang funktionierte.

Dann jedoch geriet Heidi aus dem Rhythmus. Ihr Rhythmusbruch fiel in ihre Phase V, »Verwirklichung von Ideen«. Aus bestimmten Gründen verweigerte sich Heidi dieser Aufgabe und zog sich statt dessen in sich selbst zurück. Jetzt saßen also beide Freundinnen da und »brüteten«. Das brachte sie aber einander mitnichten näher. Heidi, die dringend einen Anstoß zum Handeln gebraucht hätte, konnte von Petra in Phase II natürlich keinen erwarten. Sie wurde immer niedergeschlagener und lustloser.

Petra wiederum (die in ihrer Phase II eigentlich Energie sammeln und sich auf das Angehen der Zyklusaufgabe in III vorbereiten mußte) fühlte sich nach einem Treffen mit der Freundin jedesmal völlig erschöpft. Und am Ende von Petras Phase II (als bei ihr der »Anklopfer« kam und die »Entpuppung« von III sich ankündigte) machten sie Heidis Lamentos nur noch ungeduldig. Als Petra die Freundin dann das fünftemal in einem Gespräch mit dem Vorschlag unterbrach, doch endlich mal mit irgendwas loszulegen, statt immer nur herumzujammern, legte Heidi verletzt auf. Das war das Ende der Freundschaft – obgleich Petras Rat an sich genau der richtige war.

Aber Brüche im Rhythmus sind nun mal immer schwer zu heilen, und zwar ganz besonders, wenn es sich um die Brüche im Rhythmus anderer handelt.

7. Kapitel:
Brüche im Rhythmus

Rhythmusbrüche in der Vergangenheit

Warum gerät man überhaupt aus dem Rhythmus?

Im ersten Kapitel habe ich zwei Problemkreise genannt, die Brüche im Rhythmus verursachen können: **Äußere Ereignisse** – etwa der Ausbruch eines Krieges oder ein traumatisches Erlebnis – greifen in den natürlichen Fluß der persönlichen Rhythmik zerstörend **ein.**

Der Versuch, einen Lern- und Lebenszyklus oder eine der Zyklusphasen zu vermeiden, abzukürzen, hinauszuzögern oder zu überspringen, bringt den Rhythmus durcheinander.

1. Äußere Ereignisse greifen zerstörend ein

Als Beispiele für diesen Fall können die Charts von Barbara R. und von David dienen: Barbaras Rhythmus wurde durch den Zweiten Weltkrieg, Davids durch Mißhandlung im Kindesalter schwer erschüttert.

Barbara R.: Der Knick im Chart – Rhythmusveränderung durch eine politische Katastrophe
Barbara R. wurde 1930 geboren und erlebte also die Jahre des Zweiten Weltkrieges mit. Ihr Chart zeigt auf den ersten Blick, wie einschneidend die Kriegserlebnisse ihre persönliche Rhythmik gestört und verändert haben (s. Seite 178–179):

Im Chart gibt es einen regelrechten Knick: Die ersten drei Zyklen sind völlig anders gestaltet als die folgenden sieben. Dies liegt, wie wir sehen können, an den traumatischen Kriegserlebnissen und ihren Folgen, die die Rhythmik Barbaras so schwer störten, daß eine Reparatur nicht mehr möglich schien. Um überhaupt wieder zu sich zu finden, ent-

177

PHASE	I			II			III		
Alter	0 7 14 21 28 35 42 49 56 63 70 77 84 91 98			1 8 15 22 29 36 43 50 57 64 71 78 85 92 99			2 9 16 23 30 37 44 5 72 79 86 93 100		
Geburtsdatum (Tag, Monat)	1. 4.	Geburtsdatum + 3 Mon. 6 Mon. 9 Mon.		1. 4.	Geburtsdatum + 3 Mon. 6 Mon. 9 Mon.		1. 4.	Geburtsdatum + 3 Mon. 6 Mon. 9 M	
		1.7.	*1.9.*	*1.1.*	*1.7.*	*1.9.*	*1.1.*	*1.7.*	*1.9.*	*1.*
ZYKLUS 1 0 – 7 Jahre 19.30. – 19.37.									
ZYKLUS 2 7 – 14 Jahre 19.37. – 19.44.	*im Rundfunk gesungen* *schöne ruhige Tage*			*zusammen mit vielen* *Verwandten + deren* *Kindern. Schön*			*Kriegsbeginn.* *Vater wird* *eingezogen*		
ZYKLUS 3 14 – 21 Jahre 19.44. – 19.51.	*Keine Schule mehr möglich.* *ständig im Bunker.* *Todesangst.*			*Flucht. Nervenzusammen-* *bruch. Flüchtlingslager.* *Angst. (1945)*			*geht auf Berufs- st* *Realschule.* *Berufliche Pläne sch*		
ZYKLUS 4 21 – 28 Jahre 19.51. – 19.58.						*Ver-* *lobung*			
ZYKLUS 5 28 – 35 Jahre 19.58. – 19.65.	*Geburt der* *Tochter*								
ZYKLUS 6 35 – 42 Jahre 19.65. – 19.72.									
ZYKLUS 7 42 – 49 Jahre 19.72. – 19.79.									
ZYKLUS 8 49 – 56 Jahre 19.79. – 19.86.									
ZYKLUS 9 56 – 63 Jahre 19.86. – 19.93.									
ZYKLUS 10 63 – 70 Jahre 19.93. – 20.00.	*Geburt der Enkelin*								
ZYKLUS 11 70 – 77 Jahre .... –									
ZYKLUS 12 77 – 84 Jahre .... –									
ZYKLUS 13 84 – 91 Jahre .... –									
ZYKLUS 14 91 – 98 Jahre .... –									

IV			V				VI				VII		
17 24 31 38 45 52 59 66 80 87 94 101			4 11 18 25 32 39 46 53 60 67 74 81 88 95 102				5 12 19 26 33 40 47 54 61 68 75 82 89 96 103				6 13 20 27 34 41 48 55 62 69 76 83 90 97 104		
Geburtsdatum + Mon. 6 Mon. 9 Mon.			*1.* *4.*	Geburtsdatum + 3 Mon. 6 Mon. 9 Mon.			*1.* *4.*	Geburtsdatum + 3 Mon. 6 Mon. 9 Mon.			*1.* *4.*	Geburtsdatum + 3 Mon. 6 Mon. 9 Mon.	
1.7.	*1.9.*	*1.1.*		*1.7.*	*1.9.*	*1.1.*		*1.7.*	*1.9.*	*1.1.*		*1.7.*	*1.9.*	*1.1.*
Evi *kennengelernt*												*Einschulung*		
Beginn Realschule *(Mittelschule)*												*beginnt im Rundfunk* *zu singen*		
kehrt Möglichkeit *im. nach England zu* *iebe. gehen. B. lehnt ab.*			*Mittelohrvereiterung* *1. Gallen-Kolik* *Liebeskummer*				*lernt späteren* *Ehemann* *kennen*						
			Hochzeit. *Blind-* *darm-OP*								*Schwanger*		
			1. Ehekrise										
			beginnt Tennis *zu spielen*										
			1. lange *Reise*				*Tochter zieht aus*				*arbeitet einige* *Monate,* *dann Abbruch*		
			2. Ehekrise				*Tochter beendet* *Studium*				*Ehemann erkrankt* *schwer*		
			tritt *»Kunstfreunden«* *bei*				*Mutter stirbt.* *Tochter heiratet*						
											Barbara R., 67		

wickelte die 25jährige in 3, V eine neue, weitgehend andere Rhythmik. In den ersten drei Zyklen scheint es sich trotz der durch den Krieg gestörten Rhythmik deutlich abzuzeichnen, daß in die Phase IV gewöhnlich weitreichende persönliche Entscheidungen fallen, sich ihr neue Möglichkeiten eröffnen:

In 1, IV lernt sie Evi kennen, die ihr noch immer besonders nahestehende Freundin und die einzige aus den Tagen ihrer Kindheit, mit der sie heute noch Kontakt pflegt. Die Freundschaft der beiden erlebte und überstand zahllose Irrungen und Wirrungen, mal verlor man sich auf der Flucht und fand einander über das Rote Kreuz wieder, mal kam es zu einem Zerwürfnis, und man suchte einander über Zeitungsannoncen usw.

In 2, IV kommt sie in die Mittelschule. Sie weiß genau, was sie später einmal machen möchte: Apothekenhelferin will sie werden, und die weiterführende Schule ist für sie der erste Schritt.

In 3, IV erlebt sie ihre erste Liebe, ihr Vater kehrt unversehrt aus der Kriegsgefangenschaft zurück, und – sie erhält ein Angebot, als Kindermädchen nach England und dort weiter zur Schule zu gehen. Sie bekommt die Chance, sich ihren beruflichen Traum zu erfüllen – eine Chance, die sie zu Hause nicht hat: Sie, der Flüchtling, kann im Nachkriegs-Deutschland froh sein, wenigstens einen Platz an der Berufsschule ergattert zu haben. An die Mittelschule oder gar das Gymnasium ist gar nicht zu denken.

Hier kommt der Bruch. Denn Barbara ist nicht mehr im Rhythmus, die Erschütterungen der Kriegs- und Fluchterlebnisse haben Phase I bis III dieses Zyklus nachhaltig durcheinandergebracht: In ihren Phasen der Ruhe (I und II) wurde sie gejagt und geängstigt, nun, in der Phase der Veränderung, hat sie Angst vor jeder weiteren Veränderung. Sie nimmt ihre Chance nicht wahr und bleibt, wo sie ist.

Und in der darauffolgenden Phase V erkrankt sie prompt an einer Mittelohrvereiterung, die operiert werden muß, hat eine Gallenkolik (die erste von vielen) und verliebt sich auch noch unglücklich. Genau am Ende der Phase dann lernt sie ihren späteren Mann kennen – und von nun an fallen Ereignisse in ihrem eigenen Leben in diese Phase V.

Aber keines dieser Erlebnisse besitzt lebensverändernde Qualität und damit echte Tragweite. Dinge von Tragweite finden sich eher in VI oder VII, beziehen sich aber meist nicht auf sie direkt, sondern eher auf ihre Familie.

In IV dagegen, ihrer ureigensten Entscheidungsphase, findet sich überhaupt nichts mehr – und interessanterweise auch nicht in III, der Phase, in der sie noch in 1,2 und 3 mit persönlichen Widerständen und Widrigkeiten zu rechnen hatte, die es zu überwinden oder zu verarbeiten galt. Betrachtet man den Chart ab Phase IV, sieht man, daß Barbara, nachdem sie aus ihrem alten, recht spannungsreichen Rhythmus hinausgeschleudert worden war, ihren neuen Rhythmus unbewußt vor allem unter dem Aspekt geschaffen hat, daß er möglichst wenig Reibung erzeugen, wenige Schmerzmöglichkeiten bieten, wenige Entscheidungen verlangen sollte. Das war natürlich legitim. Aber der Verzicht auf Reibungspunkte bedeutete, rhythmisch gesehen, auch den Verzicht auf Möglichkeiten großer persönlicher Erfüllung.

David: Arrhythmischer Chart durch fortgesetzte Mißhandlung in der Kindheit
David, heute 46, kennen wir schon aus dem Kapitel, in dem es um Kindheitscharts ging. Jetzt wollen wir uns den Rest ansehen (s. Seite 182–183):

Auf den ersten Blick läßt sich hier überhaupt keine erkennbare Phasenstruktur ausmachen. Blickt man genauer hin, so sieht man allerdings, daß der gesamte Chart von verzweifelten Versuchen bestimmt wird, überhaupt eine Art Rhythmus zu entwickeln.

Ein Chart wie dieser gehört zu einem psychisch schwer beeinträchtigten Menschen, so viel ist allein aus der Rhythmik klar ersichtlich, selbst wenn man die Qualität der Einzelereignisse selbst noch gar nicht untersucht hat. Hier und da lassen sich Spuren einer möglichen Phasengestaltung erkennen, aber nichts ist von Dauer oder deutlich ausgeprägt. David ist es auch nicht gelungen, als Erwachsener eine neue Rhythmik zu finden, so wie Barbara das geschafft hat.

PHASE	I				II				III			
Alter	0 7 14 21 28 35 42 49 56 63 70 77 84 91 98				1 8 15 22 29 36 43 50 57 64 71 78 85 92 99				2 9 16 23 30 37 44 51 72 79 86 93 100			
Geburtsdatum (Tag, Monat)	12. 6.	Geburtsdatum + 3 Mon.	6 Mon.	9 Mon.	12. 6.	Geburtsdatum + 3 Mon.	6 Mon.	9 Mon.	12. 6.	Geburtsdatum + 3 Mon.	6 Mon.	9 Mon
		12.9.	*12.12.*	*12.1.*		*12.9.*	*12.12.*	*12.1.*		*12.9.*	*12.12.*	*12.1.*
ZYKLUS 1 0 – 7 Jahre 19.50.. – 19.57..						*Leistenbruch*						
ZYKLUS 2 7 – 14 Jahre 19.57.. – 19.64..										*sitzengeblieben*		
ZYKLUS 3 14 – 21 Jahre 19.64.. – 19.71..						*erste Freundin*				*Beginn Lehre*		
ZYKLUS 4 21 – 28 Jahre 19.71.. – 19.78..						*Beginnt Heroin zu nehmen*				*Verkauft Heroin*		
ZYKLUS 5 28 – 35 Jahre 19.78.. – 19.85..					*X*	*fährt nach Amerika (von ererbtem Geld)*				*versucht „legal zu werden"*		
ZYKLUS 6 35 – 42 Jahre 19.85.. – 19.92..		*lernt spätere Frau kennen*				*Beziehungsende*						
ZYKLUS 7 42 – 49 Jahre 19.92.. – 19.99..		*Scheidung, nimmt wieder Drogen*								*Schwerkr*		
ZYKLUS 8 49 – 56 Jahre .... –												
ZYKLUS 9 56 – 63 Jahre .... –												
ZYKLUS 10 63 – 70 Jahre .... –												
ZYKLUS 11 70 – 77 Jahre .... –												
ZYKLUS 12 77 – 84 Jahre .... –												
ZYKLUS 13 84 – 91 Jahre .... –												
ZYKLUS 14 91 – 98 Jahre .... –												

IV		V		VI		VII
7 24 31 38 45 52 59 66 0 87 94 101		4 11 18 25 32 39 46 53 60 67 74 81 88 95 102		5 12 19 26 33 40 47 54 61 68 75 82 89 96 103		6 13 20 27 34 41 48 55 62 69 76 83 90 97 104
Geburtsdatum + Mon. 6 Mon. 9 Mon.	12. 6.	Geburtsdatum + 3 Mon. 6 Mon. 9 Mon.	12. 6.	Geburtsdatum + 3 Mon. 6 Mon. 9 Mon.	12. 6.	Geburtsdatum + 3 Mon. 6 Mon. 9 Mon.
2.9. 12.12. 12.1.		12.9. 12.12. 12.1.		12.9. 12.12. 12.1.		12.9. 12.12. 12.1.
wird zur roßmutter gegeben		Rückkehr zu den Eltern				Einschulung
				erste sexuelle Erfahrung		
Ende mit 1. Freundin		Abbruch Lehre		Einberufung (erscheint nicht) ⟶ Verhaftung (Bundeswehr)		
ngnisstrafe wegen Drogenhandels „Als Dealer ziemlich erfolgreich" 2. Ver- haftung X						2. Gefängnisstrafe
nimmt wieder Drogen		fährt nach Asien				
Trifft spätere Frau wieder, Drogenentzug				Heirat		Geburt des Sohnes
		Beginn Therapie				
						David

2. Der Versuch, einen Lern- und Lebenszyklus oder eine der Zyklusphasen zu vermeiden, abzukürzen, hinauszuzögern oder zu überspringen

Als Beispiel für den zweiten der beiden eingangs genannten Fälle (man gerät aus dem Rhythmus, weil man versucht, einen Lern- und Lebenszyklus oder eine der Zyklusphasen zu vermeiden, abzukürzen, hinauszuzögern oder zu überspringen) dient Petras Chart sowie der der 73jährigen Martha.

Petra: Rhythmusbruch durch Überspringen einer Phase
Es geht hier natürlich um den schon zur Genüge betrachteten Rhythmusbruch in 4, IV, der sich in 4, III anbahnte und in 4, V aufgefangen werden konnte. Wir fassen jetzt nur noch einmal zusammen. Im Rückblick erkennt man einen Rhythmusbruch, der sich über eine oder einige Phasen erstreckt, meist daran, daß eine Phase in einem Zyklus plötzlich einen ganz anderen Charakter als bisher animmt. Aber dabei ist Vorsicht geboten. Oft nämlich ist ja der Rhythmusbruch um einiges beeindruckender gewesen als das, was sich im gemeinhin in dieser Phase ereignet, so daß man dazu neigt, die Ausnahme zur Regel zu erheben und bei der Bestimmung des Phasencharakters von den Brüchen auszugehen statt vom Normalfall. Man muß also aufpassen und genau hinsehen:
– Ein Rhythmusbruch kann in jeder Phase auftreten.
– Es kommt zum Bruch, wenn man die Aufgabe der Phase nicht in Angriff nimmt.
– Der Charakter der Phase, in der es zum Bruch kommt, zeigt also natürlich auch, womit man im Leben Probleme hat (Petra etwa kommt in IV, »Arbeit« aus dem Rhythmus, in einer Phase also, wo blindes Durchhaltevermögen ohne viel sonnige Aussichten verlangt wird).
– Insofern findet ein Rhythmusbruch meist (aber nicht immer!) in einer Phase statt, die auch ohne Rhythmusbruch schon nicht sonderlich angenehm ist. Darin liegt eine gewisse Ironie: Denn meist kam man ja genau deswegen aus dem Rhythmus, weil man unrealistischen Glückserwartungen nachgab, anstatt sich seinen Aufgaben zu stellen –

weil man den Phasencharakter als unangenehm empfand und sich deshalb vor der Phase drücken wollte. Aber (wie es im Amerikanischen ebenso merkantil realistisch wie unübersetzbar heißt): There is no such thing as a free lunch. Es mag ja aussehen, als wäre es umsonst – aber wenn du es ißt, bitten sie dich hinterher erst recht zur Kasse.

– Wenn eine Rhythmusstörung eine oder mehrere Phasen in Mitleidenschaft zieht, kann man das oftmals auch grafisch erkennen, etwa weil in einer Phase, wo sonst immer eine ganze Menge zu erwarten war, plötzlich nur ein Strich steht, oder weil zwei Krankheiten die Phase geradezu einrahmen.

Martha: Rhythmusstörung durch Vermeiden einer Zyklusaufgabe
Martha P., 73, ist eine nicht ganz unbekannte Künstlerin. Ich werde ihren Chart hier deshalb etwas verfremdet und außerdem auf das Wesentliche verkürzt wiedergeben (siehe Seite 186–187):

Zunächst die Phasencharaktere in Marthas Gesamtchart:

I Das **Grundthema** der nächsten sieben Jahre wird angerissen, die Aufgabe angedeutet, die sich durch die folgenden Phasen hindurch entwickelt und die zu meistern ist.

II Phase des »Privaten«, **Beziehungs- und Besinnungsphase**. Wird von ihr selbst nicht als glückliche Phase empfunden. Auseinandersetzung mit sich selbst und der Beziehung zu anderen.

III **Aufbruch**. Viele »erste Male«. Zeit der Veränderung, vor allem im Beruflichen.

In IV **wird das Zyklusthema** klar, die Aufgabe unmißverständlich gestellt (und die Auseinandersetzung mit ihr zur Not auch erzwungen)

V Die **Anlehnungsphase**. Suche nach Orientierung, nach Stabilisierung, meist und vor allem aber nach jemandem »zum Anlehnen«. Es ist selten, daß sich in jedem Zyklus dafür gleich eine eigene Phase findet. Deshalb deutet sich Marthas Lebensproblem hier an: Daß sie sich immer wieder

PHASE	I			II			III		
Alter	0 7 14 21 28 35 42 49 56 63 70 77 84 91 98			1 8 15 22 29 36 43 50 57 64 71 78 85 92 99			2 9 16 23 30 37 44 51 5 72 79 86 93 100		
Geburtsdatum (Tag, Monat)		Geburtsdatum + 3 Mon. 6 Mon. 9 Mon.			Geburtsdatum + 3 Mon. 6 Mon. 9 Mon.			Geburtsdatum + 3 Mon. 6 Mon. 9 Mon.	
ZYKLUS 1 0 – 7 Jahre 19....... – 19.......									
ZYKLUS 2 7 – 14 Jahre 19....... – 19.......									
ZYKLUS 3 14 – 21 Jahre 19....... – 19.......									
ZYKLUS 4 21 – 28 Jahre 19....... – 19.......									
ZYKLUS 5 28 – 35 Jahre 19....... – 19.......	*Martha folgt A.*			*Heiratspläne + gleichzeitig Krise mit A. Martha „orientierungslos"*			*Beziehung mit A. scheitert*		
ZYKLUS 6 35 – 42 Jahre 19....... – 19.......	*Neue Liebe B. Neuer Job.*			*Martha fühlt sich „nicht ganz bei Verstand" Liebeskummer*			*Beruflich Riesenerfolg genießt ihn nicht: Liebeskummer wg. B.*		
ZYKLUS 7 42 – 49 Jahre 19....... – 19.......	*Beruflich großer Erfolg*			*Wunderbares Jahr, beruflicher Erfolg*			*Martha bricht sich den Arm.*		
ZYKLUS 8 49 – 56 Jahre .... –	*Gebärmutterkrebs*			–			*Beinwunde*		
ZYKLUS 9 56 – 63 Jahre .... –									
ZYKLUS 10 63 – 70 Jahre .... –									
ZYKLUS 11 70 – 77 Jahre .... –									
ZYKLUS 12 77 – 84 Jahre .... –									
ZYKLUS 13 84 – 91 Jahre .... –									
ZYKLUS 14 91 – 98 Jahre .... –									

IV	V	VI	VII
.7 24 31 38 45 52 59 66 80 87 94 101	4 11 18 25 32 39 46 53 60 67 74 81 88 95 102	5 12 19 26 33 40 47 54 61 68 75 82 89 96 103	6 13 20 27 34 41 48 55 62 69 76 83 90 97 104
Geburtsdatum + .Mon. 6 Mon. 9 Mon.	Geburtsdatum + 3 Mon. 6 Mon. 9 Mon.	Geburtsdatum + 3 Mon. 6 Mon. 9 Mon.	Geburtsdatum + 3 Mon. 6 Mon. 9 Mon.
eziehung mit A. beginnt	*Beziehung läuft gut*	*Martha will Kind, wird nicht schwanger*	*Geliebter A. zieht um*
A. heiratet eine andere	*———— Sehnsucht ———*	*— nach A., unvermindert —*	
iterhin großer Erfolg tmorddrohung wg. B.	*„ Trostaffäre" mit C. unbefriedigend. Beginnt Tabletten zu nehmen*	*Kein Lebensmut mehr. Ende der Beziehung mit B. ———— X*	*Liebe wird zu Haß. Martha versucht B. zu schaden.*
schwere urchblutungsstörungen	*—*	*Beruflich gefeiert*	*—*
—	*Tod von A.*	*Beinbruch*	*—*
			Martha P., 73

von jemandem retten lassen wollte, statt sich auf eine gleichwertige erwachsene Beziehung einzulassen. (Ob es Zufall ist oder von Bedeutung, daß der für ihr Leben wohl wichtigste Mann in dieser Phase stirbt, kann und will ich nicht entscheiden, halte es aber immerhin für bemerkenswert.)

VI **Ausjäten.** Die Dinge verlaufen im Sand – und das ist gut so, denn das Neue ist das Gemäßere. Fehlschläge, Enttäuschungen, die aber erst ab 7 nicht mehr zu positiven Veränderungen führen. Eine Art seelisches Unkrautjäten. (Paradoxerweise zeigt gerade der große Erfolg in 7, daß sie zu diesem Zeitpunkt vollkommen aus dem Rhythmus ist: Erfolg in der falschen Phase!).

VII **Zwischenbericht.** Die Vollendung des vorangehenden Zyklus wird kommentiert, es läßt sich erkennen, inwieweit seine Aufgabenstellung gemeistert wurde, und gelegentlich findet sich ein Hinweis auf die Aufgabe des nächsten.

Die Rhythmusstörung bei Martha resultiert aus ihrer Vermeidung einer der wesentlichen Zyklusaufgaben, nämlich der Lernaufgabe des Zyklus B.

Zur Erinnerung:

Bei Zyklusaufgabe B geht es darum zu lernen, sich um andere (und zu diesem Zweck auch um sich selbst) zu kümmern.

Entwickelt wird die Fähigkeit, sich in andere einzufühlen, auf sie einzugehen, sich für sie zu interessieren und sich die dafür benötigten Energiequellen weitgehend selbst und selbständig zu erschließen.

Nach einer Zeit des »Ich will, ich brauche, ich tue«, wie sie typisch für Kindheit und Adoleszenz ist, ein Sich-öffnen für die Bedürfnisse anderer, echtes Interesse an dem, was nicht »Ich-Selbst« ist. Bei Frauen oft (aber natürlich nicht immer) die Jahre der Familiengründung, beginnend mit dem ersten Kind. (oft **Zyklus 4**, Alter 21–28, oder **Zyklus 5**, 28–35)

Hier also die Zyklen, in denen Martha wieder und wieder an die Bewältigung dieser Aufgabe herangeführt wurde:

Zyklus 4 (21–28): In IV beginnt die Beziehung mit A. Es ist eine sehr intensive Angelegenheit, in VI beschließt Martha, ein Kind von A. zu bekommen, aber sie wird nicht schwanger. In VII zieht A in ein anderes Land um.

In 5, I folgt sie A. In II beschließen die beiden zu heiraten – und zugleich beginnt die Beziehung ernstlich zu kriseln. Martha fühlt sich völlig orientierungslos. In III scheitert die Beziehung mit A. In IV heiratet A. eine andere Frau. Der Rest des Zyklus 5 (V-VII) wird beherrscht von Sehnsucht nach A.

In Zyklus 6 verliebt sich Martha in I erneut, in B. Dies ist eine sehr schwierige Beziehung. Außerdem wechselt sie den Beruf. In II ist sie sehr unglücklich, »nicht ganz bei Verstand«, wie sie sagt. Sie leidet ständig unter Liebeskummer. III bringt beruflichen Riesenerfolg, aber sie kann ihn wegen des Kummers mit B. nicht genießen. In IV feiert sie weiterhin Riesenerfolge. Und sie droht mit Selbstmord, wegen B. In V leistet sie sich eine »Trostaffäre« mit C, die aber unbefriedigend bleibt. Sie beginnt, Tabletten zu nehmen. In VI (am Ende der Phase) endet die Beziehung mit B. Martha hat keinen Lebensmut mehr. In VII schlägt die Liebe zu B in Haß um. Martha versucht dem Exgeliebten aktiv zu schaden.

Die Phasen I und II des Zyklus 7 bringen weiterhin rauschende Erfolge. Aber in III bricht sie sich den Arm. In IV entwickelt sie schwere Durchblutungsstörungen. Für V, VI und VII gibt es keine weiteren Eintragungen mehr zu machen, abgesehen von weiteren großen beruflichen Erfolgen in VI.

In Zyklus 8, Phase I wird Gebärmutterkrebs festgestellt. In II ist nichts. In III zieht sie sich eine schwere Beinwunde zu. Für IV gibt es wiederum keinen Eintrag. In V stirbt ihr ehemaliger Geliebter, A. In VI bricht sie sich das Bein. Für VII gibt es keinen Eintrag.

Ihre Beziehung mit A, den sie später als ihre »große Liebe« bezeichnen wird, beginnt also in **Zyklus 4, Phase IV**. Der Beginn dieser Liebe ist auch das wesentliche Ereignis der Phase. Da in IV bei ihr das Zyklusthema klar wird, geht es also schon in Zyklus 4 um Beziehungen in irgendeiner Form, also wohl Aufgabe B. A, der Mann, in den sie sich verliebt, ist berühmt, sehr viel berühmter als sie. Und er ist hingerissen von ihr. Sie sonnt sich in seinem Licht, die ganze

Phase V hindurch, die bei ihr ja geprägt ist von der Suche nach Stabilisierung, nach jemandem »zum Anlehnen«. In **Phase VI** wünscht sie sich ein Kind von ihm. VI ist die Phase des Ausjätens, wäre sie schwanger geworden, hätte bei ihr vielleicht der Prozeß eingesetzt, der auch die Schwangerschaft unseres Fallbeispiels Petra bestimmt hat. Und das Kind wäre in VII geboren worden – der Phase, die bei Martha den Zwischenbericht oder die Quittung liefert und gleichzeitig auf den nächsten Zyklus hinweist. Das hätte alles wunderbar gepaßt, denn die Geburt eines Kindes leitet häufig die Auseinandersetzung mit Zyklusaufgabe B ein. Bloß wird sie nicht schwanger. Das ist problematisch, denn nun besteht die Gefahr, aus dem Rhythmus zu kommen. Es wird jetzt darum gehen, daß sie sich der Zyklusaufgabe B auf andere Weise stellt. In VII zieht ihr Geliebter aus beruflichen Gründen fort. Sie verspricht, ihm baldmöglichst zu folgen und ihn zu heiraten. Soweit ist also alles im Lot: Alle Zeichen für Zyklus B sind gesetzt.

Im nächsten Zyklus, **Zyklus 5**, folgt sie A bereits in **Phase I**. Phase I reißt das Zyklusthema an, sie ist also noch im Rhythmus. In **Phase II** drängt er sie, ihn endlich zu heiraten – aber sie will nicht mehr. Das Blättchen hat sich nämlich gewendet: Sie ist es jetzt, die beruflichen Aufwind bekommt, er hat berufliche Probleme. Er leidet unter seinen Mißerfolgen – aber viel mehr noch und vor allem anderen unter der damals prekären Lage seines Heimatlandes. Sie, die völlig Selbstbezogene, kann das nicht nachvollziehen. Sie findet ihn deprimierend, wirft ihm sein ständiges »Gejammer« vor und beklagt sich bei anderen, daß er ihr so gar nichts Unterhaltendes mehr bieten kann. Obwohl A zu dieser Zeit also außerordentlich niedergeschlagen ist, erwartet Martha in erster Linie einmal, daß er ihre Bedürfnisse befriedigt.

Und er bemüht sich sogar nach Kräften. Er entschuldigt sich immer wieder für sein »schlechtes Benehmen«, obwohl Martha längst schon anfängt, Beziehungen wechselnder Natur mit wechselnden Männern einzugehen, also weiter am falschen Ort nach dem Grund ihres Problems zu suchen.

In dieser Beziehungs- und Besinnungsphase II ist ihr Rhythmus, wie wir sehen werden, zum erstenmal ernstlich gefährdet – und dies nicht, weil Martha ihren doch angeblich so geliebten A. nicht heiratet oder kein Kind bekommen kann, sondern weil sie für sich den Sprung nicht schafft, *sich in andere einzufühlen, sich für sie zu interessieren und sich die dafür benötigten Energiequellen weitgehend selbst und selbständig zu erschließen.*

Sie hätte A. ja auch eine gute, unterstützende Freundin werden und zugleich lernen können, sich mehr um sich selbst, um ihr eigenes Leben, als um ihre endlosen, energieaufwendigen Liebschaften zu kümmern. Aber für sie bleibt Liebe zeitlebens identisch mit Romanze – und Romanzen sind letztlich das einzige, was ihrem Leben Inhalt gibt. In **III**, der Phase der Veränderung und der ersten Male, der Aufbruchsphase, findet kein Aufbruch statt: Die Beziehung scheitert nicht nur endgültig, sondern vor allem gegen den Willen beider: Sie hat zunehmend andere Verehrer, die ihr das Leben mit dem »Jammerlappen« versüßen sollen, will ihn aber dennoch eigentlich nicht verlassen. Er kann die Anzahl anderer Männer um sie herum ebensowenig ertragen wie ihre Vorwürfe und verläßt sie schließlich, wenn auch ebenfalls wider Willen. Das ganze ist nicht phasentypisch. Der Rhythmus ist also wahrscheinlich bereits gestört.

Umgehend, in Marthas **Phase IV**, in der sich bei ihr die Zyklusaufgabe klärt (und genau sieben Jahre nach Beginn der Beziehung zwischen Martha und A.), heiratet A eine andere Frau, mit der er bis zu seinem Tode eine glückliche Ehe führen wird. Martha leidet sehr unter seiner Heirat.

Und für den Rest des Zyklus, also in **V, VI und VII,** finden sich bei ihr keine weiteren Einträge, die sich in irgendeiner Weise auf die Zyklusaufgabe bezögen! Die Zyklusaufgabe, das wird schon rein grafisch klar, ist nicht bewältigt worden. Also wird sie ihr wohl ein weiteres Mal gestellt werden.

In **Zyklus 6** beginnt das Ganze auch gleich wieder in **Phase I**, die ja die Zyklusaufgabe erstmalig anreißt – diesmal aber in verschärfter Form. Martha verliebt sich nämlich in einen Kollegen, einen äußerst charismatischen und im übrigen verheirateten Mann, der neben ihr noch eine Anzahl weiterer Geliebter hat. Sie ist also den ganzen Zyklus hindurch äußerst unglücklich. Statt sich nun aber endlich der

Aufgabe des Zyklus zu stellen und zu lernen, sich selbst mit dem zu versorgen, was sie psychisch braucht, und dann auch für andere offen zu sein, zieht sie sich immer mehr in sich und ihren Liebeskummer zurück – und arbeitet ansonsten an ihrer Karriere.

Das geht schon aus Phase I hervor. Hier, wo es um die nächste Zyklusaufgabe geht, findet sich ja noch ein weiteres Ereignis: Sie beginnt auf einem anderen künstlerischen Feld tätig zu werden. Es geschieht öfter einmal, daß sich zwei Zyklusaufgaben gleichzeitig ankündigen, und dann wird im allgemeinen eine davon »verlagert«, in einen anderen Zyklus aufgeschoben. Das ist vollkommen in Ordnung, niemand schafft alles auf einmal. Aber Martha versucht im folgenden, eine Zyklusaufgabe auf später zu verschieben, die sie schon über zwei Zyklen mit sich herumschleppt. Sie konzentriert sich lieber wieder auf den Beruf als auf die leidige Aufgabe B. Das kann nicht gutgehen.

In **Phase II**, der Besinnungs- und Beziehungsphase, fühlt Martha sich, wie sie selbst sagt, nicht ganz bei Verstand. Sie ist todunglücklich. Sie fühlt, das etwas vollkommen schiefläuft.

In **III** dann kommt der große, ersehnte Erfolg – vielleicht phasengerecht, aber keinesfalls im Einklang mit der Zyklusaufgabe. Man sieht hier, wie die Phasencharaktere verborgen werden, wenn die Auseinandersetzung mit der Zyklusaufgabe nicht stattfindet. Auf Anhieb klingt »beruflicher Erfolg« hier ja sehr richtig, III bringt schließlich oft berufliche Veränderungen. Aber was nützt das falsche Wetter zur richtigen Jahreszeit? Im Tagebuch ist ihr der Erfolg keine Zeile wert. Statt dessen schildert sie minutiös und Minute für Minute das Elend mit B.

Während der nächsten Phasen versinkt sie zunehmend in Verzweiflung. In Phase **IV**, der Dreh- und Angelphase ihres Charts, droht sie B mit Selbstmord. Ihr beruflicher Erfolg ist überwältigend. Sie beginnt, Amphetamine zu nehmen. Sie trinkt zu viel. Sie raucht zu viel. Sie hat ihren Rhythmus verloren.

In **V** lehnt sie sich phasentypisch an: aber nicht an etwas, das ihr wirkliche Stärke geben könnte, sondern nur wieder an einen weiteren Mann. Der gefeierte Star notiert: *endlich mal wieder ein kleines bißchen Liebe.* Als er sie verläßt, nimmt sie wieder Zuflucht zu chemischen Seelentröstern. In **VI** bricht die quälende Beziehung ab (am Ende von VI). Es ist nicht sie, die hier ausjätet, obwohl das phasengemäß wäre. Aller Mut, alle Freude hätten sie verlassen, teilt sie einer Bekannten mit. Und in **VII**, wo es um die Quittung für die bestandene Zyklusaufgabe gehen soll, versucht sie dann die Karriere des ehemaligen Geliebten zu boykottieren: Sie schadet ihm, wo sie kann, sie haßt ihn inzwischen bitterlich und leidet selbst am meisten darunter.

In **Zyklus 7 und 8** hat sie dann jeden Rhythmus verloren. Im Zyklus 7 sieht man, daß schon in I gar keine Zyklusaufgabe mehr angerissen wird, in II steht nichts von Besinnung, in III – wo es um Aufbruch geht – bricht sie den Arm, um Neuanfänge nur bloß zu verhindern, in IV, der wichtigsten Phase, leidet sie unter schweren Durchblutungsstörungen, für V kein Eintrag, für VI, das Ausjäten, weitere Erfolge – und keinerlei Quittung in VII für irgend etwas. Sie ist inzwischen schwer tablettensüchtig, und sie trinkt.

Die Gestaltung des **Zyklus 8 schließlich** bedarf keinerlei Kommentars mehr. Den beruflichen Erfolgen Marthas steht ein zunehmender körperlicher und seelischer Verfall gegenüber. Am Ende von **Zyklus 8**, in **Phase VI**, also der des Ausjätens, macht der Beinbruch sie schließlich berufsunfähig. Ihr Körper versucht nun jene Umorientierung zu erzwingen, die sie so dauerhaft vermieden hat: Weg von der Glamourwelt ihrer beruflichen Erfolge, hin zu sich selbst.

Aber es ist zu spät, die Umorientierung gelingt nicht mehr.

Wohlgemerkt: Der Rhythmusbruch, die zunehmende Entrhythmisierung des Charts wird nicht von der Tatsache ausgelöst, daß Martha P. nicht heiratet oder bei keinem Mann bleibt oder keine Kinder bekommt. Sie fällt einzig und allein aus dem Rhythmus, weil sie sich der Zyklusaufgabe nicht stellt, die da heißt: *Lernen, sich um andere (und zu diesem Zweck auch um sich selbst) zu kümmern, sich in andere einzufühlen, sich für sie zu interessieren und sich die dafür benötigten Energiequellen weitgehend selbst und selbständig zu erschließen.*

Daß diese Zyklusaufgabe äußerlich meist an eine Familiengründung gekoppelt ist, besagt nichts. Man kann diese

Eigenschaften auch jenseits von Liebesbeziehungen auf ganz anderen Gebieten erwerben – für Martha hätte sich der Bereich angeboten, auf dem sie künstlerisch tätig war – oder sogar auch in einer scheiternden Beziehung.

Das aber geschieht nicht. Aus dem Chart geht hervor, daß Martha es nie geschafft hat, sich selbst zu nähren, sich selbst mit dem zu versorgen, was sie brauchte, sondern genau dies immer von ihren Beziehungen gefordert hat – und so stets »ent-täuscht« wurde. Letztlich ist sie nie erwachsen geworden. Wie ein junges Mädchen hat sie sich noch im Alter bemüht, alle persönlichen Bedürfnisse über Romanzen zu decken.

Die Unfähigkeit, eine tragende Beziehung zu anderen (und letztlich auch zu sich selbst) zu entwickeln, hat alle Lebensbereiche in Mitleidenschaft gezogen, auch ihren Beruf. Eine ihrer Freundinnen hat einmal über sie gesagt, sie hätte eine wirklich große Künstlerin werden können – wenn sie denn einmal ein bißchen Zeit und Energie von ihrem ewigen Verliebtsein abgezweigt hätte. Es ist ja an sich ganz klar: Man kann nicht nur in einer Hinsicht aus dem Rhythmus geraten. Entweder man schwingt mit oder nicht. Wenn der Schlagzeuger den Rhythmus nicht hält, klingt das ganze Stück falsch. Und wenn in einem Lebensbereich das Lernen verweigert wird, bringt das auch alle anderen Bereiche durcheinander. Nicht sofort – aber nach und nach.

Es ist nicht besonders schwer, Brüche im eigenen Rhythmus zu erkennen, wenn man weiß, worauf man achten muß. Brüche im Rhythmus anderer aber erkennt man mit einiger Übung sofort. Insofern ist die gemeinsame Erstellung eines Charts auch ein guter Einstieg in und eine gute Begleitung für jede Art der Lebensberatung: Die Arbeit mit dem Chart ist in sich natürlich noch keine Therapie, aber jede Therapie läuft ja letztlich darauf hinaus, vergangene und gegenwärtige Rhythmusstörungen festzustellen und nach Möglichkeit zu beheben. Außerdem ist ein Chart etwas Greifbares: Man kann ihn mit sich herumtragen, mit nach Hause nehmen, mit anderen besprechen, abends im Bett noch mal ansehen und sich dabei so seine Gedanken machen. Und das wiederum kann dann tatsächlich eine ganze Menge in Bewegung setzen.

Wer sich ernstlich und über einen längeren Zeitraum hinweg mit seinem Chart und den Brüchen darin beschäftigen möchte, für den kann es deshalb unter Umständen hilfreich sein, mit anderen zusammen eine Arbeitsgruppe zu gründen. Die Mitglieder dieser Gruppe sollten sich am Anfang sehr regelmäßig (etwa wöchentlich) treffen. Nach einer ersten gründlichen Auseinandersetzung mit den Charts genügt es dann, vierteljährlich zusammenzukommen. Die regelmäßigen Treffen führen zu einer wiederkehrenden und deshalb sehr intensiven Beschäftigung mit dem eigenen Chart, und damit erhöht sich die Bewußtheit, die Wachheit bezüglich des eigenen Lebens und auch der Rhythmen der Umwelt.

Wenn Sie in Ihrem Chart oder in dem eines anderen nach *zyklenübergreifenden* Rhythmusbrüchen suchen, beachten Sie bitte noch einmal folgendes:

1. Viele Zyklenaufgaben sind so komplex, daß sie sich problemlos in zwei Zyklen »zerlegen« lassen können: Zyklusaufgabe A etwa, »Aufbau eines eigenen Lebens – oft gekennzeichnet als Studienjahre oder Jahre des beruflichen Aufbaus« kann sich durchaus über 14 Jahre erstrecken. Meist ist dann allerdings ein klarer Einschnitt erkennbar, der deutlich macht, daß hier nicht etwas verschleppt, nicht bewältigt worden ist, sondern daß man tatsächlich eine komplexe Aufgabe in zwei Teilschritte zerlegt: Die ersten 7 Jahre sind also vielleicht dem Studium, die folgenden 7 dem beruflichen Aufbau (einer weiteren Ausbildung, einer Umschulung, mehrfachen Betriebs- oder Richtungswechseln, einem großen Karriereschritt) gewidmet, bis dann nach 14 Jahren eine Beruhigung eintritt und man sich anderen Dingen zuzuwenden beginnt.

Oder man hat in dem einen Zyklus wirklich heftig herumexperimentiert (ist viel gereist, hat versucht, es als Maler zu etwas zu bringen, hat an Straßenecken Schmuck verkauft), und im folgenden Zyklus geht man dann doch noch eine Ausbildung an und schließt sie innerhalb dieses Zyklus auch ab. (Hinweise über die Abgrenzung der Teilbereiche finden Sie in jenen Phasen, die Aufschlüsse über die Bewältigung der Lernaufgaben bzw. die Aufgabe des nächsten Zyklus geben.)

2. Andererseits sieht man oft auch, daß zwei Zyklenaufgaben zugleich angedeutet werden: etwa, wenn die Hochzeit und der erste Job beide zugleich in die Phase fallen, die Zyklenaufgaben ankündigt (die Hochzeit könnte dann ja auf Familiengründung, also Aufgabe B, der erste Job auf Zyklusaufgabe A hindeuten). In einem solchen Fall wird man im allgemeinen eine der beiden Aufgaben vertagen. Beides auf einmal schafft man nämlich nicht. Intuitiv wird man entweder das Wohl des Paares, zu dem man gehört, vorübergehend über das eigene stellen (also B in Angriff nehmen) – oder vor allem erst einmal eigene Interessen verfolgen und sich damit Aufgabe A zuwenden.

Das, was man aufgeschoben hat, kommt dann eben später dran. Lassen Sie sich nicht von den vielen weiblichen Alles-unter-einen-Hut-Kriegerinnen irritieren! Auch Frauen, die neugeborene Kinder haben und es dennoch schaffen, schon wieder zu arbeiten, haben in irgendeiner Form gewählt. Irgendwo liegt nun mal immer gerade der persönliche Schwerpunkt.

Und das ist in Ordnung: Solange man weiß, wo er ist, und sich daran hält.

3. Wenn eine Rhythmusstörung einen ganzen Zyklus (oder gleich mehrere) durcheinanderbringt, kann man das nicht erst bei näherer Beschäftigung mit dem »wie, warum, wann« der Ereignisse in den Phasen erkennen, sondern man erfaßt es meist schon rein grafisch, das heißt auf den ersten Blick. Wie so etwas aussieht? Sehen Sie sich Barbaras, Marthas und Davids Chart noch einmal an!

Rhythmusbrüche in der Gegenwart

Wenn Sie zur Zeit den Verdacht hegen, mit Ihrem Rhythmus könnte etwas nicht stimmen, sind Sie höchstwahrschienlich gerade nicht besonders glücklich.

Ebenfalls mit hoher Wahrscheinlichkeit sind Sie dazu auch noch im Zweifel über den möglichen Grund Ihres Unbehagens. Dieses unterschwellige Unbehagen ist tatsächlich meist der erste Warnton, und Sie tun gut daran, ihn nicht zu überhören. Andererseits: – im Rhythmus zu sein, ist nicht unbedingt eine Garantie für fleckenloses Glück:

– Sie befinden sich in einer »unbehaglichen« Phase Ihres Zyklus.

Es gibt für gewöhnlich in jedem Chart mindestens eine Zyklusphase, in der Unruhe und Unzufriedenheit ganz natürlich und passend sind und immer wieder entstehen.

Der Chart führt uns ja klar vor Augen, daß es in jedem Zyklus um die Bewältigung von Aufgaben geht – und Lernen, Arbeiten sind nun mal nicht in jeder Phase das reine Honigschlecken. Gerade weil es schwierige Phasen in jedem Chart gibt, in denen uns das Mitschwingen schwerer fällt als in anderen, besteht überhaupt die Gefahr, aus dem Rhythmus zu geraten.

Die Phase der Unruhe und Unzufriedenheit (egal, wie sie genau bei Ihnen heißen mag) ist andererseits die Phase, die für gewöhnlich Veränderung in Gang setzt. Zu wissen, daß man sich gerade in einer solchen Phase befindet, daß also alles »normal« und in natürlicher Entwicklung begriffen ist, verhindert Energieverlust durch unnütze, weil verfrühte Veränderungsversuche.

Wenn Sie schon einmal ein Kind geboren haben, wissen Sie, was ich meine: In den letzten Schwangerschaftswochen wünscht man sich meist nichts sehnlicher herbei als das Einsetzen der Wehen. Aber es hilft alles nichts, man muß abwarten. Sich zu verhalten, als hätte man Preßwehen, wenn doch noch nicht mal die Fruchtblase geplatzt ist, bringt gar nichts außer womöglich Komplikationen. Besser man schont seine Kräfte bis zu jenem Moment, wo man mit ihrem Einsatz den höchstmöglichen Effekt erzielt.

Wann dieser Moment in Ihrem Leben jeweils kommt, ersehen Sie aus dem Chart. Und mit einiger Übung erkennen Sie sogar, in welchem Lebensbereich die anzustrebende Veränderung stattfinden wird oder in welche Richtung sie zielen sollte.

Es gibt also in jedem Zyklus eine oder mehrere Phasen, in denen Gefühle des Unwohlseins normal sind. Nutzen Sie diese Phasen im Sinne ihres Phasencharakters: Brüten Sie, wenn Brüten angesagt ist, Schuften Sie, wenn Schuften angesagt ist, ziehen Sie sich zurück, wenn Rückzug auf der Tagesordnung steht. Wenn Sie zu früh auf Biegen und Brechen aktiv werden wollen, riskieren Sie erst den Bruch im Rhythmus, den Sie doch vermeiden wollten.

– *Sie befinden sich in einer sonst »glücklichen« Zyklusphase, haben aber begründete Sorgen oder erfahren einen großen Kummer.*

Nicht einmal die Tatsache, daß Sie in einer für Sie gewöhnlich »glücklichen« Phase stehen, garantiert Ihnen Sorgenfreiheit. Wie wäre das auch möglich? Wir sind alle Teil eines Energiegeflechts. Mitten in Ihrer besten Phase kann Ihre Katze überfahren werden, und dann sind Sie erst einmal niedergeschlagen. Und wenn Sie selbst zwar im Rhythmus sind, Ihr Mann (oder Ihre Schreibtischnachbarin) aber nicht, dann kann es schon mal ein bißchen schwierig werden mit Ihrem fleckenlosen Glück.

Auch der Tod anderer richtet sich nicht unbedingt nach Ihren eigenen Phasen. Wenn Sie jemanden verlieren, den Sie geliebt haben, werden Sie natürlich trauern – egal, in welcher Phase Sie sich befinden. Der Phasencharakter wird dann lediglich darüber mitbestimmen, in welcher Form Sie Ihre Trauer verarbeiten: in einer eher passiven Phase werden Sie sich wahrscheinlich mit Ihrem Kummer zurückziehen, in einer aktiven vielleicht in eine Selbsthilfegruppe gehen, ein Denkmal für den Menschen entwerfen, den Sie betrauern, oder sich womöglich für Menschen zu engagieren beginnen, die unter einer ähnlichen Krankheit leiden wie der, den Sie verloren haben.

Wenn Sie also aufgrund äußerer Umstände niedergeschlagen oder sogar verzweifelt sind, bedeutet dies noch nicht, daß Ihr Rhythmus gefährdet ist. Es kommt ganz und gar darauf an, daß Sie mit Ihrem Kummer/Ihrem Problem phasengerecht umgehen.

Tun Sie das nicht, können persönliche Schicksalsschläge allerdings durchaus zu einem Rhythmusbruch führen.

Besonders gefährlich ist es, sich gegen die Auseinandersetzung mit Trauer, Wut und Angst zu wehren, sich also zu betäuben.

– Sie befinden sich in einer sonst »glücklichen« Zyklusphase,
sind aber dennoch verzweifelt, ohne daß ein benennbares
Einzelerlebnis dazu geführt hätte.

Sollten Sie sich in einer normalerweise energiereichen, aktiven, »glücklichen« Phase dauerhaft unzufrieden, unwohl,
unglücklich fühlen, ohne daß dies auf ein *einzelnes* einschneidendes äußeres Ereignis (Tod, Trennung etc.) zurückzuführen ist, sind Sie möglicherweise wirklich aus dem
Rhythmus geraten – allerdings nicht unbedingt aus dem
gegenwärtigen. Selbst helle Verzweiflung, das Gefühl, das
eigene Leben sei einfach völlig und unrettbar verkorkst und
aus den Fugen, ohne daß man wüßte, wo die Reparatur zu
beginnen hätte, bedeutet nicht immer und unter allen Umständen einen gegenwärtigen Verlust des Rhythmus.

Denn wenn Sie in der Vergangenheit schon einmal aus
dem Rhythmus gekommen sind, kann es sein, daß Ihnen
diese Störung heute die Bewältigung der nächsten Zyklusaufgabe erschwert – selbst wenn Sie damals wieder in den
Rhythmus hineingefunden haben.

Um zu beurteilen, ob es sich um eine neue Rhythmusstörung oder nur um eine Auswirkung der alten handelt,
sehen Sie sich noch einmal genau an, in welchen Phasen Sie
das letztemal aus dem Rhythmus gekommen sind und um
welche Inhalte es dabei ging. Denken sie an das Beispiel
Petras: In 5, V, gewöhnlich die Phase der »Befreiung«, war
sie in ihrem Job niedergeschlagen und unglücklich. Aber sie
hielt durch, bis sich ihr, erst ganz am Ende der Phase, die
Befreiung in Form einer Chance eröffnete, sich als Fach-
jounalistin selbständig zu machen. Grund der Erschwerung
der sonst so positiven Phase V war natürlich der Rhythmusbruch, der sich in 4, III angekündigt hatte und in 4, V repa-
riert worden war – eben der Phase V also, in der sie jetzt
stand. Das Ende der Umschulung, der Beginn des Jobs als
Programmiererin und die Kündigung in Zyklus 5 erstrecken
sich genau über dieselben Phasen wie der Rhythmusbruch
von seiner Ankündigung bis zu seiner Reparatur in Zyklus 4.

Auch das Thema war das gleiche, es ging nämlich um den
Beruf. Mit der Verschleppung ihres Studiums in 4 hat Petra

sich auch 5 ungewöhnlich hart gestaltet, obgleich sie ja nach nur eineinhalb Phasen schon wieder in ihren Rhythmus zurückgefunden hatte.

Es ist in etwa so, als hätten Sie in der 7. Klasse in Mathe nicht gut aufgepaßt. Sie haben die Kurve zwar gerade noch gekriegt und sind versetzt worden – aber nun, in der 8. oder 9. oder vielleicht sogar erst in der 13. Klasse fehlt Ihnen plötzlich das Grundwissen, daß Sie sich vor zwei Jahren hätten erwerben müssen. Aber jetzt haben Sie die Chance, alles nachzuholen! Klar, das ist schwer, denn es ist der doppelte Stoff zu bewältigen. Kein Wunder also, daß Sie sich nicht so besonders toll fühlen. Aber andererseits – was bleibt Ihnen übrig? Sie haben eine harte Zeit vor sich, womöglich bis zum Ende des Zyklus, aber Sie müssen durchhalten, um nicht aus dem Rhythmus zu fallen. Halten Sie durch! Die Erfolge in den Erfolgsphasen werden kommen, sie sind nur ungleich härter erkämpft.

Vielleicht schaffen Sie es aber auch nicht. Vielleicht schmeißen Sie einfach alles hin. Vielleicht haben Sie das ja schon getan.

Dann sind Sie natürlich wirklich aus dem Rhythmus gefallen, zum ersten- oder zum x-tenmal. Aber so schlimm ist das auch wieder nicht. Im nächsten Zyklus geht ja alles wieder von vorn los.

Allerdings wird es mit jeder Wiederholung ein bißchen härter. Auslassen, Vermeiden funktioniert wirklich nicht sonderlich gut.

– *Sie sind unglücklich und haben nur noch den Wunsch, dieses Unglück nicht mehr zu fühlen.*

Wenn Sie phasenuntypisch empfinden, also in einer gewöhnlich glücklichen Phase längere Zeit niedergeschlagen sind, haben Sie mit einiger Sicherheit ein starkes Bedürfnis danach, sich zu betäuben. Auch in einer phasentypisch schwierigen Zeit kann Sie natürlich dieser Wunsch ankommen.

In beiden Fällen gilt: Der anhaltende Wunsch nach Betäubung ist immer und unter allen Umständen ein Zeichen dafür, daß man aus dem Rhythmus gerät oder schon geraten ist.

Die Rede ist hier natürlich nicht von der Beruhigungsspritze, die der Arzt vielleicht nach dem Schock über einen plötzlichen Todesfall verabreicht, und auch nicht von dem einen großen Weinrausch aus akutem Liebeskummer. Einem einzelnen, klarumrissenen Schmerz folgt das Bedürfnis nach Betäubung fast immer, und das ist erst einmal durchaus legitim: Schließlich läßt sich ja auch niemand ohne Spritze einen Backenzahn ziehen.

Die Gefahr beginnt nach dem akuten, beißend-klaren allerersten Schmerz, wenn man dem dumpfen, leeren Gefühl der Sinnlosigkeit und des generellen Unglücks entkommen will – einem Gefühl, das sich im übrigen auch ohne vorhergehende Katastrophe gelegentlich im Leben breitzumachen versucht: Wenn das eigene Leben nichts Fesselndes, Interessantes zu bieten hat, wenn man Dauerstreß ausgesetzt ist, wenn alles zuviel ist und zugleich nichts genug, entsteht fast immer ein Bedürfnis nach dem, was man Ferien von der Realität nennen könnte, nach Betäubung, Vernebelung.

Natürlich ist man auch in einer guten, sonnigen Phase gelegentlich einfach urlaubsreif (und fährt dann eben weg) oder genervt (siehe Punkt 1 und 2 auf dieser Liste). Aber die langanhaltende, alles überschattende Grundstimmung des Überdrusses, Unbehagens, der Langeweile fällt bei Menschen, die im Rhythmus sind, nur in dazu prädestinierte Phasen – und führt dann in der Folge zu dem Entschluß, das Alltagsgrau möglichst bald mal farblich aufzumotzen. Man plant, träumt, überlegt, wie es der Phase entspricht. Dann kommt eine für Veränderungen geeignete Phase, und man setzt sich in Bewegung.

Aus dem Rhythmus kommt man, wenn man die Sehnsucht, dieses oft tiefaufwühlende Verlangen nach einem anderen Leben, eben nicht in Veränderungen münden läßt, sondern zu betäuben sucht. Gründe dafür gibt es viele: Man beschneidet sich selbst den Blickwinkel so, daß man keine Möglichkeiten der Veränderung sieht, man fühlt sich schon von dem Ansinnen, aktiv zu werden, überfordert, hat Angst vor den Risiken einer Veränderung oder findet das Ganze zu unbequem. Also beläßt man alles beim Alten und versucht in der Folge, die dennoch weiterbestehende Sehnsucht zuzukleistern. Womöglich romantisiert man sie auch noch als hochphilosophischen Weltschmerz. De facto aber lassen sich alle genannten Gründe letztlich unter dem höchst unschmeichelhaften Begriff der (geistigen) Faulheit zusammenfassen.

Wer sich be-täubt, der wird taub. Taub für seine wahren Bedürfnisse, für seine Rhythmen. Wer sich be-täubt, sorgt also selber dafür, daß er die Rhythmen, denen sein Leben folgen will, nicht mehr hören kann.

Drogen und Alkohol sind dabei nur Extremvarianten eines allgemein ständig zunehmenden Verhaltens, bei dem originäre eigene Bedürfnisse durch erfundene, selbstgemachte ersetzt werden. Überall wimmelt es von Workaholics, Fernsehsüchtigen, Computerbesessenen, pausenlos Verliebten, ständig in Auflösung über Kleinstkatastrophen begriffenen Adrenalinsüchtigen und einer Menge anderer Leute, die alle eines gemeinsam haben: Statt das zu tun, was wirklich anstünde, betäuben sie sich mit etwas anderem – und empfinden in der Folge Sehnsucht nach dem Betäubungsmittel statt nach der Veränderung, die das Leben mit neuem Inhalt füllen würde.

Besonders bei Frauen verbreitet ist das Gefühl, gleichzeitig gestreßt und unausgefüllt zu sein: eben das »Alles ist mir zu viel – und gleichzeitig ist dies alles hier viel zu wenig«-Syndrom.

Tatsächlich gibt es, bedingt durch die gesellschaftliche Situation, gerade bei Frauen mit kleineren Kindern immer wieder Phasen, in denen man sich zugleich überfordert und unbefriedigt fühlt. Handelt es sich dabei nur um einige gelegentliche Stunden oder um höchstens ein, zwei Tage im Monat, besteht meist kein großer Grund zur Beunruhigung. Aber man sollte sich auch dann schon fragen (und dringendst, wenn man sich über längere Zeitspannen gleichzeitig unruhig und wie ausgeleert fühlt), ob sich nicht manche Aufgaben abgeben ließen – *und vor allem, was man mit der so gewonnenen Zeit denn gern anfangen würde.*

Eine geradezu frauenspezifische Betäubungsstrategie nämlich ist es, seine Freizeit mit Kursen, Hobbys, Vereinsmitgliedschaften, ehrenamtlichen Aufgaben, Psychoworkshop-Surfen, Kaffeeklatsch und sonst noch allem möglichen zuzupflastern – mit lauter Dingen also, die einzeln genommen nett oder unterhaltsam oder interessant oder nützlich sind, zusammengenommen aber keinerlei zusammenhängendes Grundmuster ergeben:

Einer Hausfrau mit zwei halberwachsenen Kindern, die nebenher Tennis spielt, einen Frauenkreis unterhält, französisch lernt und sich zweimal die Woche um die kranke Tante kümmert, sich dabei aber statt glücklich und ausgefüllt eher gestreßt und unbefriedigt fühlt, wird es nicht helfen, wenn sie nun auch noch anfängt, Golf zu spielen und Bridge zu lernen. Lieber sollte sie sich fragen, was eigentlich wirklich ansteht. Vielleicht wäre es sinnvoller, sie ginge in ihren Job zurück oder finge eine neue Ausbildung an.

Einer Frau aus der »Selbsterfahrungsszene«, die Reiki macht und Edelsteinarbeit, Tarotkarten und Yoga, Gruppentherapie und kreatives Tanzen, und die trotzdem das nagende Gefühl nicht los wird, daß ihrem Leben irgendeine wichtige Dimension fehlt, wird die Urschrei-Therapie mit Sicherheit sehr wenig bringen. Vielleicht sollte sie lieber Betriebswirtschaft studieren oder eine Spielgruppe für lernbehinderte Kinder gründen oder im Supermarkt Regale einräumen.

Man könnte die Sache vielleicht so auf einen Punkt bringen: Wer im Rhythmus bleiben will, der muß sich immer wieder neuen Aufgaben stellen, darf nie länger als angebracht bei einer Zyklusaufgabe ausharren wollen. Natürlich muß man sein Leben nicht alle sieben Jahre dramatisch verändern. Oft genügen relativ kleine Korrekturen, und manche Zyklenaufgaben lassen sich ja schon von ihrer Natur her so stark ins Innere verlagern, daß die Umwelt nur bei größter Aufmerksamkeit überhaupt etwas von der Arbeit mitbekommt, die Sie an sich und Ihrem Leben leisten.

Und natürlich müssen Sie auch nicht alle von mir genannten Zyklenaufgaben im Laufe Ihres Lebens »abarbeiten«. Das schaffen Sie wahrscheinlich gar nicht: Schließlich können sich Zyklenaufgaben auf zwei Zyklen aufspalten, Rhythmusstörungen brauchen mehrere Phasen oder sogar Zyklen zu ihrer Reparatur, und so ist es letztlich auch eine Frage der Zeit, was Sie vor Ihrem Tod noch alles in Ihr Leben hineinpacken können und wollen.

Aber um im Rhythmus zu bleiben, müssen Sie es auf jeden Fall immer wieder riskieren, Altes loszulassen und Neues anzugehen. Regelmäßig.

Typische Zyklen, die gern bis zum Rhythmusbruch wiederholt werden, sind:

Zyklus 3: *»Zeit der Wahl«, also der des ersten Lebensentwurfs*

Das liegt an der starken Betonung der Erotik in diesem Zyklus – und an der Tatsache, daß in unserer Gesellschaft »Jugendlichkeit« (also der Zustand einer Person am Beginn statt auf dem Höhepunkt ihrer Entwicklung) ein ebenso unüberwindliches wie zugleich, vom Chart her gesehen, unbegreiflich albernes Ideal darstellt.

Zyklus A: *»Aufbau eines eigenen Lebens«.*

Der ewige Student gehört hierher ebenso wie jemand, der ständig ohne erkennbare Ursache oder damit einhergehender Verbesserung den Job wechselt.

Zyklus A ist der Berufszyklus, und an ihm halten Leute, die selbst nach der Konsolidierung ihrer Karriere nichts anderes tun können oder wollen als zu arbeiten, ungebührlich lange fest. Anzeichen dafür sind: berufsfremde Hobbys fehlen, wenig Zeit für die Familie, Bildung ist nur berufsspezifisch. Im Chart zeigt es sich dann, daß in jedem Zyklus mehr oder minder das gleiche geschieht: In VII (oder jedenfalls in einer späten Phase) steht meist eine Beförderung oder sonstige Verbesserung, dann folgt der Aufbau der neuen Position über Phase I bis VI in etwa ähnlich wie gehabt.

Warnzeichen dafür, daß es ernstlich Zeit ist, einen neuen Zyklus zu beginnen, sind hier meist Krankheiten oder das Burn-out-Syndrom. Wenn diese Zeichen nicht prompt und sofort beachtet werden, tritt die zugrundeliegende nachhaltige Rhythmusstörung meist schnellstens offen zutage. (Natürlich gibt es auch Leute, die den Berufszyklus nicht ständig neu *wiederholen*, die aber dennoch nie etwas anderes tun als zu arbeiten. In diesem Fall wird der Job zur Betäubung verwendet, und im Chart wird das daraus ersichtlich, daß die Phasen nicht mehr gut strukturiert sind.

Ein eigentliches berufliches Fortkommen ist nicht ersichtlich. Dafür lauten Phaseneinträge immer häufiger »nichts besonderes, alles wie immer« – auch in Phasen, wo früher viel zu passieren pflegte. Wenn man sich mit Arbeit betäubt, verliert man den Rhythmus sogar noch schneller, als wenn man unangemessenerweise den Arbeits- Zyklus wiederholt.)

Zyklus B: *»andere nähren«, also meist der »Familiengründungszyklus«*

Ergebnis ist die Gluckenmutter, die ihre Kleinen nicht loslassen kann, auch wenn die schon selber verheiratet sind, und die es so vermeidet, eine neue Zyklenaufgabe in Angriff zu nehmen. Mit Loslassen ist hier weniger das äußere Verhalten als vielmehr eine innere Einstellung gemeint: Es gibt Großmütter, die sich täglich um ihre Enkel kümmern und jeden Sonntag die ganze Sippschaft bekochen, aber deswegen doch als innerlich unabhängige, eigenständige Einzelwesen existent sind (vielleicht beschäftigen sie sich innerlich – und in ihrer kargen Freizeit – gerade mit Aufgabe F: »Seinen Platz in der Tradition der Frauen wechseln, über die Jüngeren wachen «, oder mit G, » Mit sich und dem eigenen Leben Frieden schließen. Heiterkeit entwickeln«).

Dem gegenüber stehen Frauen, deren Kinder bis Südafrika vor ihnen und ihrer erdrückenden Bemutterung geflohen sind – und die dennoch innerlich nur von Brief zu Brief, von Besuch zu Besuch leben können, egal, womit sie die tote Zeit des Tages auch füllen mögen.

– *Jeden beliebigen Zyklus wiederholen, um nicht einen der typischen »Alters-« Zyklen (F oder G) in Angriff nehmen zu müssen.*
Bekannt vor allem bei Männern ist der Rückfall in den erotischen Aspekt von Zyklus 3, »Zeit der Wahl«, während der »Midlife Crisis«, also in der Folge des zweiten Mondknotenjahres. In dieser Zeit, in der eigentlich eine große Umorientierung anstünde, verlieben sich Männer bekanntlich ziemlich häufig in eine meist jüngere Frau. Manchmal wiederholen sie dann sogar den Zyklus der Familiengründung noch einmal.

Im allgemeinen geschieht dies, um die eigentlich anstehende nächste Zyklusaufgabe, die mit dem Prozeß des Alterns zu tun hat, zu vermeiden. In der Folge kommt es gewöhnlich zu einem Rhythmusbruch: denn natürlich altert und stirbt es sich mit einer jüngeren Partnerin genauso schnell wie ohne. Man merkt nur eine Weile lang weniger davon.

Insofern wird die neue »Liebe« schlicht und einfach als Betäubungsmittel eingesetzt.

Natürlich setzen Frauen ebenso wie Männer partnerschaftliche Fragen als Betäubungsmittel ein, etwa wenn sie
- den Partner dafür verantwortlich machen, daß ihnen zum eigenen Leben nichts mehr einfällt (also vor der nächsten Zyklusaufgabe zurückschrecken oder sie nicht erkennen können)
- sich trennen, statt eine neue Partnerschaftsphase oder einen neuen -zyklus zu beginnen (also der Illusion ständiger Verliebtheit nachjagen, statt auszuprobieren, wie sich eine Beziehung jenseits des ersten Rausches weiterentwickeln läßt)
- sich nicht trennen, obwohl das bitter nötig wäre (also lieber in einer unrettbaren Beziehung, die ihre Rhythmik stört, ausharren, als das Risiko des nächsten Schritts zu wagen).

Rhythmusstörungen lassen sich nicht immer vermeiden. Wenn Ihr psychisch schwer gestörter Vater Sie prügelt, während bei Ihnen phasenmäßig »Ausruhen, Auftanken« angesagt wäre, oder wenn ein Weltkrieg Sie tage- und nächtelang in den Bunker treibt, während im Chart eigentlich was von »berufliches Neuland erobern« stehen müßte, dann haben Sie nicht allzu viele Möglichkeiten, *nicht* aus dem Rhythmus zu geraten.

Das einzige, was Sie im Angesicht einer solchen Katastrophe tun können, ist zu überleben, denn dann können Sie hinterher wenigstens versuchen, den entstandenen Schaden irgendwie wieder zu reparieren. Es gibt natürlich keinerlei Garantie, daß Ihnen wenigstens das gelingt – wer sollte Ihnen eine solche Garantie wohl geben? Aber Sie werden

206

sich jedenfalls bemühen können, in den Rhythmus zurückzufinden.

Etwas anders sieht die Geschichte aus, wenn nicht eine
Katastrophe Sie aus dem Rhythmus geworfen hat, sondern
Sie »nur« vor einer üblichen Zyklusaufgabe stehen. Dann
haben Sie es nämlich durchaus in der Hand, ob Sie im
Rhythmus bleiben oder nicht.

Eine Zyklusaufgabe ist im Prinzip eine Prüfung. Wenn eine
Prüfung ansteht, haben Sie drei Möglichkeiten.
    1. Sie können nicht hingehen.
Was dann passiert, wissen Sie: Sie fallen durch, durch
Ihren Rhythmus nämlich. Sie werden nicht in den nächsten
Zyklus versetzt, sondern bekommen dieselbe Aufgabe noch
einmal gestellt. Jetzt aber ist es noch schwerer, weil der Zeitpunkt unnatürlich ist: Kleine Kinder lernen laufen fast wie
von allein. Leute, die es als Erwachsene noch einmal lernen
müssen, tun sich wesentlich schwerer damit.

Aber was bleibt ihnen sonst noch übrig? Sie müssen es
lernen, wenn sie nicht im Rollstuhl sitzen bleiben wollen.
    2. Sie bereiten sich auf Prüfungen vor, soweit es unbedingt
sein muß, dabei hadern Sie unausgesetzt mit der Existenz
von Prüfungen überhaupt, und bei jeder einzelnen vergehen
Sie fast vor Angst.

Natürlich fallen Sie nur wegen der Schimpferei allein
noch nicht zwangsläufig durch. Nicht jeder, der permanent
mit seinem Schicksal hadert, ist aus dem Rhythmus. Er
macht sich allerdings das Leben unnötig schwer und ver-
schwendet ziemlich nutzlos eine Menge Energie.
    3. Sie bereiten sich vor, so gut Sie können.

Sie sorgen dafür, daß Sie trotz des Ganzen (oder genauer:
am Ganzen!) immer noch eine Ecke Spaß haben. Dann
warten Sie gelassen ab, wie es weitergeht.

Das ist natürlich das Sinnvollste.

Wie findet man in seinen Rhythmus zurück?

Wenn Sie aus dem Rhythmus gekommen sind, müssen Sie
wieder hineinfinden.

Glücklicherweise stehen Ihnen zu diesem Zweck eine Reihe von Möglichkeiten zur Verfügung – und zwar unabhängig davon, aus welchem Grund es zu dem Rhythmusbruch gekommen ist.

Das erste, was Sie tun, wenn Sie nicht mehr im Rhythmus sind, ist, daß Sie mit allem aufhören.

Sie hören auf.

Sie setzen aus.

Wenn Sie beim Tanzen hoffnungslos aus dem Rhythmus gekommen sind, bleiben Sie ja auch erst einmal stehen. Wenn Sie beim Mitklatschen einer komplizierten Rhythmik den Dreh verloren haben, setzen Sie auch erst einmal aus.

Dann warten Sie einen günstigen Moment zum Neueinsatz ab. Vielleicht zählen Sie sogar erst einmal leise mit, ohne sich zu bewegen. Dann, wenn Sie hören können, wo Sie sind und wie es weitergeht, legen Sie wieder los.

»Uuund eins – und zwei – und« – jetzt erst machen Sie weiter. *Rrumm*stamtam.

Aufhören bedeutet:

- Aufhören, sich zu betäuben (das ist das Wichtigste und Schwerste).
- Aufhören, mit einer Zyklusaufgabe weiterzumachen, die längst nicht mehr dran, die lange schon bewältigt ist.
- Aufhören, sich selbst besoffen zu quasseln damit, daß man selber für alles nichts kann – das mag ja durchaus der Fall sein, aber was nützt Ihnen das?
- Aufhören, sich von anderen besoffen quasseln zu lassen.
- Allerdings sollten Sie durchaus hinhören, wenn Ihnen Freunde (vor allem Feinde, die zwar nicht wohlmeinend sind, aber dafür oftmals besonders deutlich werden!) etwas über Sie mitteilen. Verstehen Sie das richtig: Sie sollen sich nicht einfach blind nach dem richten, was andere von Ihnen erwarten. Aber Sie brauchen jeden Hinweis darauf, was vielleicht mit Ihrem Rhythmus nicht stimmt. Also hören Sie zu – aber dann, bevor Sie handeln, hören Sie erst einmal mit allem auf. Und in sich hinein.

Aufhören *bedeutet*, in sich hineinzuhören. Eben deswegen sind Krankheiten und Unfälle so häufig das Resultat von Rhythmusbrüchen, weil sie uns dieses Aussetzen, dieses In-uns-Hineinhören ermöglichen, ja uns sogar dazu zwingen.

Sie sind also keine »Strafe« für den Verlust des Rhythmus, sondern eine Möglichkeit, erst einmal stehenzubleiben und still zu lauschen, statt immer weiter taub/betäubt und arrhythmisch herumzuhopsen.

In »leichteren Fällen« (wenn also der Bruch nur eine oder zwei Phasen umschließt) findet man spätestens am Ende des Zyklus fast von allein wieder zurück: Oft dient Phase VII oder I als eine Art »Auffangphase«, indem sie einfach die nächste Zyklusaufgabe für die kommenden sieben Jahre stellt. So hat man die Möglichkeit, in den Rhythmus zurückzufinden, indem man diese nächste Aufgabe (unter Umständen zum zweitenmal) mit Energie angeht.

Aber warum so lange warten? Besser ist es auf jeden Fall, Sie sehen in Ihren Chart und suchen nach einem Moment, wo Sie noch im Rhythmus waren. Und da knüpfen Sie an.

Sie erinnern sich sicher daran, was Petra in 5, V tut, um ihren Rhythmus zu reparieren: Nach dem Unfall, bei dem ihr klargeworden ist, daß ihr Leben so nicht mehr weitergehen kann, nimmt sie ihr Studium wieder auf.

Das ist das Entscheidende.

Danach geht es vor allem darum, daß sie schuftet, ohne ein weiteres Mal aufzugeben oder sich zu drücken. Denn der Bruch ist zwar gekittet, unterschwellig aber läuft die Rhythmusstörung noch eine Weile lang mit und sorgt zum Beispiel dafür, daß sich die arbeitsintensive und frustrierende Phase IV im nächsten Zyklus 5 bis in V hinein ausdehnt und das phasengerechte »befreiende Ereignis« aus V, die Kündigung ihres Jobs als Programmiererin, ganz ans Ende der Phase schiebt. Aber sie schafft es, wie man aus 6 ersieht.

Petra versucht nach dem Rhythmusbruch sogar noch einen weiteren Knoten zu knüpfen. Sie kehrt vorübergehend zu Michael zurück, einem Mann, mit dem sie vor dem »Rhythmusbrecher« Wolfgang eine im ganzen recht gute Beziehung hatte. Ob dergleichen sinnvoll ist, muß man von Fall zu Fall entscheiden. Petra hat es jedenfalls durchaus geholfen.

Wo man anknüpft, ist natürlich eine Frage der Zyklus- und Phasenaufgabe, in der der Bruch stattfindet. Bei Petra ging es um Arbeit, um Zyklusaufgabe A, um den Aufbau des eigenen Lebens. Wenn es um Zyklusaufgabe B geht wie bei Martha, sind andere Anknüpfungspunkte gefragt: Vor allem hätte Martha ihren Beruf vorübergehend zurückstellen und sich mehr um sich selber kümmern müssen. Worin dieses Kümmern im einzelnen besteht, führt natürlich über den Rahmen des Buches weit hinaus.

Vielleicht hätte sie sich in Therapie begeben müssen – ihre Tablettensucht legt das nahe, ebenso die Schwere der Störung, die über mehrere Zyklen läuft.

Die Beschäftigung mit dem Chart ersetzt natürlich keine Therapie (obgleich sie durchaus einigen therapeutischen Wert besitzen mag, aber den besitzt ein Friseurbesuch manchmal auch). Je länger und schwerer eine Störung ist, desto wichtiger ist es, sich professionelle Hilfe zu suchen.

Das muß natürlich nicht immer ein Therapeut sein.

Jemand, der mit drei kleinen Kindern alleingelassen wird und es nicht schafft, sich um diese Kinder (und dafür um sich selbst) zufriedenstellend zu kümmern, der also einen Rhythmusbruch in Zyklusaufgabe B erlebt, braucht vielleicht eher die Gesellschaft anderer Frauen, die diese Aufgabe schon gemeistert haben. Es gibt Anlaufstellen für solche Zwecke – den Kinderschutzbund etwa, vielleicht Selbsthilfegruppen oder Müttertreffs.

Jemand, der Probleme mit einer der späten Zyklusaufgaben (G oder F) hat, sollte vielleicht mit Yoga beginnen, oder mit Meditation.

Warum versuchen Sie Ihren Rhythmus (und den Rhythmusbruch) nicht einmal in einem anderen Medium als im Chart darzustellen?

Das Wort Rhythmus wurzelt einerseits im griechischen »Rheo« oder »rhein« und bedeutet somit etwas Fließendes, könnte über das Indogermanische aber auch »Ordnung« bedeuten. Stellen Sie also fließende Ordnung her, ordnen Sie das, was im Fluß ist, ohne das Fließen zu unterbrechen. Rhythmus ist ja nicht nur zeitlich, sondern auch räumlich aufzufassen: Man spricht etwa auch vom Rhythmus eines Gemäldes oder Bauwerkes.

Knoten Sie Ihren Rhythmus aus bunten Fetzen. Meißeln Sie ihn in Stein. Formen Sie ihn aus Ton. Bauen Sie ihn aus den Bauklötzen Ihrer Kinder. Entwerfen Sie eine rhythmisch gestaltete Kirchenfassade. Bemalen Sie Ihre Arme und Beine mit ihm, oder Ihr Gesicht.

Wer seinen Rhythmus wiederfinden will, muß ihn spüren. Dabei können alle kreativen Beschäftigungen helfen: Fotografieren, Malen, Schreiben, Kneten, Puppen machen, Töpfern, Musizieren – wie wäre es mit Trommeln? –, Tanzen, Filmen ...

Auch die Beschäftigung mit den Jahreszeiten, mit den Wachstumszyklen in der Natur hat große Heilwirkung, wenn Sie aus dem Rhythmus geraten sind.

Pflanzen und pflegen Sie Gemüse und Blumen. Wühlen Sie in der Erde. Richten Sie sich nach den Tages- und Jahreszyklen, öffnen Sie vor dem Schlafengehen das Fenster und bitten Sie die Nacht herein. Nehmen Sie morgens bewußt wahr, wie warm oder kalt es ist, wie die Luft riecht, wie der Wind schmeckt, wie der Horizont aussieht und der Himmel über Ihnen.

Und kaufen Sie Obst und Gemüse, wenn die richtige Zeit dafür ist (Erdbeeren gibt es im Juni, nicht im Dezember) – damit tun Sie gleich noch etwas für die vom Menschen gestörte Rhythmik der Natur. Erinnern Sie sich: Unsere Rhythmen sind eingebettet in die eines viel größeren Gesamtzusammenhangs.

Beobachten Sie Ihre Körperrhythmik. Wann sind Sie am aktivsten, wann müde? Wirken sich der Mond, das Wetter, die Jahreszeit auf Sie aus? Wie?

Gehen Sie auf Ihre Körperrhythmik ein? Essen Sie, wenn Sie Hunger haben, oder essen Sie zu anderen Zeiten? Schlafen Sie, wenn Sie müde sind? Fühlen Sie, wann Ihr Körper laufen möchte? Spüren Sie Ihren hormonellen Rhythmus, ahnen Sie, wann Sie Ihren Eisprung, Ihre Regelblutung bekommen?

Wie, in welchem Rhythmus, gehen Sie? Können Sie rennen, springen, ohne sich ungelenk zu fühlen? Wie heben Sie Gegenstände auf? Wie fühlt es sich an, den Hof zu kehren, das Bett zu machen, Maschinezuschreiben, das Haar zu kämmen? Jede Tätigkeit hat einen Rhythmus. Alles hat Rhythmus. Finden Sie ihn! Folgen Sie ihm.

Lesen Sie einmal nicht auf einer Zugfahrt, sondern verwenden Sie die Zeit, um zu unterbrechen und wahrzunehmen.

Sehen Sie zu, wie die Bäume rhythmisch am Zugfenster vorbeihuschen. Hören Sie auf den Rhythmus der Räder.

Hören Sie darauf, wie Ihr Gegenüber spricht. Kurze, abgehackte Sätze? Lange, weitschwingende Satzperioden? Wie sitzt, wie bewegt er sich dabei? Beobachten Sie, wie Ihr Kind sich bewegt. Oder eine Katze, ein Pferd.

Sehen Sie hin, schwingen Sie mit.

Nehmen Sie sich mehrmals am Tag Zeit, diejenigen Ihrer Mikrorhythmen zu beobachten, die sich beobachten lassen. Unterbrechen Sie einfach das, was Sie tun, und nehmen Sie wahr:

Ihren Herzschlag.

Das Pulsen des Blutes.

Lidschläge.

Atem.

Spüren Sie Ihr Haar wachsen. – Sie lachen? Gut, und wie fühlt sich das im Bauch an? Rhythmisch, natürlich.

Malen Sie doch einmal auf, wie Ihr Lachen schwingt. Hängen Sie das Bild in Ihre Küche, oder ins Büro.

Alle diese Dinge sind natürlich auch nützlich, wenn Sie im Rhythmus bleiben wollen – dann werden sie Ihnen wahrscheinlich sogar noch Spaß machen.

Wenn Sie dagegen schon aus dem Rhythmus gekommen sind, haben Sie unter Umständen überhaupt keine Lust dazu, aus Zugfenstern zu sehen oder zu trommeln – und außerdem womöglich das Gefühl, dieses ganze Zeug reiche sowieso nicht aus, um Sie in Ihren Rhythmus zurückzukatapultieren. Das mag durchaus sein. Versuchen Sie es trotzdem. Möglicherweise entdecken Sie dabei wenigstens, *was* Sie denn nun in den Rhythmus zurückbringen würde.

Es gibt zwei wesentliche Kriterien dafür, ob ein Mittel dazu geeignet ist, Ihren Rhythmus wieder zu stabilisieren:

- Was immer es ist: Es muß etwas sein, das *Sie* selbst *tun* können. Wenn es etwas ist, das passieren müßte oder das ein anderer für Sie erledigen soll, ist es mit Sicherheit falsch.
- Es muß außerdem etwas sein, das ziemlich *anstrengend* ist oder sogar ein wenig angsteinflößend. Vielleicht ist es außerdem auch aufregend und wunderbar, aber keines-

falls ist es bequem. Wenn es bequem und superleicht klingt, ist es eine Betäubung.

Machen Sie sich klar: Wenn wir erst einmal erwachsen sind und keine allgemeine Katastrophe wie Krieg, Lagerhaft oder ähnliches zerstörend in unser Leben eingreift, sind nur wir selbst für unsere Rhythmen verantwortlich. Ausschließlich wir selbst sind es, die unsere Rhythmen kaputtmachen. Es ist nie ein anderer. Kein Ehemann, kein Kind, kein Vater, kein Chef. All diese Leute können uns willentlich oder unwillentlich großen Schmerz zufügen, aber sie können uns nicht zwingen, aus dem Rhythmus zu geraten. Das tun nur wir selbst: Über die Art, wie wir mit dem Schmerz (und seinen Erzeugern) umgehen.

8. Kapitel:
Der Chart in Gegenwart und Zukunft

Entscheidungen treffen mit dem Chart

Wenn Sie Ihren Chart jetzt nach allen Regeln der Kunst durchleuchtet und untersucht haben, wenn Sie womöglich zu der höchst angenehmen Erkenntnis gelangt sind, voll im Rhythmus zu sein und alle eventuellen alten Rhythmusbrüche ganz und gar wieder aufgefangen zu haben – dann sind Sie dennoch mitnichten mit Ihrem Chart fertig. Sie leben ja schließlich weiter. Und solange Sie weiterleben, werden Sie auch auf neue Erkenntnisse stoßen.

Auch noch nach Jahren, auch wenn Sie ein extensiver Tagebuchschreiber sind und also über jede Menge Originaldaten verfügen und diese Daten bis ins letzte hinein untersucht und analysiert haben, kann es geschehen, daß Sie beim Betrachten Ihres Charts auf Verschüttetes stoßen. Plötzlich lugt etwas Unbekanntes unter dem Gestrüpp der gesammelten Daten hervor. Sie buddeln es aus, nehmen es vorsichtig in die Hand, pusten den Staub ab, und ein bislang nie ganz begriffener Teil Ihres Lebens leuchtet auf. Die Vergangenheit steht nie fest. Ihre Farben leuchten auf und verblassen wieder, sie schillern, changieren, wandeln sich – und wenn schon die Vergangenheit nicht feststeht, dann tun das Gegenwart und Zukunft noch viel weniger.

Laufend kommen neue Daten zu Ihrem Chart hinzu. Laufend müssen Sie neu entscheiden. Jeden Tag geschehen unzählige Dinge, und manche davon besitzen eine Tragweite, die Sie jetzt noch gar nicht erkennen können.

Jeder Tag kann in Ihrem Leben wieder eine große Wende bringen. Und spätestens dann können Sie sich erneut Ihren Chart zunutze machen.

Hier ein Beispiel dafür, wie man das Wissen über die eigene Rhythmik bei seinen Zukunftsplänen einsetzen kann:

Gabriele, 37, eine sehr aktive, ja fast rastlose Frau, war Einkäuferin eines Modehauses. Sie trug sich mit dem Gedanken, endlich ihr eigenes Geschäft zu eröffnen. In Phase I fand sich ein Hinweis darauf, daß der Zyklus, in dem sie stand, mit beruflichen Möglichkeiten und der Schaffung einer neuen, eigenen Lebensbasis zu tun hatte.

Sie hatte auch wirklich Lust dazu.

Natürlich hatte sie aber auch einigermaßen Angst vor dem damit verbundenen Risiko. Und war der Moment überhaupt günstig? Hieß es »jetzt oder nie«, oder sollte sie nicht doch besser noch abwarten?

Gabriele lebte schon seit ein paar Jahren mit ihrem Chart, und sie wußte, daß die Phase, in der sie stand (die III., die bei ihr bisher unter dem Stichwort »Zurückgezogenheit« stand), eigentlich nicht für neue Anfänge geeignet war: Tatsächlich war sie hier schon einmal aus dem Rhythmus geraten, weil sie, ihrem Temperament entsprechend, auf Biegen und Brechen eine Veränderung hatte durchsetzen wollen.

Sie beschloß, gar nichts zu tun und alles erst einmal zu vertagen.

Beim neuerlichen Studium des Charts jedoch fiel ihr plötzlich etwas ein, das sie total verblüffte: Genau 28 Jahre zuvor, also ebenfalls in III, hatte sie sich als Kind brennend einen *Kaufladen* gewünscht. Sie hatte ihn damals mitnichten bekommen.

Im Jahr darauf jedoch, in Phase IV also, stand der Spielzeugladen dann tatsächlich unter dem Weihnachtsbaum.

Phase IV steht bei ihr (ähnlich wie bei Petra) unter dem Stichwort »harte Arbeit, deren Früchte man während dieser Phase meist noch nicht abschätzen kann«.

Tatsächlich fand sich in eben dieser Phase IV auch noch ihr erster Job als »Verkäuferin«: Mit 10 Jahren hatte sie ihren ersten eigenen kleinen Spielzeugstand auf dem Flohmarkt eröffnet. Das Wetter war schlecht gewesen, und sie hatte sich einen Schnupfen geholt – aber bis zum Abend hatte sie tatsächlich einiges verkauft. »Harte Arbeit, deren Früchte man noch nicht abschätzen kann«, tatsächlich. Gabriele mußte lachen. Wie hatte sie das alles nur vergessen können?

Gabriele wertete allein schon die Tatsache, daß ihr die Sache mit dem Kaufladen in ihrer Situation plötzlich eingefallen war, als Hinweis. Sie war aufgeregt, wie man es eben ist, wenn man einer Entdeckung auf der Spur ist. Und allmählich wurde ihr klar, wie sie vorzugehen hatte: Sie beschloß, die Eröffnung ihres eigenen Ladens auf jeden Fall sofort zu planen und dann, in Phase IV, tatsächlich alles in die Wege zu leiten.

Sie wußte nun auch schon, daß sie eine harte Anfangszeit erwarten würde, denn das ist bei ihr nun mal der Charakter von IV. Also mußte sie für ein Startkapital sorgen, das größer war als normalerweise notwendig. Sollte es ihr nicht gelingen, diese Voraussetzungen zu schaffen, würde sie ihre Pläne erst einmal in den Wind schreiben müssen.

Sie beschloß, nicht nur einen Kredit aufzunehmen, sondern auch Freunde anzupumpen – etwas, wovor sie normalerweise zurückgeschreckt wäre.

Aber in Phase V standen ihre Erfolge – also konnte sie davon ausgehen, daß Erfolg in ihrem Fall vor allem eine Frage des persönlichen Einsatzes in IV sein würde, und den zu erbringen war sie ja bereit.

Auch die Phase,in der sie zu dem Zeitpunkt gerade stand (III, »Zurückgezogenheit«) mußte sie nun nicht mehr nutzlos verstreichen lassen. Sie wußte, was sie wollte: den ultimativen Kaufladen, und sie konnte beginnen, alles im Hinblick auf ihr Ziel vorzubereiten.

Zugleich begriff sie, daß sie bislang den wahren Charakter der von ihr »ungeliebten« Phase III nie richtig erkannt hatte: Es war nicht nur eine Phase der passiven Zurückgezogenheit, wie sie bisher geglaubt hatte, sondern eine der Ideenentwicklung, des verborgenen Keimens – so verborgen, daß es ihr bisher gar nicht aufgefallen war.

Deshalb gab es für III auch bisher kaum Eintragungen in ihrem Chart. Nun, unter dem veränderten Blickwinkel, änderte sich das. Sie ging die Phase III noch einmal durch, Zyklus für Zyklus. Sie schrieb. Dinge fielen ihr ein, vor allem

Ideen, die sie innerhalb dieser Phase gehabt hatte, angedeutete Möglichkeiten ... Die meisten hatte sie nicht wahrgenommen, im doppelten Sinne: nämlich nicht bemerkt und auch nicht genutzt.

Sie beschloß, von nun an in Phase III immer ein Tagebuch, auch ein Traumtagebuch zu führen und besonders intensiv darauf zu achten, was in ihr vorging. III = Zurückgezogenheit – das stimmte schon, aber sie hatte den Charakter der Phase viel zu passiv aufgefaßt. Erst das Erinnerungsbruchstück »Kaufladen« hatte ihr gezeigt, daß sie diese Phase nicht trübe und zweifelnd durchwarten mußte. Sie konnte die Dinge angehen – aber eben erst einmal innerlich, planend, vorbereitend.

In diesem Jahr füllte Gabriele ein ganzes Schulheft mit Ideen und Entwürfen. Viele bezogen sich auf ihren Laden. Viele hatten auch mit ihren Ängsten vor dem neuen Schritt zu tun. Manches hatte keinerlei Bezug zum Beruf, sondern zum Privaten. Gabriele fand es phantastisch. Zum ersten Mal litt sie nicht unter der äußeren Ereignislosigkeit der Phase III.

In IV ging sie die bevorstehende Arbeit mit Verve an. Sie hatte das benötigte Geld zusammengebracht, und viele der Ideen aus III setzte sie nun in die Tat um. Es war eine Riesenschufterei.

In V begann der Laden ganz ausgezeichnet zu laufen.

Er läuft immer noch ausgezeichnet. Gabriele steht im Moment am Beginn der Phase VI, bei ihr die Phase unvorhergesehener und meist unangenehmer Zwischenfälle. Was das sein wird, bleibt abzuwarten.

Vielleicht macht sie ja unversehens pleite.

Vielleicht brennt ihr Laden ab.

Man muß sich klarmachen: Der Chart ist weder eine Lebensversicherung noch eine Garantie für einen Ritt von Erfolg zu Erfolg zu Erfolg. Er ist ein Werkzeug. Er ist ein Abbild des persönlichen Rhythmus, und wer hellwach in seinem Rhythmus schwingt, der wird empfänglich für das, was man als die innere Führung bezeichnen kann, oder als Intuition oder Vorahnung oder die Eingebungen des alten Weisen in unserem Inneren oder die Fußstapfen der Wilden Frau – oder wie immer Sie dieses Gefühl benennen wollen, das uns manchmal ermutigt, obwohl alle Freunde abraten, und manchmal warnt, obwohl doch alles so phantastisch aussieht. Und das immer recht behält.

Gemeint ist einfach die Fähigkeit, in sich hineinzu*hören*, also den eigenen Rhythmus in seinem Zusammenklang mit anderen Rhythmen wahrzunehmen – um dann im richtigen Moment die richtige Entscheidung zu treffen, auch wenn andere anders raten und man mit seiner Entscheidung ein einsames Risiko eingeht.

Gabriele hat ihre Entscheidungen im vollen Einklang mit ihren Rhythmen getroffen. Ihre freudige Erregung, als sie den Hinweis mit dem Spielzeugladen in ihrer Vergangenheit entdeckte, ein Gefühl von *Richtigkeit*, das sie, bei allen Befürchtungen, sicher durch ihre Entscheidungen trug, und schließlich und endlich der in Phase IV unbedingt angebrachte Realitätssinn und die knallharte Schufterei katapultierten sie in V wunderbar durchs Ziel.

De facto ist es also nicht sehr wahrscheinlich, daß sie in VI (von ihr übrigens »Stolpermeile« betitelt) ihren Laden verlieren wird. Eher möglich wäre so etwas wie ein Kabelbrand, der zwar jede Menge Ärger verursacht, aber gerade noch rechtzeitig entdeckt wird.

Vielleicht brennt der Laden aber auch tatsächlich ab.

Und in VII (»Siegerehrung«) zahlt dann womöglich die Versicherung, und Gabriele macht ein neues Geschäft in wesentlich besserer Lage auf ...

So ein Glück!

Gabriele ist im Rhythmus. Unannehmlichkeiten können ihr passieren wie jedem, Katastrophen können hereinbrechen, Plackerei bleibt ihr nicht erspart. Aber sie ist es, die über ihr Leben bestimmt, die sich an den eigenen Haaren aus dem Sumpf und zurück in den Rhythmus zieht, die für sich das Beste aus allem macht, weil sie weitermacht und immer dazulernt. Und weil sie auf sich selber zu hören gelernt hat.

Auf sich selber hören, sich selbst gut raten zu können, das ist das Wichtigste – und man kann es lernen. Wer lernt, mit seinen Rhythmen mitzuschwingen, lernt auch zu hören, was als nächstes in seinem Leben an der Reihe wäre, lernt, die Stimme der Intuition, dieses klugen Rhythmusgebers, zu vernehmen, ihre klaren Weisungen von all den anderen (trotzig-ungeduldigen, wildbegehrlichen oder im Gegenteil ewig ängstlichen, zögerlich-zweifelnden) Einflüsterungen zu unterscheiden. Mit anderen Worten: Er lernt, »Glück zu haben«.

Intuition als Rhythmusgeber

In diesem Buch geht es nicht darum, ein wissenschaftliches Gebäude zu errichten, sondern darum, sich seine eigene Biografie neu zu erzählen, sie sich anzueignen. Es geht um Erinnerung – vor allem die Erinnerung an jene lichten Momente, wo man ganz sicher war, auf dem richtigen Weg zu sein. Man brauchte keinen Rat. Man vertraute sich selbst. Mit geradezu traumwandlerischer Sicherheit folgte man ausschließlich sich selbst, der eigenen Intuition. Wenn es gelingt, das Wissen, das Gefühl für diese Momente zu aktivieren, ist man im Rhythmus.

Intuition in diesem Sinne befreit. Ein Gefühl der Freude, vielleicht gepaart auch mit ein wenig Angst, ein Gefühl der inneren Erweiterung, gepaart mit dem Empfinden immanenter *Richtigkeit*: Das sind gute Indikatoren dafür, daß Sie bei einer Entscheidung der Intuition, sprich: Ihrem Rhythmus folgen. Wenn Sie sich ganz und gar in der Welt fühlen, hellwach in der Gegenwart und zugleich (im besten Falle) traumwandlerisch sicher, dann führt Sie das, was wir Ihre Intuition nennen wollen.

Deshalb kann auch der Wunsch nach Betäubung, danach, etwas nicht mehr zu fühlen, nicht in der Gegenwart oder der Welt zu sein, sich abzulenken, den ganzen Kram einfach wegzuschieben und zu vergessen, aufzugeben, auszuweichen, sich nicht zu stellen, niemals eine Eingebung der Intuition sein.

Sie sehen schon: Mit Intuition meine ich in diesem Falle nicht jene plötzlichen wertvollen Eingebungen, die man mitunter gerade noch am Schwanz zu fassen bekommt, bevor sie all das andere Gequassel in unserem Kopf wieder in den Untergrund treibt (und auch nicht jene Momente, über die man im Rückblick so gern sagt: »Und ich habe doch gedacht, ich sollte ... ich weiß auch nicht, warum ich dann nicht habe ... ich könnte mich totärgern, daß ich wieder mal nicht auf mich gehört habe!«).

Gemeint sind hier vielmehr Lebensentscheidungen, die man *bewußt und absichtlich mit Hilfe der Intuition treffen will.*

Dafür eignen sich natürlich manche Phasen besser als andere – so, wie sich ja überhaupt manche Phasen eher zum Entscheiden, andere dagegen zum Abwarten eignen.

Machen Sie sich vorher klar, worauf Sie sich dabei einlassen: Entscheidungen, die mittels der Intuition getroffen werden, können in der Folge nämlich ihren eigenen Sog entwickeln. Sind Sie einmal getroffen, dann hält man im allgemeinen auch an ihnen fest, manchmal durch viele Zyklen des Charts hindurch, in denen man sich mit ganz anderen Zyklusaufgaben auseinandersetzt. Man kümmert sich um dieses, achtet auf jenes und lernt ein drittes – und dabei mäandert man auf sein Ziel zu, mal ober-, mal unterirdisch, mal bewußt wollend, mal einfach weiterwurstelnd, bis man auf einmal geschafft hat, was man schaffen wollte, und den Zweiflern eine lange Nase drehen kann.

Falls man dazu dann überhaupt noch Lust hat.

Sie können also die Zukunft nicht zweifelsfrei erkennen oder überraschungslos planen, auch nicht mit dem Chart. Jeder Zyklus, jede Phase ist ein Lernschritt: Wenn Sie sich für einen Japanischkurs einschreiben, können Sie auch nicht schon am ersten Tag das Ende des Lehrbuches lesen, sondern Sie werden den Kurs besuchen und dabei immer gut aufpassen müssen.

Überlegen Sie also, was in Ihrem Leben als nächstes anstehen könnte. Was Sie nicht länger aufschieben sollten, was »dran« ist. Schärfen Sie Ihr Bewußtsein für das noch nicht Geleistete, daß Mangelnde. Üben Sie sich darin, bewußt in jede neue Phase, jeden neuen Zyklus einzutauchen und ebenso bewußt wieder loszulassen. Lernen Sie, sich bewußt den Aufgaben eines Zyklus zu stellen, im Rhythmus seiner Phasen mitzuschwingen, einigermaßen gelassen zu bleiben, wenn es schwierig wird, und im Licht der Phasencharaktere das Leben bewußter zu gestalten. Reparieren Sie die Brüche in Ihrem Leben, und helfen Sie anderen, die Brüche in ihrem Leben zu reparieren, soweit

Sie das können und wenn man Sie dazu aufgefordert hat. Entwickeln Sie ein Gefühl für die Rhythmen, die unsere Umwelt bestimmen, und verweigern Sie sich allen politischen oder sonstigen Maßnahmen, die auf eine Entrhythmisierung von Menschen, Tieren, Pflanzen gerichtet sind, soweit das möglich ist.

Lernen Sie, den Schrittfolgen Ihres eigenen Tanzes zu folgen.

Die Choreografie dazu entnehmen Sie Ihrem Chart.

Mit dem Chart Beziehungen voraussagen?

Erstens kann man mit einem Chart keine Beziehungen voraussagen, weil man nur einen Chart hat und nicht zwei.

Zweitens kann man überhaupt gar nichts voraussagen, weil man bei der Anmeldung in der Schule nicht gleich auch das Zeugnis mit ausgehändigt bekommt, sondern erst sein Pensum erledigen muß.

Drittens können Sie aus dem Rhythmus kommen, bevor sich eine getroffene Voraussage bestätigt, woraus folgt, daß man keine Voraussage machen kann.

Viertens besitzen Rhythmen nun mal nicht die Präzision eines Metronoms. Wie aber wollen Sie etwas vorhersagen, was von Unregelmäßigkeiten regiert wird?

Fünftens können Sie, wenn Sie die Punkte eins bis vier berücksichtigen, natürlich doch Voraussagen machen. Das haben wir schließlich sogar schon getan, und zwar in Petras Unterchart »Beziehungen«. Aus ihm ließ sich folgern, daß Petra in ihrer nächsten Phase II eine neue Beziehung beginnen könnte, wenn sich der 5-Jahres-Rhythmus, den wir »Verliebtheits«-Rhythmus genannt haben, in ihrem Chart fortsetzt.

Rekapitulieren wir:

In II zieht sich Petra gewöhnlich in sich selbst zurück. Partner können einen solchen zeitweiligen Rückzug nicht immer verkraften geschweige denn unterstützen. Aber ein Mann, der sie in dieser Phase für sich begeistern könnte, wäre wohl dazu bereit, sich auf sie einzulassen, sie innerlich zu begleiten, sich für sie zu öffnen. Wenn Petra sich auf einen solchen Mann einließe, würde sie eine für sie neue Art Partner wählen, jemanden, der ganz andere Qualitäten mitbrächte als etwa Hannes.

Mit einem solchen einfühlsamen Partner könnte sie auch die Phasen III und IV sicher überstehen, vor allem, wenn sie in IV den Arbeitscharakter der Phase dann für Beziehungsarbeit ausnützen würde.

Problematisch würde es in V, denn der Charakter der »Befreiungsphase« ist explosiv und würde unter Umständen dazu führen, daß ihr ihr netter, zuverlässiger Partner plötzlich blaß und langweilig erscheint. Außerdem fiele gerade das für Petras Beziehungen immer gefährliche 3./4. Jahr in diese Phase. Und als wäre das noch nicht genug, wiederholt sich in dieser Phase auch der zweite Fünfer-Rhythmus, den wir den »Unverbindlichkeits-Rhythmus« genannt haben: Er bringt Petra dazu, sich in regelmäßigen Abständen nicht mehr um eine Beziehung zu scheren.

Die wesentliche Aufgabe und Schwierigkeit bestünde dann also darin, eine Beziehung aufzubauen, die so tragfähig ist, daß sie sich sicher durch die Phase V balancieren läßt – natürlich vorausgesetzt, daß Petra überhaupt eine neue Beziehung anstrebt.

Ob das gelingt, wird auch vom Rhythmus ihres Partners abhängen und sich in VI, der »Quittung«, schließlich offenbaren. Es besteht aber eine gute Chance. Petra hat die Zyklusaufgabe A ja schon auf zwei Zyklen verteilt. Wenn sie das mit B ebenso hält, hätte sie den ersten Teil der Aufgabe im gegenwärtigen Zyklus zu bewältigen (in Form der Sorge für ihr Kind und für sich als alleinerziehende und weitgehend alleinverdienende Mutter), einen zweiten Teil dann im folgenden Zyklus (also vielleicht wirklich innerhalb einer Partnerschaft).

In VII würde dann deutlich, um welche Zyklusaufgabe Petra sich im nächsten Zyklus auf der Basis einer stabilen Beziehung kümmern soll.

Das alles gilt aber wie gesagt nur für den Fall, daß dies alles gilt.

Unter Umständen nämlich erhält Petra in Phase VII ihres momentanen Zyklus einen Hinweis darauf, daß ihre nächste Zyklusaufgabe eine ganz andere ist. Vielleicht muß sie sich zur Mentorin aufschwingen oder hat Zyklusaufgabe C vor sich: »Lernen, sich um sich selbst zu kümmern, für sich zu sorgen. Nach einer Phase des Hinausstrebens in die Außenwelt ein Rückzug auf sich selbst. Das Alleinsein lernen.«

Bei Rhythmen sind Sie, im Gegensatz zum Takt, nun mal vor keiner Überraschung sicher. Das ist auch gut so. Strenggeordnete Bahnen, übergroße Gleichförmigkeit sind schließlich mitnichten ein Garant für Sicherheit und Zuverlässigkeit, sondern zeigen Starrheit und nachlassende Anpassungsfähigkeit. Sie können sogar lebensgefährlich sein: Wenn sich der Rhythmus der Kurve des EKGs vereinheitlicht und zunehmend gleichförmiger wird, ist das kein Zeichen bester Gesundheit, sondern im Gegenteil ein Signal für eine mögliche Störung, eventuell sogar für einen bevorstehenden Infarkt. Und selbst das beständigste Glück würde schal ohne »Irregularitäten«, ohne Überraschungen, Zwischenfälle, Verrücktheiten des glücklicherweise nach wie vor unberechenbaren Lebens: ohne Momente der Freude, wenn alle Rhythmen über sich selber stolpern, der Atem aussetzt, das Herz einen Sprung tut, wenn alles noch einmal möglich erscheint.

Wenn alles noch einmal von vorne beginnen könnte.

Literatur

Ernst Bindel: *Die geistigen Grundlagen der Zahlen*, Stuttgart 1958, Frankfurt 1983

Fritjof Capra: *Das Tao der Physik*. Die Konvergenz von westlicher Wissenschaft und östlicher Philosophie. Bern, München 1988

Franz Carl Endres, Annemarie Schimmel: *Das Mysterium der Zahl*. Zahlensymbolik im Kulturvergleich. Köln 1984

Clarissa Pinkola Estés: *Women Who Run With the Wolves*. Myths and Stories of the Wild Woman Archetype. New York 1992 (S. 446–449)

Willi Hartner: »Zahlen und Zahlensysteme bei Primitiv- und Hochkulturvölkern«, in: *Paideuma* II, 1941–1943, S. 268–326

Martin Held / Karlheinz Geissler: *Von Rhythmen und Eigenzeiten*. Stuttgart 1995

Willi Hoerner: *Zeit und Rhythmus*. Die Ordnungsgesetze der Erde und des Menschen. Stuttgart 1978

Norbert Jürgen Schneider: *Die Kunst des Teilens*. Zeit, Rhythmus, Zahl. München 1991

Peter Spork: »Alles hat seine Zeit. Ärzte und Pharmakologen entdecken die Therapie nach der Uhr«, in: *Die Zeit* Nr. 49, 29. 11. 1996

Hermann Swoboda: *Das Siebenjahr*. Untersuchungen über die zeitliche Gesetzmäßigkeit des Menschenlebens. Wien, Leipzig 1917

Desmond Varley: *7 – The Number of Creation*. London 1976

Helmut Werner: *Lexikon der Numerologie und Zahlenmystik*. München 1995

Christa Zettel: *Geheimnis der Zahl*. Wien 1988